和而不同，快乐成长

马万成与北京市海淀区民族小学

马万成 ◎著

北京师范大学出版集团
BEIJING NORMAL UNIVERSITY PUBLISHING GROUP
北京师范大学出版社

图书在版编目（CIP）数据

和而不同，快乐成长：马万成与北京市海淀区民族小学 / 马万成著 . — 北京：北京师范大学出版社，2023.3
（海淀教育名校名家丛书）
ISBN 978-7-303-28594-5

Ⅰ．①和… Ⅱ．①马… Ⅲ．①小学－办学经验－海淀区 Ⅳ．① G629.281.3

中国版本图书馆 CIP 数据核字（2022）第 258705 号

图书意见反馈：gaozhifk@bnupg.com 010-58805079
营销中心电话：010-58802755 58800035
北师大出版社教师教育分社微信公众号 京师教师教育

出版发行：北京师范大学出版社 www.bnupg.com
北京市西城区新街口外大街 12-3 号
邮政编码：100088

印	刷：鸿博睿特（天津）印刷科技有限公司
经	销：全国新华书店
开	本：787mm×1092mm 1/16
印	张：17.25
字	数：270 千字
版	次：2023 年 3 月第 1 版
印	次：2023 年 3 月第 1 次印刷
定	价：85.00 元

策划编辑：郭 翔　　　　　　　责任编辑：齐 琳
美术编辑：焦 丽　　　　　　　装帧设计：北京轻舟教育咨询有限公司
责任校对：陈 民　　　　　　　责任印制：马 洁

版权所有　侵权必究

反盗版、侵权举报电话：010-58800697
北京读者服务部电话：010-58808104
外埠邮购电话：010-58808083
本书如有印装质量问题，请与印制管理部联系调换
印制管理部电话：010-58805079

海淀教育名校名家丛书

主　　编：赵　欣

编　　委：（按姓氏笔画排序）

　　　　　于　文　　于会祥　　马万成　　马志太　　王　钢
　　　　　毛向军　　尹　超　　冯　华　　刘　畅　　刘　燕
　　　　　刘可钦　　刘彭芝　　许培军　　李继英　　杨　刚
　　　　　肖延红　　肖建国　　佟文京　　沈　军　　沈　杰
　　　　　宋继东　　陈　进　　陈　姗　　陈恒华　　陈淑兰
　　　　　范胜武　　郑佳珍　　郑瑞芳　　单晓梅　　赵璐玫
　　　　　郭　涵　　曹雪梅　　窦桂梅　　戴文胜

本册作者：马万成

成长中的教育家

顾明远 题

总 序

《国家中长期教育改革和发展规划纲要(2010—2020年)》中明确提出:"鼓励教师和校长在实践中大胆探索,创新教育思想、教育模式和教育方法,形成教学特色和办学风格,造就一批教育家,倡导教育家办学。大力表彰和宣传模范教师的先进事迹。"

为贯彻落实党的教育方针,"办让人民满意的教育",更好总结、积淀、提升海淀区名校名家办学的先进理念,北京市海淀区教育工委、北京师范大学出版社以海淀区名校、名校长教育教学改革成果及教育管理理念为基础,精心建设海淀区"名校名家"精品文库,就是现在呈现于读者眼前的这套"海淀教育名校名家丛书"。

这些学校,有的是著名大学的附属学校,有的是从延安过来的有着光荣革命传统的学校。但学校不是有一个什么名分就能成为名校的,这些名校有着悠久的历史传统,在历任校长、师生的共同耕耘下,办出特色、办出成绩,创造了新鲜的经验,在全国乃至国际上享有良好声誉,这才成为现在所说的名校。在创造名校的过程中,校长无疑起着不可替代的作用。作为优秀校长,他们用先进理念和管理才能,带领全校教师,为一个共同愿景而努力。本套丛书正是聚焦这样一批名校长,近距离观察他们是如何在教育海洋中破浪前进的。

这些校长个性迥异、各有经历，办学思路也不尽相同，但相同的是在各自的学校创造了一段教育的传奇。他们是所在名校的灵魂，他们的言传身教，时时刻刻引领着教师和学生的发展。这些校长共有的特质是专业知识扎实，具有深厚的人文底蕴。他们具有灼热的教育情怀和教育激情；他们富有童心并热爱儿童；他们淡泊明志、宁静致远，以教书育人来体现他们的人生价值。

这套丛书并没有展现波澜壮阔的历史、恢宏博大的叙事，也没有解读深奥莫测的理论、长篇累牍的范例，而是讲述这些名校长们在日常管理和教学方面的一件件小事，通过短篇故事形式，娓娓道来，让读者去品味和欣赏。

在这套丛书里，我还看到了海淀教育趋于成形的大器，海淀教育秉承红色传统、金色品牌、绿色发展，坚持党的教育方针，以优秀传统为基础，以现代教育观念为先导，引领时代风气之先，坚持鲜明的价值追求，增强改革创新的意识，提升可持续发展的能力，从而涌现出一批各具特色的教育品牌。

解读海淀教育，形成海淀教育大印象，让海淀基础教育名校名家载入中国教育发展的史册。

是为序。

/ 前言 /

森林是一个庞大的生态系统，物种繁多，高耸低垂，各尽其性，各呈其态；复杂而稳定的群落结构，相互作用，彼此促进，在大地之上演绎着一幕幕神奇的生命故事。我们叹服于森林系统的繁衍不息，世代长青，更沉醉于森林世界的深奥莫测和广博宽宏。就一所学校而言，对自然规律的重视，和谐育人环境的打造，办学理念与生命成长规律的契合，因材施教、有教无类的包容与尊重，家—校—社协作，持续向上的发展动力，以及多样的学生、顺承天性的成长……这与生机勃勃的森林世界何其相似。北京市海淀区民族小学，这所拥有百年历史积淀的学校，便盛开在这片"森林"之中。

在自然中滋养成长的灵性

林语堂先生说，学校应如同一片森林，学生应犹如猴子一般在其间自由跳跃，任意摘吃各种营养丰富的坚果。在民族小学的校园里，百余种花草树木遍布四处，小鸟啼啭，果实飘香。一草一木一景一物，是学校自然环境与人文环境的共融，更是师生们对自然的尊重与热爱、对生命的珍视与守护。春天，嫩芽从稀疏的树枝中隐约显现，在夏季变成充满生机的绿叶。秋天，我们又一起见证果实挂满枝头，叶子由绿转黄从树上飘落，听到落叶在脚下发出的嘎吱声，了解到这是由光照和温度变化造成的。冬季，我们四处寻找还未冬眠的小动物，还会抹开一层层白雪，惊喜于秋天留下的痕迹。四合院里吟诗作赋，大槐树下抚琴弹唱；花丛中描绘五彩斑斓，鸟语花香中挥毫泼墨……在与自然的和谐共处中，我们汲取力量，灵动的天性得到了呵护与激励，在顺应的同时滋养生长。

森林生态中的育人法则

森林里的学校，不仅仅是森林般的校园环境与之契合，更是一种教育理念、一种教育情怀、一种培养健全人格的哲学传达。

森林中，小草有它的顽强，花朵有它的娇嫩，树木有它的刚毅，每个物种都在坚持自己的特性，全力表达出生命的精彩。校园里，每一个孩子都是坚定的自己，做最好的我，在我最好的方面，这便是每个独立个体对自己最郑重的承诺。

森林里的参天大树为了能够自由呼吸、最大限度沐浴阳光努力向上生长。向着目标永不停歇，遇到困难锲而不舍。民族小学的每一位师生，在同样的精神引领下，攻克学习、工作和生活中一个又一个难题，向着最好的方向不断前进。

森林系统包罗万物，每个生命既独立生长又相互助力，恰如校园里的每位师生，拥有"家"一般的温暖和支持，借助团队的智慧与力量，传承优秀的精神品质和深厚的文化底蕴，在纷繁又富饶的教育土壤中协作共生。

大自然是最生动的教科书，森林里能够找到最丰富的表达。遵循规律是万物生长的前提，教育更是如此。民族小学始终遵循自然的规律、社会发展的规律、教育的规律和学生成长的规律，尊重个性，给予最适合的教育方式，为成长打好根基。

森林不仅能够为人类提供丰富的资源，而且在维持生物圈稳定、改善生态环境等方面起着重要的作用。一所学校对未来发展承担的历史大任和所做的贡献是无可替代的。拥有健康之体、关爱之心、规范之行、聪慧之脑、多才之身的未来社会合格公民，是民族小学为国家培养建设者和接班人的育人目标。立德树人，牢记总书记嘱托，落实"十六字"总要求，践行社会主义核心价值观，是民族小学进一步强化育人功能的总引领。家—校—社协作，营造包容、信任、有爱的教育氛围，构建生命成长共同体，打造教育超级社区，是一所学校对未来的历史担当。

十八年教育实践铸就"森林家园"

　　自1890年创立，学校几经变革，至2004年正式更名为"北京市海淀区民族小学"。2003年，学校处于发展低谷，校园内租户众多，环境混乱，生源流失严重。此时，我接过学校发展的接力棒，开始了长达18年的变革创新，励精图治。18年时间，见证了一所学校的发展与壮大，演绎了一群教育人的坚守与追求。民族小学的发展犹如一滴水，映照出海淀教育的成长与革新。开荒拓土，培育园丁，播撒种子，收获硕果……我们记录下其间的一个又一个故事，并将这18年的思考与实践，凝聚成本书，意在引起共鸣、启发思考、展开探讨、共促进步。

　　从种子，到树苗，再到参天大树，作为生命的守护者、成长的引导者、幸福的奠基者，民族小学——这片森林家园，在教育的道路上，将继续坚守初心，满载情怀，不懈奋斗……

马万成

2021年3月

目录 | 和而不同，快乐成长
马万成与北京市海淀区民族小学

第一章　开拓一片森林　　　　　　　　　　　　/001/

/一/ 筚路蓝缕启山林　　　　　　　　　　　　003
你怎么去了这样一所学校？　　　　　　　　003
这是怎样的一所学校？　　　　　　　　　　004
校长在法院出名了！　　　　　　　　　　　006

/二/ 建一座森林家园　　　　　　　　　　　　008
两面墙的"变化"　　　　　　　　　　　　　008
一则小新闻带来发展好机遇　　　　　　　　011
校园处处皆学问　　　　　　　　　　　　　013
师生心中的"家园食堂"　　　　　　　　　　014
石榴熟了　　　　　　　　　　　　　　　　019
搬搬运运中求发展　　　　　　　　　　　　021

第二章　追求幸福的园丁　　　　　　　　　　　/025/

/一/ 从立足生存到自主发展　　　　　　　　　027
手写备课，倒退了？　　　　　　　　　　　027
从推门听课到预约听课　　　　　　　　　　028
从"作业检查"到"作业展"　　　　　　　　030
教师成长的"草根论坛"　　　　　　　　　　032

/二/ 人人有担当，团队有力量　　　　　　　　035
项目制：人人都是管理者　　　　　　　　　035

慧心巧思 毕力同心	**039**
从一个人到一群人	**042**
新春联欢会，幸福在一起	**046**
/ 三 / 做有心有爱的园丁	**048**
对教师的教育也需要润物无声	**048**
孩子追"星"的启示	**049**
我不是"打酱油"的	**051**
"特殊"的孩子，特殊的爱	**052**
陪你长大	**054**
/ 四 / 在幸福耕耘中成长	**056**
在历练中成长	**056**
向上吧，青年教师！	**058**
新教师的成长看得见	**060**
有温度的保安叔叔	**063**

第三章　孕育希望的沃土　　　/067/

/ 一 / 扎根在希望的沃土上	**069**
蕴底气，铸和气，成大气	**069**
像办大学那样办小学	**072**
"六个一"夯实成长根基	**074**
是校园，更是乐园	**076**
树的启示	**078**
黑板不只属于教师	**080**
/ 二 / 一副好口才	**081**
心怀锦绣　必将满眼繁花	**081**
——民族小学经典诵读活动	

小讲堂 大舞台	085
一枝一叶总关情	087
学好英语，讲好中国故事	090
午间广播秀	095

/三/ 一个好身体 — 097

蓬勃开展的体育运动	097
足球让我们共同成长	102

/四/ 一生好习惯 — 107

自助餐里的学问	107
小公民养成记	109
多元融合，让德育之花盛放	112

/五/ 一份好担当 — 115

民乐团的酸甜苦辣	115
我们的合唱团：唱响民小好声音	120
艺和工作坊描绘多彩未来	126
小研究 大梦想	132
爱心义卖意味深	136
在思维的疆域尽情奔跑	138

第四章　播撒一颗种子 — /143/

/一/ 让生命精彩绽放 — 145

晨间小秀场	145
不一样的升旗仪式	146
校园24小时	149
一节难忘的队会	151
满满民族范儿 浓浓中国味儿	153

/二/ 静待花开，播下爱的种子　　　　　　　　　155

　　阳阳喜欢上学了　　　　　　　　　　　　　155
　　"小魔女"蜕变记　　　　　　　　　　　　　158
　　老师，我不参加社团了　　　　　　　　　　160
　　瑞瑞得了"100分"　　　　　　　　　　　　162
　　小胡变形记　　　　　　　　　　　　　　　164

/三/ 善待差异，百花齐放　　　　　　　　　　168

　　志愿服务小榜样　　　　　　　　　　　　　168
　　从不迟到的泽雨　　　　　　　　　　　　　170
　　见识比知识更重要　　　　　　　　　　　　173
　　我和我骄傲的倔强　　　　　　　　　　　　175
　　古诗小达人皮皮　　　　　　　　　　　　　178

/四/ 向善向上，让美的种子萌芽　　　　　　　180

　　今日争当"小博士"明日心怀天下　　　　　180
　　让我感动的两个小目标　　　　　　　　　　183
　　特殊的"考试"　　　　　　　　　　　　　184
　　我有特权，可以提前进入校园　　　　　　　186

第五章　营造一种生态　　　　　　　　　　　　/189/

/一/ 教育合伙人　　　　　　　　　　　　　　191

　　构建城市新型学校　　　　　　　　　　　　191
　　家校共育，建立超级教育社区　　　　　　　195
　　家长们租了班车　　　　　　　　　　　　　196

/二/ 家校沟通有方法　　　　　　　　　　　　198

　　家长会也是圆桌会　　　　　　　　　　　　198
　　和家长成为朋友　　　　　　　　　　　　　199

  如果我是家长 　　　　　　　　　　　　　　　　205

  温暖的约定 　　　　　　　　　　　　　　　　　207

/ 三 / 爱的传递，与家长共情 　　　　　　　　　　　208

  唱爸爸妈妈小时候的歌 　　　　　　　　　　　208

  听爸爸妈妈讲小时候的故事 　　　　　　　　　210

/ 四 / 家长向组织者转变 　　　　　　　　　　　　　211

  像阳光，如雨露，滋润万物 　　　　　　　　　211

  一起"玩"出创意 　　　　　　　　　　　　　　215

  一场与月亮的约会 　　　　　　　　　　　　　219

/ 五 / 非常时期构建成长共同体 　　　　　　　　　　222

  公众号联动家校 　　　　　　　　　　　　　　222

  抗疫英雄带给我们的成长 　　　　　　　　　　223

  校长的三封家书 　　　　　　　　　　　　　　227

附录　　　　　　　　　　　　　　　　　　　　/231/

  和而不同　快乐成长 　　　　　　　　　　　　231

  ——海淀区民族小学教育家办学实践研讨会

    上的讲话

与会来宾发言　　　　　　　　　　　　　　　　244

常有盛（原海淀区东升学区党总支书记、校长） 　244

于发友（中国教育科学研究院副院长） 　　　　　247

尹丽君（海淀区委教育工作委员会原书记） 　　　252

李　奕（北京市委教育工作委员会副书记） 　　　254

后记　　　　　　　　　　　　　　　　　　　　/258/

第一章

开拓一片森林

  北京市海淀区民族小学是一所百年老校，历经变革，薪火相传。2003年，学校发展的接力棒传到了马万成校长手中。从那一刻开始，办一所百姓家门口的好学校的坚定信念便深深地扎根在马校长心中——要改变学校面貌，为学校发展注入新鲜血液，让学校焕发生机，让学生在一个充满自然味道、教育味道、中国味道、孩子味道和家的味道的校园中快乐成长。在上级领导的大力支持下，马校长带领老师们开始了一段励精图治的奋斗历程。从清退租户"百万富翁不当了也要办所好学校"，到"花明天的钱办今天的事，为了明天我们还能活着"；从"发展是硬道理，求生存靠自己"，到"改变学校先从环境开始"；从盖教学楼、铺设操场、修复四合院、装修专业教室、建体育馆，到栽种数百种花草树木，培植十几种果树……变革中所经历的困惑、困顿与困难，成为今天民小人最宝贵的财富。汗水与付出、泪水与坚持，换来了如今这所美丽的优质校，换来了校园里学生们欢欣的笑颜，换来了家长们的称赞与放心，更换来了一个个教育梦想变为现实。"要把学校建在森林里"，让学生们在这片森林里，享受大自然的馈赠，读懂大自然的神奇，敬畏大自然的伟大，更从中学会欣赏和品味、创新和探究，让学生们在顺承天性的自由环境中得到滋养与浸润。就是这样，一片孕育希望与幸福的森林校园，在这些教育人手中慢慢变为现实。

松文

览豪赋雄文名画尽纳天地奇情於我心间

贫溪花烟树曲水流霞揽一园胜景怡吾意趣

第一章　开拓一片森林

/ 一 / 筚路蓝缕启山林

你怎么去了这样一所学校？

新学期伊始，区里的校长高研班又开课了。中午，几位校长一起聊天。有一位女校长听说马校长刚刚调去马甸小学（民族小学之前的校名）当校长，很不以为然，说道："你怎么能去那个学校呀！我曾经去过那儿。当时，为了扩大我们学校的办学规模，想选个地方当分校，听说马甸小学校园特别大，我就去看了看。可是到那儿一看，哪有一点学校的样子呀！那就是一个大杂院，到处是垃圾和污水，围墙外面都是小商店、小饭馆，从外边看都不知道里面是学校。我一想，这些商户长期在这里做生意，让他们搬离有很大难度，这样的地儿我可不敢要……"这位女校长畅快地说着，马校长听得如坐针毡，学区的其他几位校长和领导默默地看着马校长。女校长说完了，大家一阵沉默，气氛非常尴尬。

马校长那时的心情很复杂，像是被迎面浇了一盆冷水，不知道说什么才能圆场。2003年，马校长到任时，学校里除了残破的平房，就是贴满广告拉着铁丝网的围墙、现代楼宇映衬下格外破陋低矮的内院、被出租门头占据的校墙；学校外是嘈杂的叫卖声和熙攘的人群，周边环境破败，污水横流。当时学校有12个班410人，32名教师中没有一位骨干教师。教师没有干劲，工作没有动力，更谈不上研究氛围。

但无论学校怎么薄弱，它就像是自己的孩子，被别人说得一无是处，马校长心里特别不是滋味。

沉默了一会儿，马校长对那位女校长说："您给我几年时间，到时候我再请您来马甸小学，一定让您看

003

和而不同，快乐成长

看学校的变化。"

这时，几位校长不约而同地说："到时候我们也一起去，一起见证您的誓言。"那一刻，马校长骨子里要强的劲头被激发了出来。"落后弱小就会被人看不起"这样一个残酷却又真实的道理摆在面前。吃完饭后，离开人群，马校长默默地给自己立下了一个"军令状"：一定要办一所让人看得起的学校！

回校后，他马上召开了干部会、全体教师会，把自己的经历和感受向大家讲了。听完之后，大家也一样受到了刺激，真正意识到改变学校面貌是一件刻不容缓的事情，一种奋发的力量在大家胸中激荡。

一次普通的聊天让一个不容争辩的事实摆在眼前。马校长说，应该感谢那位直率的校长，虽然她的一番话让人一时下不来台，但却给了我们持久前进的动力。"天将降大任于是人也，必先苦其心志，劳其筋骨……"蒲松龄四十年伏案写作终著《聊斋志异》，李时珍尝遍百草方得《本草纲目》，当年韩信若不是遭受了胯下之辱未必会成就一世英名。古往今来，大凡成功者必要经历一番艰辛困苦，如蝶蛹般，只有奋力破茧，才能化蝶飞舞。

感谢那天的经历，在带领学校开启奋斗的路上，它会像警钟一样长鸣在马校长心中。

这是怎样的一所学校？

2003年，马万成校长接到上级任命，担任海淀区民族小学书记兼校长，那时的校名还是马甸小学。可以说，民族小学的办学历史实际上也是马甸地区的教育发展史。自1890年，大阿訇张子文在马甸清真寺内办起了新式的"回民义学"开始，学校历经时代变迁、战火洗礼，几番更名，发展成了今天的海淀区民族小学。一个多世纪以来，无数的人与事构成了学校延绵不断的发展史。

在学校的历史上，马甸本村的教育家丁子瑜先生堪称中流砥柱式的人物。1915年，丁子瑜先生在马甸义学的基础上，创办了"北郊私立广育第二小学"。校址先后设在马甸清真寺、德胜门外"义学胡同"。学校回汉兼收，教授国文、算术、常识、修身等课程，是马甸地区第一所真正意义上的近代小学，具有里程碑意义。此后的30年里，丁子瑜先生为马甸地区的教育事业呕心沥血、殚精竭虑，直至1946年，丁子瑜先生去世于任上，用自己的一生履行了他的教育誓言。

1920—1922年，老舍先生任京师郊外北区劝学所劝学，他亲自走访了位于马甸地区由清真寺教会所办的学校，并在调查报告中详细客观地记录了学校的情况，请求当时的学务局支持北郊马甸在村内办一所公立国民学校（即现在的海淀区民族小学）。此报告很快就得到了学务局的批准。由此来看，学校的创办与兴起，老舍先生发挥了至关重要的作用。

1934年，著名的回族教育家薛文波在后黑寺（即学校南校区现今的地址）建立了后黑寺小学，后改名为"西北小学第四部"。1937年，薛文波先生拒与日本人合作南下重庆，学校暂时停办。1949年新中国成立后，学校又改名为"回民学院第一附属小学"，校址设在德胜门外后黑寺的后院。这时形成完全小学，六个年级六个班。1954年，"回民学院第一附属小学"改名为"马甸小学"，并一直沿用到2004年。

2004年，在上级政府和领导的大力支持下，学校改名为"海淀区民族小学"，成为海淀区唯一的一所民族学校。

2016年11月9日，民族小学与中国教育科学研究院合作办学，加挂"中国教育科学

研究院附属小学"校牌,学校迎来了新的发展机遇。

以上便是学校诞生、生存及发展的历程,百年小学之名也由此而来。2003年马万成校长到任之时,学校发展正处于停滞不前的瓶颈时期。一个日新月异的时代,一群坚守教育初心的教育工作者,一位怀有深厚教育情怀的校长,由此展开了一段励精图治、守正出新的办学历程。马甸小学,迎来崭新的发展时代。

校长在法院出名了!

"丁零零……"电话又响了。话筒的另一边传来对方严肃的声音:"是马甸小学的校长吗?这里是海淀法院,你被起诉了,来拿起诉书吧!"没等马校长开口,电话就挂断了。

这已经不是马校长第一次接到法院的电话了,被起诉也不是什么新鲜的事情了。海淀法院对这位校长也渐渐地熟悉了。说实话,第一次被起诉时,马校长是非常紧张和担心的,后来逐渐被磨炼到"兵来将挡,水来土掩"的境界了。在一个普通老百姓看来,被起诉、走法律程序,已经是发生纠纷时解决问题的最后一步了,而马校长之所以被迫走到这一步,还是因为学校对外出租房屋的事情。

当时，刚来到这个学校上任，学校外围一圈全是凌乱的商户，学校里面的房屋多数也被出租了。虽然乱，但很多人都劝校长继续对外出租房子增加收入，他们认为这样对老师和校长都是很有好处的。可是，每年这100多万元的房租收入不但没有使马校长开心，反而让他很难过。看着满目狼藉的校园，回想起那位女校长说的话，马校长在心中默默地坚定了一个信念：一定要改善学校的办学环境，改善学生们的成长环境，办一所人民满意的好学校！

人是环境的产物，办好学校先从改变环境开始。整治环境就要从清理学校外围的十几家商户开始。学校周围的商户有小卖部、饭馆等，和他们的交涉并不总是顺利的。

因为房屋出租的合同都没有到期，要解除合同，校长和老师们必须一家一家地跟商户洽谈，有的商户拿了违约金很快就搬走了；有的或是对补偿金不满意，或是没有找到更合适的地方，迟迟不肯搬走；更有甚者，强硬地不接受协商，一纸诉状就把马校长告上了法庭。

有些官司一直持续了五六年，马校长在法院也就出名了。最终，学校花费了100多万元解除了和所有商户以及院内租户的合同。学校也由此从"百万富翁"变成了"百万负翁"。也有老师产生疑虑，这样做是否值得。校长坚定地说："花明天的钱，办今天的事，为了明天我们还能活着！只要一心为学生着想，我们一定能够获得更多的理解、支持和帮助！"

今天回头看看，校长和老师们的决定是正确的，学校花的钱是值得的。老师们开玩笑地说，与现在的房价相比，似乎还赚了。不论怎样，赔钱也好，打官司也罢，甚至在法院"出名"都是值得的。因为，孩子们的成长只有一次，这是多少钱都买不来的。

现在，学生们拥有了只属于他们的校园，拥有了安全、美丽、稳定的成长环境。他们的脸上露出了甜美的微笑，像夜空中皎洁的月光，推动着校长和老师们在黑夜中不断前行。

/二/ 建一座森林家园

两面墙的"变化"

在学校建设和革新的过程中，校园建筑和环境的整治是一个大工程。学校年久失修，隐患很多。在建设的过程中，校长和老师们因地制宜，随机应变，该拆的一定拆，但该保住的一定要保住。

推倒一面墙，安全放第一

马校长刚调入学校没几天就赶上要放寒假了，看看像大杂院、自由市场一样的校园，再看看川流不息、形形色色的租户，又想到传达室那位走路颤颤巍巍的老大爷，校长的心怎么也踏实不下来。

于是，马校长和负责后勤的主任再一次查看校园的每一处角落，一家又一家地走访租户，不厌其烦地嘱咐孩子和大人们注意安全，防煤气中毒、防火、防漏电。

天气寒冷，校园的污水结成了冰，路非常滑。马校长和主任相互搀扶着前行，走着走着，一面看上去有些歪斜的墙引起了他们的注意。

在一米多高的大殿基座上，立着一段南北走向的红砖墙，近两米高，二十几米长。墙的上方向外侧倾斜着，好像随时要倒塌似的，非常危险。走近一看，墙边有一个水龙头，为了防止水管因天气寒冷被冻裂，水龙头一直不关，"自来水"变成了"长流水"。再加上租户的生活垃圾没有及时清理，经常造成下水道堵塞，于是流下来的水便渗入了墙的地基，围墙自然就发生了倾斜。

天寒地冻的，马上又要放假了，要修墙肯定来不及了。可是校园里居住着几十口大人和小孩，他们天天从此处经过，万一墙倒塌了砸到人就麻烦了。后勤主任告诉马校长操场厕所边也有这样一段墙，情况一模一样。于是校领导经过认真考虑，认为校内的这两段围墙并没有什么实际作用，索性把它推倒，排除安全隐患。

于是春节前夕，马校长费了很大劲才找来了三四个工人，一起把这两段墙推倒了，消除了一个重大的安全隐患。马校长这才踏实地度过了来学校的第一个寒假。

修筑一面墙，守住一方土

学校教学楼西侧有一段近百米的围墙，墙外是某个单位的居民小区。这段墙立在那里非常扎眼，因为墙头上架着一道高高的铁丝网，把学校围得好像透不过气一样。

为什么两米多高的围墙还要安上一道铁丝网呢？主任们告诉马校长："学校为了创收，把房子都租出去了，但住户多、流动大、人员混杂，曾经发生过有人翻墙到居民小区里偷东西的情况，所以小区居民就加了铁丝网。"于是，马校长和干部们找到这个单位的领导协商，他们也觉得这段围墙不好看，表示尽快向上级申请重新修建围墙。大家都很高兴，没花一分钱就把围墙的问题解决了。

不久之后，退休老教师来学校活动，马校长向他们了解学校的历史，无意中谈起了这段围墙的事。老教师说："这段围墙可是咱们学校的。几十年前，老校长王德忠为了保住学校用地，和方方面面的人争呀，才保住了现在的校园。三十多亩地的校园面积，在城里有这样条件的学校可不多。"老教师们自豪地说，别看学校现在破，过去可是地区的中心校，学生最多时有近三千人，实行上、下午轮换上课的二部制，毕业生里还出过不少名人呢。

听了老校长保护校园的故事，马校长和在座的老师们都被感动了，也幡然醒悟，前辈们辛苦攒下这点家业不容易，现在却险些把学校的围墙"拱手相让"了。不管花多少钱，围墙都要自己修，让别人修了，钱是省下了，墙就成别人的了！

经过向专业人士请教和仔细勘查，校领导发现围墙是不同年代修建的，上、中、下都不一样宽，碎砖头砌的墙长年风化，墙皮都起碱了，如果仅在墙外面简单地抹

和而不同，快乐成长

抹灰装饰一下，时间长了肯定不行。不能干只顾眼下省钱让后人埋怨的事。最终学校决定花钱重新修建围墙，虽然在当时经费极其紧张的情况下大家有些心疼，但钱必须用在最需要的地方才有价值。

很快，围墙建好了。学校太需要绿色了，所以就请专人对围墙进行了立体的绿化和美化设计：墙下种上了爬山虎，墙边种植了四米多宽的绿篱、梅花和法国泡桐树。这些绿色的植物随着一年四季的变化，不断变换着色彩，成了校园里一道亮丽的风景线。

用爱守护

学校就是这样在建设初期不断地排除隐患，并坚守每一寸土地，还建设得像森林一样，让学生们在这里生根、发芽，有朝一日长成参天大树。通过这两面墙的故事，马校长深深地感受到了肩上那份沉甸甸的责任，要守业、要创业，没有对学校真挚的热爱和深厚的教育情怀是难以坚持下来的。当为学校付出了爱以后，它的每一尺每一寸都想去用心守护。校园里一棵草的生长、一朵花的盛开，都让人动容；

学生们一句轻声的问候、一个甜美的微笑，都给人动力，推动着学校加快建设和发展的步伐。

用爱来守护这所学校，守护这片土地，未来的日子里，校园一定焕发出最美的光辉。

一则小新闻带来发展好机遇

一天，《北京晚报》上一条只有百字的新闻吸引了学校的干部们："北京市每年为市民办六十件实事……在教育方面将要为二百所学校改善办学条件。"

大家伙儿心中为之一动：学校近两年发展最大的困难就是硬件建设缺乏资金，至今仍欠着施工方上百万元，但是学校仍需进一步发展，怎样才能得到有力的资金支持，这个问题一直困扰着学校领导。他们曾经绞尽脑汁，求得所在社区建设集团的捐赠，也曾多次寻找过合作办学的伙伴，一次次的努力，一次次的失败，每一次的尝试，总是一波三折。目前，学校需要建一座学生食堂，为学生们提供既可口又有营养的午餐，并且满足少数民族学生的饮食要求，可资金从哪里来？

报纸上的这条消息就像黑暗中涌现的一丝亮光，被大家紧紧地抓住。干部们立刻开会研讨，决定马上打报告向上级申请资金支持。

第二天一早，马校长直奔教委，见到主管领导立即把报纸上看到的消息汇报了一遍，然后郑重地递上了申请报告。领导听马校长说完，又仔细看了看那份报告，微笑着说："你消息还真灵通，动作也真叫快！好吧，我们会认真考虑的，你回去等消息吧！"

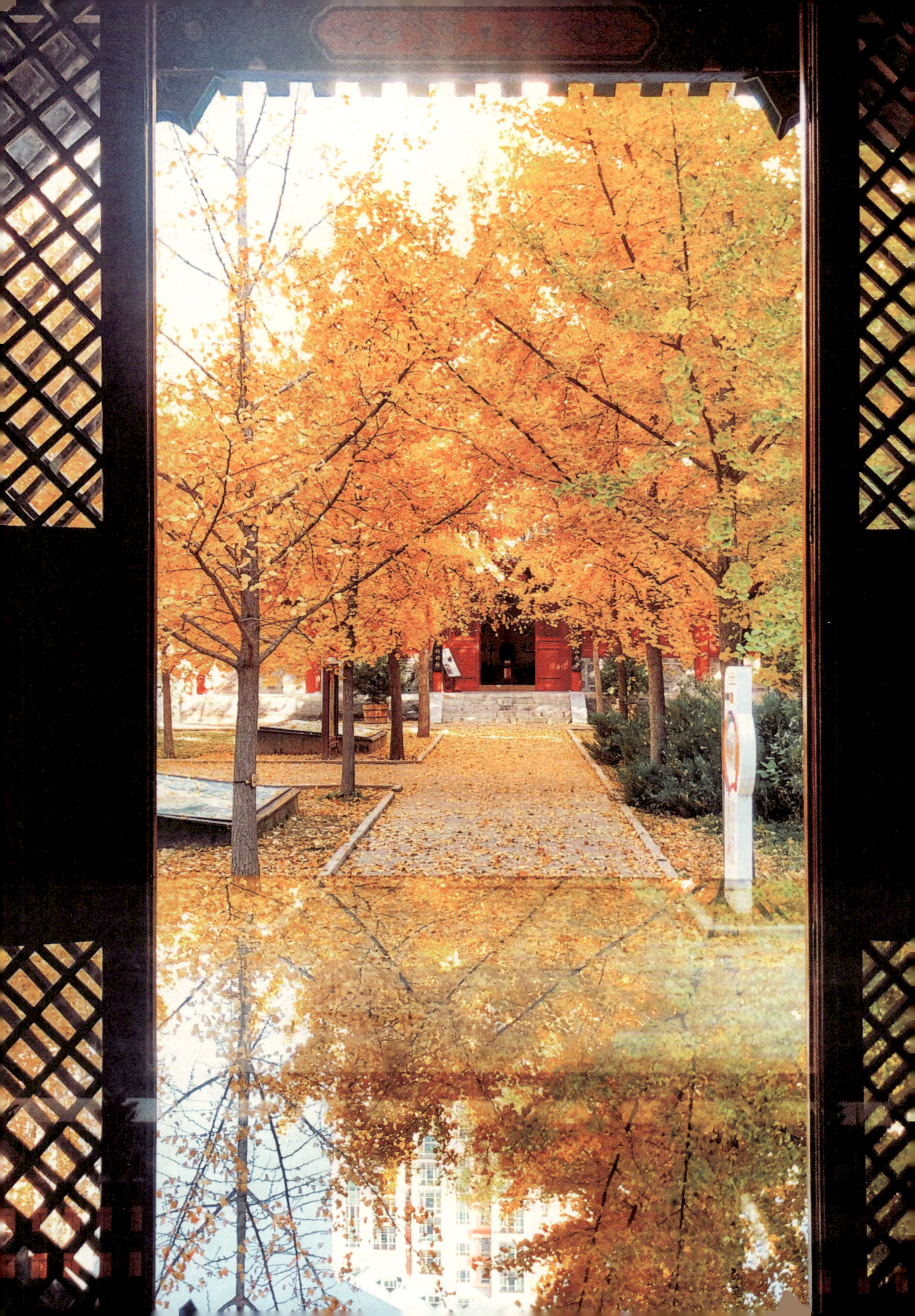

走出教委的大门，马校长心中依然忐忑，全区有那么多所学校，我们能不能得到这笔建设资金还真没把握，试试看吧！

没想到不久之后，学校便接到了教委的电话，资金批下来了，而且比预期的还要多。电话那端，教委领导徐徐说道："教委对你们的报告很重视，将投入更多的资金来支持学校的建设……"放下电话，马校长的内心久久不能平静，立刻召开干部会，宣布了这个好消息。干部们个个精神振奋，都说："校长，我们的报告打得太及时了，这真是一个振奋人心的好消息啊！"马校长却说："之所以能把握时机，反应迅速，一是归功于我们对学校发展的强烈愿望，二是归功于上级领导历来对我们的大力支持啊！"

没多久，在这笔资金的支持下，学校的食堂建了起来。看到师生们手中端着热腾腾的饭菜笑呵呵的样子，马校长的心中自然是喜滋滋的。因为有迫切的发展愿望，因为有上级领导的高度重视，更因为有全校上下的团结一致，虽只是报纸上一则短短的新闻，却也孕育出了这样一个宝贵机会，帮助学校在发展的道路上又迈出坚实的一步。

校园处处皆学问

处处皆学问，处处需学习。在学校的变革与发展过程中，所面临的每一个小问题都是一次小考验。尤其对校长来说，更是如此。

社会的发展，时代的进步，要求教育工作者拥有"T字形"素养。"T"的一竖代表着专业知识的精通，而那一横则代表着社会知识的广博。精通专业知识能保障教师们在教育领域始终有着宽阔的视野、长远的目光和先进的理念；而广博的社会知识，则常常在解决学校建设和管理问题的过程中，带给人灵感和启发。

巧换门窗

有一年，教室重新装修需要更换门窗，可学生们还要上课，时间非常紧张。总不能学生们一边上课，工人一边安装门窗吧，马校长和干部们一时犯难了。就在大家冥思苦想的时候，校长想起了一则古代人修城池的故事。当时一座被攻打的城池毁坏了，人们要在最短的时间内修复好，但是他们不能出城去寻找足够的材料。修城的人就在城四周先挖出一道深沟，引水到沟里形成护城河，修城要用的木料就放在护城河里运输，而挖出的土则用来烧砖。就这样，他们巧妙地利用了有限的资源，解决了修城的问题。那么，对于学校这次面临的问题，如何通过这个故事的启发合理统筹时间，既不耽误学生们上课又能顺利更换门窗呢？校长灵机一动，决定安排所有学生周五外出春游，再加上周末两天，抓紧时间完成门窗更换的工作。于是，周四下午学生一离开学校，工人师傅们就着手开工。这样一来，既不影响学生上课，又有足够的时间完成工程。

新的一周开始时，师生们走进学校，惊喜地发现门窗已经焕然一新。

废料变假山

马校长到任学校初期还有一件事给大家留下了深刻的印象。这件事也和学校装修有关。当时学校处于建设初期，经费紧张，买土、运建筑垃圾都需要钱，从城里向外运，费周折不说，运费还很贵。这该怎么办呢？于是，校长带着干部教师在校园里来回考察，最后终于想出一个方法：让工人师傅在教学楼后面的绿地上挖一个大坑，把装修剩下的可填埋废料全部埋在坑里，用土盖好，再种上绿草。一座人工的小假山跃然眼前。这样的做法不仅节省了运费，还让学校的绿茵颇具起伏之美，真是又一次资源的巧妙整合和利用！

在办学治校的历程中，会遇到各种各样的挑战和困难。专业素质过硬，懂得统筹兼顾，成为顺利解决问题的不二法宝。人生处处皆学问，校园处处需学习。马校长带领着老师们走在学习的路上，不断改革创新，始终义无反顾。

师生心中的"家园食堂"

食堂的诞生和发展是民族小学发展过程中的一个缩影。从营养餐的搭配到学生健康饮食习惯的养成，从自助餐的学问到食堂师傅的角色定位……每一个环节都体现着民族小学"以人为本"的理念。学校的食堂因精益求精的工匠精神和健康营养的饮食搭配，在每一位师生及家长心里都留下了一个好口碑。

食堂诞生记

2007年10月以前，学校没有自己的食堂，师生每日的午餐都依靠营养餐公司配餐。由于需要配送的学校比较多，公司只能将送餐的时间提前，每天上午9点就做好了午餐，用大大的保温箱将饭菜包裹好送到学校。大家吃饭时饭菜虽然还是温的，但是口感很不好。很多学生把不喜欢吃的饭菜都倒掉了，既造成了浪费，也影响学生们的健康成长。学生每日交付的5元钱的餐费中送餐公司要抽取一部分利润，因此饭菜品质难以保证。面对这样的困境，马校长看在眼里，急在心里。要是能建设自己的食堂，很多问题也就迎刃而解了。

那时候学校百废待兴，很多的资金用于教学楼的建设和教育教学设施的购置上，资金缺乏成了食堂建设的最大障碍。马校长一方面向老师们发出呼吁，通过节水节电等方式节约日常开销，另一方面也面向社会征集捐助，同时还尽全力向上级争取更多的支持。

通过多方筹措，资金的问题解决了，但建设食堂的场地还没有着落。学校领导们共同商议，最终决定在音乐教室的外面通过改建扩建的形式建成了食堂。那时候学校只有六七百人，但领导班子长远规划，设计了一个能供应两三千人餐饮的操作间以及库房。如今的民族小学有2400多人，食堂依然足够使用。

值得称赞的是，学校的食堂自建成以来一直被北京市海淀区食品药品监督管理局评为A级两星食堂，这可是学校食堂的最高评级。学校严把采购关，供货商经过优中选优挑选而来，每批次的食材都严格检查生产日期、保质期、食材品质及配料表，从源头上把控食材质量。在教委食品安全科委派第三方检查机构对食堂卫生、食材采购、饭菜质量等各个方面进行的每月两次的随机抽检中，学校食堂的各项工作均得到了高度肯定。

爱"挑刺儿"的校长

食堂开办以后，马校长开始"挑刺儿"了，对食堂师傅做出来的配餐样式、口味、搭配都变得"较真儿"起来。有老师提出菜有点咸，马校长立刻就提醒食堂师傅控制调味，要少油少盐，注意师生们的健康。菜式少了，马校长也会找食堂师傅，叮嘱注重花样翻新，多做一些菜式，满足不同学生的口味。

"挑刺儿"的校长让食堂每一餐都营养、可口，色香味俱全，顿顿不重样。学生们爱吃颜值高的食物，师傅们就尝试着做特别精巧的食品。学生们爱吃面条，但是面条容易坨成一坨，变得不筋道，师傅们就研究怎么能让面条不坨。他们费了很多工夫，做了很多尝试才设计出粗细合适、不容易坨的面条。面条做出来了，浇在上面的卤应该做成什么样呢？有的学生爱吃肉，有的学生爱吃素，于是每次做面条就熬制荤素搭配的多种卤供大家选择。有的学生不爱吃面条，师傅们就在精心做好面条的同时，还不忘准备米饭。

马校长在健康饮食方面也特别爱"挑刺儿"。他喜欢每天在午餐时间转来转去。食堂里的每个汤、每种粥、每个菜，马校长都知道它们的名字，哪个菜肉少了、肉多了、盐多了、油多了，他都能品出来。每周的菜谱，马校长都会拿给大家看，跟干部一起讨论，看看有哪些搭配不合适的地方。

虽然这样给食堂师傅们增添了很多工作，但当他们看到学生们吃饭时满足的神情，内心又是欣慰的。看到学生们吃得饱、吃得好，大家心里别提有多高兴了。现在食堂的主食有很多种，芋头、玉米、白薯、烙饼、馒头、米饭……每个人基本都能找到自己喜欢的主食。学校给学生准备的酸奶、水果也是各式各样，每天交替食用，总有新鲜感。

细微之处见真情，马校长不停地"挑刺儿"，食堂师傅们加倍地努力付出，这些背后都是他们对学生那份沉甸甸的爱！

为健康保驾护航

为了能让师生吃上安全、营养又好吃的饭菜，学校规定食堂师傅们要定期接受安全和厨艺培训，对菜品进行不断调整。

食堂负责人金老师和常师傅将适合学生食用的食材一一列出来，为了搭配出营养安全、种类多样、学生爱吃的菜谱，他们多次商讨，反复尝试。本着肉类以牛肉为主、禽畜虾类互换、蔬菜根茎叶搭配、主食粗细搭配的原则，每天四菜一汤、三种主食，搭配水果或酸奶，每周不重样。不同的节气、天气也是食堂更换菜谱的重要依据：夏天热了喝绿豆汤解暑，秋天干燥煮梨水、苹果水润燥。

学校还建立了干部陪餐制度，他们中午轮流到班级和同学们共用午餐。同时还要关注学生的餐前准备、有序排队、打饭安全、按需取餐、合理搭配以及食物数量、温度和突发情况等。哪些菜很抢手、哪个年级饭量大、哪个班级因为特殊情况需要调整吃饭时间等各种问题，老师们会在人工收集数据后进行汇总分析，及时调整，确保每位同学都能吃饱、吃好。

为了帮助学生养成良好的饮食习惯，学校还专门为体形偏胖的同学、吃饭挑食的同学、易过敏的同学制定了健康档案。一方面老师们会与家长们多沟通，另一方面在巡视的时候，老师们还会特别提醒体形偏胖的、饭量大的同学注意控制饮食，提醒体形偏瘦的同学要适当增加饭量、不挑食。针对易过敏的同学，更是清晰地记录了过敏食物、家长的紧急联系方式、治疗过敏的常备药，以便在有突发情况时能够第一时间给出最佳的解决方案。

正是在"以人为本"的理念引领下，学生们在学校不仅吃得好，而且吃得健康、吃得放心。

食堂师傅也是"老师"

每到午餐时间，食堂的师傅们都要提前推着餐车到各个班级楼道为学生们准备好热乎乎的饭菜，他们要照看师生就餐之后再吃饭。校长关心地对他们说："咱们都吃一样的饭菜，你们分餐的时候，把饭菜提前放在保温箱里，分完餐后吃新鲜热乎的。照看好师生的同时，也要照顾好自己。"

同时，学校号召班主任在班会上教育学生尊重食堂的师傅们，打饭、还餐具的时候都要对师傅表达感谢。食堂的师傅也不能把自己的角色只定位成厨师、工人，作为学校的一员，师傅们也要把自己当作老师，看到学生挑食、浪费的现象，都有责任、有义务对他们进行引导和教育。

在民族小学的午餐时间，经常能听到师傅们对学生温和又坚定地叮嘱："只吃米饭不行啊，还得吃点菜。""孩子，肉得吃，绿色蔬菜也得吃。"……当然，也能听到学生们对师傅们亲切的话语："谢谢阿姨！谢谢叔叔！""今天这个菜做得真好吃！"午餐时的楼道里充满了温馨的气氛，就像一个大家庭，大家吃着，笑着，温暖着。

现在的民族小学的食堂人员流动性很小，师傅们大部分在这里扎了根。师傅们不仅是厨师，更是老师，是家长，是亲人。

民族小学的食堂因健康营养的每一餐、

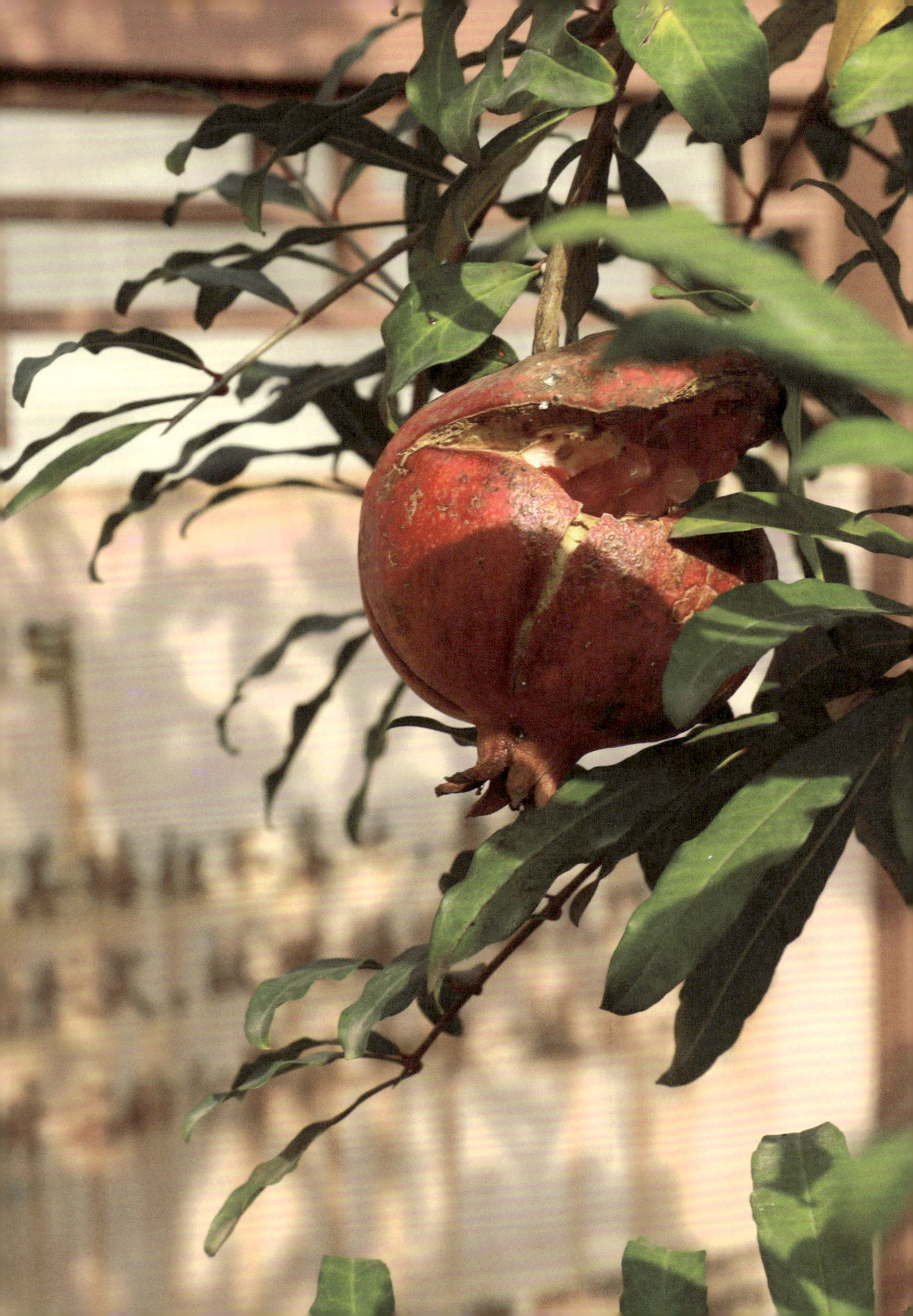

安全卫生的环境、以人为本的理念成为每一位民小师生心中的"家园食堂"。

石榴熟了

"这个石榴真漂亮，红红的真好看！"晚秋时节，来学校参观的客人们都会这样说，王振军副校长每次都会自豪地介绍学校栽种的这些石榴树。

石榴是民族小学一道别样的风景线。春天到了，石榴花争先恐后地绽满了枝头。有的石榴花全开了，就像一个个小喇叭吹出来火红的绸布团，一团一簇的；有的花儿凋谢了，小喇叭花嘴后面的果实逐渐膨胀起来；有的还是个花骨朵，就像一滴滴红色的小雨滴点缀在枝头。风儿轻轻吹来，石榴花在微风中翩翩起舞。深秋时节，树上的石榴全都长熟裂开了小嘴，笑嘻嘻地向过往的行人汇报着丰收的喜悦。

石榴是民族小学最具特色的结果植物，2009年引进学校栽种。学校为什么会选择栽种石榴呢？你看，石榴春天开花，花朵艳丽，红红火火；夏天葱茏，郁郁葱葱，枝繁叶茂；秋天结果，彤红喜人，硕果累累；冬天蕴景，果树剪枝后，形成一串盆景群。从观赏价值、生态价值、食用价值和文化价值来说，石榴都是非常好的选择。

石榴的种植只是校园环境建设的一个缩影，石榴留给校园的美景也只是其中一瞥。2003年开始重新建设校园环境之时，一幅生机盎然的校园环境蓝图在马校长和老师们心中徐徐展开。

自然的味道，孩子的天性

学校地处海淀区，在三环附近，属于城市中的黄金地段。可以想象，高楼大厦、钢筋水泥的环绕是必然的情景。马校长看着学校里奔跑欢笑的学生们，想到了自己小的时候。那个时候，他们天天在田野、树林中玩耍，在花草树木中捉迷藏，想尽一切办法摘取挂在高高树上的果实，爬树、打滚更是让他们乐此不疲，欢声不断；种类繁多的植物也是他们一次次尝试、探索的实验田，摸一摸、看一看，甚至尝一尝，然后回家问问大人，便知道原来这是蒲公英，那是凤仙花……这样的自然环境与孩子的天性相吻合。这样的自然环境，激发了孩子天然的好奇心和愉悦感。

可是看着眼前的学校，没有那样的自然环境能够给予学生们，高楼大厦阻断了他们与自然的联结。自然是个大课堂，学生们在这个课堂里学习会更有积极性、创造性，更符合他们乐于求知与探索的天性。于是，马校长和老师们便开始了那幅蓝图的描画与设计，要在高楼环绕的地方开辟出一片自然的天地，给学生们自然的呼吸、自然的环境、自然的空间，让校园建在森林里，让学生的身影溢满在绿色之中。在校园建设过程中，施工尽量避开原有的大树，实在避不开就找专业人员帮忙移栽；还陆续栽种近百种植物，群落丰富，种类繁多；精心培育18种果树，栽培数种农作物，更为学生们开辟了种植小乐园……

现在走进民族小学，春夏季节里，繁花似锦，牡丹、芍药、月季，姹紫嫣红，竞相绽放；秋天果实累累，海棠、石榴、山楂、核桃，挂满枝头，玲珑剔透；冬天，常绿乔木把校园装点得生机盎然。

学生们在森林校园中感受着四季的变化，体会着生命成长的历程，还可以亲自播种、培植、收获。学校的植物园和动物园成了他们的自然大课堂，教会他们欣赏生命、呵护生命、赞美生命。自然的味道、森林般的校园，给了学生们顺承天性的成长环境。

自然的规律，成长的秘诀

爱默生说："培养好人的秘诀，就是让他在大自然中生活。"

大自然是最棒的老师，学生们能在大自然中开拓思维，能在丰富多彩的空间里让想象力任意驰骋。

大自然是天然的实验室，能以不同的方式激活学生们的视觉、嗅觉、味觉、触觉和听觉，让他们尽情地发挥自己的创造力。

大自然还是一剂良药，可以减压，增强体质，使精神得到满足，带来创造力。

学校通过让学生与自然亲密接触，让他们能够通过自己的双眼、双手、大脑去洞悉自然的规律。只有明晰了自然的规律，才能更好地与自然为伴，和谐共生。尊重规律、知晓敬畏、学习知识、练就本领，更好地保护自然，从小就树立正确的价值观。民小的孩子们知道每个季节、每个节气的物候特征，他们会主动观察、照料校园里的一草一木。秋天果实挂满枝头的时候，他们会成为小卫士，保卫着果实不受侵犯；但如果您是初来民小的客人，他们会大方地给您介绍这些果实，慷慨地摘下一颗海棠或者一颗山楂，邀您品尝劳动的成果和大自然的馈赠。学生们从自然中汲取知识，获得成长，享受自然的馈赠，又保护着自然。更重要的是通过与自然的相处，学生们读懂自然，能够从中发现美、创造美。启迪心灵，激发灵感，在与自然的和谐相处中收获成长。

校长最后悔的事儿

2003年，学校进行校园的美化和绿化时，对校园重新进行了设计和布局，种了许多树。但在进行整体布局的时候，有几棵以前种的雪松和香椿树影响了校园的施工和布局，所以不得已决定把这几棵树进行移植。为此，学校特意请来绿化队的专业人员，用吊车进行移植工作。但是，其中有几棵树在移植后还是死了。看着那变黄了的雪松，马校长内心非常痛惜。

学校的树代表着学校的历史文化，见证了学校的发展，陪伴着一代又一代学生成长，给他们带来了快乐，更成为毕业生心中永远的回忆。每当想到这里，马校长心中便涌起阵阵痛楚，本以为把树木移到其他地方会使它们更好地成长，但事与愿违。这件事成为校长和老师们心中很大的遗憾。后来，每年春天，马校长都要和校工们在校园里植树种花，还种上葫芦、丝瓜、葡萄、竹子、紫藤、海棠、石榴等植物，绿化好学校的每一寸土地。校园成为植物园、学生们的乐园。学生们在紫藤架下、葫芦架下、葡萄长廊里游戏、看书。他们还在各种树上挂上标签，进行树木介绍和爱护树木宣传。

几年来，学校已建成为一个森林校园，观鱼、萝亭、慧园、葡廊体现着人与自然的亲近与和谐；"闹市寻幽""古殿春色""萝亭荫水""深院海棠""水幕雕楼"等被学校师生评为"校园八景"，再加上石碑上的古朴文字、建筑上的楹联匾额，营造出了浓厚的文化气息。枝繁叶茂，花团锦簇，看着越来越美丽的学校，马校长和老师们的心中逐渐有了少许安慰，但他们永远都会记得那几棵高大的雪松，时刻提醒着每一个人尊重自然，爱护生命。

搬搬运运中求发展

如果问王振军副校长，民族小学是怎么发展起来的？他会笑着跟你说："学校是在搬搬运运中发展起来的！"

什么？搬搬运运，不是开玩笑吧！学校难道经常搬家？没错，他会肯定地回答。

2003年马校长来到学校后，学校面貌发生了巨大改变。校园环境越来越好了，学生人数越来越多了，学校的课程、社团越来越丰富多彩了。为了给学生们提供更好的育人空间，学校对普通教室、专业教室等空间的使用不断进行调整，以适应发展需要。

发展到2014年的时候，学校有1300多名学生，那时候学校的房子还很充裕，所以开设了很多课程，设置了不少的专业教室，有美术教室、科学教室、音乐教室、书法教室等，分门别类，配置比较齐全，给学生营造了一个非常好的育人环境。后来随着民族小学在老百姓中口碑的树立，来学校就读的孩子越来越多。所以，每增加一个普通教学班就会调整教室的安排，一段新的搬搬运运历程就会开启。

一间教室的六次改名

学校的书法教室古色古香，专业气氛浓厚，但细数它的历史，小小教室"几经风雨"，先后六次改名。一开始它只是一间普通的教室，因为机器人社团的成立，调整为科学教室；后因为办公室的调整，改为教师办公室，再后来摇身一变成了教导处，之后又变成普通教室，现在因为书法课程的建设需求，成为书法教室。

像这样不断大变身的地方还有图书馆、四合院……现在看来，每次的房间调整都是学校发展不同阶段的需要，在特定的阶段，随着变化调整至最佳状态。

虽然搬来搬去，感觉很累，但是大家都把这里当作"家"来经营，这里归置归置，那里摆弄摆弄，"家"就会变得越来越好了。

优化资源配置，推动学校特色发展

搬搬运运不是盲目、毫无头绪的，而是根据学校的发展需求、特色建设以及资源的最佳利用与配置来进行的。

学校发展越来越好，各类社团百花齐放，但教室有限，为了兼顾所有社团的发展，老师们绞尽脑汁，将现有教室通过合理化布局，实现优化配置，满足每个社团所需。与此同时，学校的社团规模也越来越大。比如民乐团，目前人数已经过百，日常的排练就需要一个足够大且固定的场地；还有合唱团也是如此。为了满足社团的发展，学校便将有限资源进行整合，根据社团种类、专业特点、场地所需、设施设备所占空间、人员安全等多种因素，又一次在搬搬运运中进行调整，实现资源的优化利用。在保障优势、特色社团发展的同时，也督促着老师们你追我赶，不断推动学校特色教育的发展。

有些地方不能动

虽然校园里很多校舍的功能都进行了调整，但也有一些地方是不能动的。例如学校的教学南楼在建楼之初就定位为教学楼，这么多年的变化、调整，这栋楼的功能始终未变。后来，老师们又给这栋楼起了个好听的名字"砺学楼"，勉励学生们勤奋学习、博学励志。砺学楼的位置、朝向最好，教室内的光线最好，窗外的视野也最好，而且进入校门就能很快地步入教学楼，免去学生们穿梭校园的奔波。所以，学校虽然在日新月异地发展，以学生为本的原则始终未变，学校里各项设施的调整也遵循这个原则，适合调整的进行调整，定位明确的就让它保持功能，不断完善。这也如同教育一样，固本培根，方可实现百年大计。

从一到二

学校最初只有一个校区，即现在的南校区，学生整个小学阶段都是在这里度过的。但随着学校的发展，越来越多的孩子选择民小，人数不断增长，而且学校的各项工作规模不断扩大，南校区的容量已经不能满足和支撑学校的发展所需了。上级领导高度关注，认真调研和分析了学校的现状以及未来发展规划。学校积极把握发展的机会，高度重视发展的每一步都落实地，走踏实。最终，在大家的共同努力下，一个崭新的校区落户民小。回想起2003年学校突破万难，开启改革之路时的模样，再对比现在的规模，这不但是学校实力的体现，更是一代教育人在新时代背景之下，在全社会都关注教育、支持教育的良好氛围下，在上级部门和领导的信任和鼎力支持下，经过千辛万苦所收获的成果。

新校区建设，当然更免不了搬搬运运，王副校长辛苦着，但发自心底地高兴着。

第二章

追求幸福的园丁

　　教师是幸福的园丁。这幸福来自成长与蜕变，来自学校的关爱与引领。

　　教师队伍的质量关系到学校教育的质量，只有教师队伍的素质提升了，学校才有发展的希望，教育才会有所改观，学生才会得到真正的成长。"要想让老师爱学生，学校首先要爱老师。"于是，从思想引领、精神鼓励、专业搭台、身心关爱出发，民族小学用爱去打造一支热爱事业、关爱学生、努力奋进、有情有义的教师队伍。从推门课到约课，从检查作业批改到形式新颖的作业展，从手写备课到电子备课；从淘汰人到培养人，从关注怎么教到关注怎么引领教师不断学习提升，从单独奋斗到团队共同进取，从工作中的同事到成为相互关心的家人，从师徒结对到生命成长共同体，从师资培训到教师学堂……教师们在充满爱与鼓励、奋进与拼搏的家园中，感受到了团队的力量，获得了成长的喜悦，体悟到了教育的幸福。

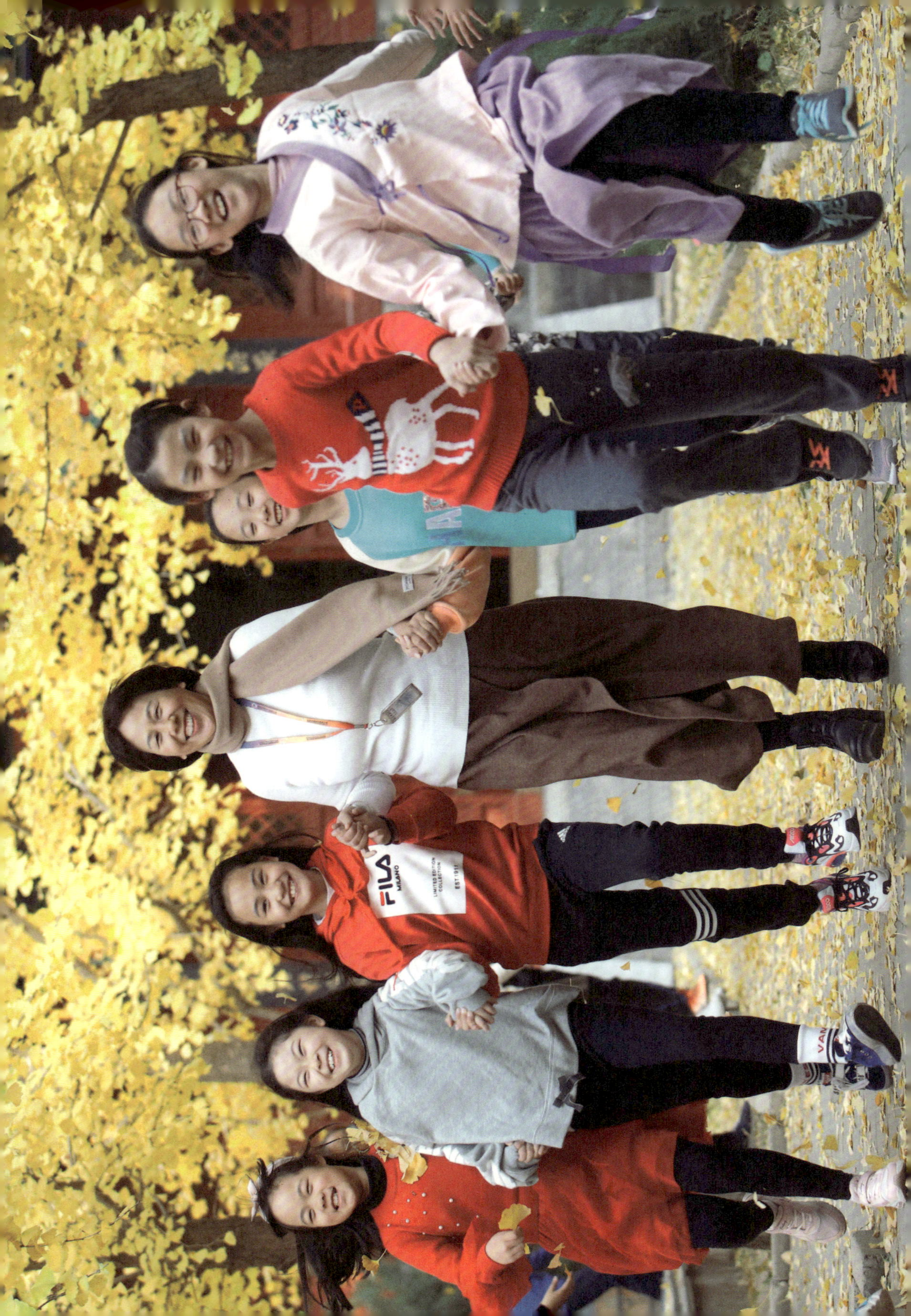
FILA
MILANO
LIMITED EDITION COLLECTION
EST 1911

/ 一 / 从立足生存到自主发展

手写备课，倒退了？

教师备课，就像导演编写脚本，直接决定着教学实施环节。为了提高课堂效率，民族小学的备课方式也经历了一次又一次的变革。

2004年，随着信息技术的改进，学校配备了电子备课室，学校想让教师们适应技术时代的发展，改以往的手写备课为电子备课，并从繁重的抄抄写写中解脱出来，而且也便于资源共享。万事开头难，教师们纷纷反映手写备课习惯了，用电脑打教案，心里总没着没落的；上课前想看一眼教案，还要打开电脑，真不方便。有的老教师还不能熟练使用键盘，电子备课反而比手写备课要花更多时间，抵触情绪很大。但电子化办公是发展趋势，是每位教师必备的技能，因此，电子备课被继续推行，同时学校为教师们提供相应的培训和指导。

几年下来，教师们逐渐适应了这种备课方式，电脑操作能力也迅速提升，并积累了丰富的教案资源，建立了学校的教案库，教师们的备课资源可以得到最大化的有效利用。学校还鼓励教师们在原有教案的基础上进行复备，这样可以不断完善教案，越备越精。但同时又出现了新的问题。

有一次，校领导听一位年轻教师的课，发现她竟然连课堂重点和教学目标都不清楚，课堂随意性强，教学效果不能令人满意。课后，这位教师把一份打印好的教案拿了出来，这份教案的教学目标准确，教学重难点清晰，教学环节的设计层次清楚。看着这份教案，回想着刚才完全与教案不搭边的一节课，校领导的心里充满了忧虑和疑问：像这样的课堂还有多少？是否每天都在发生？于是，立刻找来教学干部了解情况。她们反映平常听课时也遇到过类似的问题，想了一些解决办法，但目前看并不太奏效。充分备课是上好一节课的关键，但人都是有惰性的，照搬他人教案的事时有发生。目前的备课形式既然影响了上课质量，就应当马上改进。经过研究，学校建议教师们在原有电子备课的基础上，课前重新梳理教学思路，手写出教学流程。

这个方法坚持了一个学期，新的问题又接踵而至。一些教师的教学流程非常简单，只写了几个大的环节，每节课都是这几行字，完全形式化，并没有起到复备的作用。

经过再三研究，本着对学生负责、对课堂负责的原则，学校决定恢复手写备课。教导处根据学校教学实际需要，设计了有学校文化特色的备课本，并将每位教师的教学警句收录其中，时刻提示教师们不忘初心。同时，坚持每天的集体备课和课前组长签字制度，给课堂教学上了"双重保险"。教师们在这样的引导下，掌握了备课的要领，能够从学情出发设计学习环节，课堂效率大大提升，教学效果也得到了保障。

从电子备课回到手写备课看似是一种倒退，但却从根本上改变了教师对备课的态度，提升了教师对备课的认识和理解。在学校的发展进程中，不管备课形式如何变化，课堂教学有效才是首要标准。

从推门听课到预约听课

马校长刚到学校时，学校总共三十几位教师，主管教学的主任还兼管着后勤。教师们按部就班地做着常规工作，状态松懈，没有人去关注"课堂到底应该是什么样？""教学质量应该什么样？"等问题，甚至还发生过不备课就进课堂的现象。

看到这样的状况，马校长心急如焚。这样的课堂，还谈什么对学生负责、对教师的职业发展负责？必须狠抓课堂教学！马校长与几位干部商量决定："听推门课，必须要让教师们有紧迫感和压力，必须让教师们认真备课，认真对待每一节课。这关系到学生们的未来啊！"

于是，校长分派主抓语文和数学的两位教学领导每天扎到班级里听课，全校一共12个班，两位主任巡回听课，并对课堂进行考核评定等级，如果知识点教错了或者没有认真备课，就被判定为不合格；如果不合格达到一定的次数，任课教师就要停课反省。

这样刚性的听课考核方式让学校的课堂教学风气为之一变。教师们有了压力，不备课、随意上课的情况几乎没有了。然而，时间一长，教师们的抵触情绪开始慢慢显露：主任们推门进班，教师一看领导来了，立刻拿出一摞卷子，"来，同学们，我们今天做卷子"。听课的主任坐在后边略显尴尬，听课变监考了！

于是校领导们再次思考出现的问题，并提出解决方案：要求上午4节课都要讲授课程，不做试卷。这样刚性的规定虽然约束了教师的行为，但不能从根本上扭转他们对教学和课堂的态度，也不能切实提升教师们的业务能力。有了推门课，教师们怕被"抓包"，开始积极备课，但由于缺乏专业引领和提升，他们对课堂、对教材的理解处于较低的层次，没有整体的设想和思考，有的甚至连课前引入都没有，课堂提问也很随意，抓不到重点，达不到引导学生逐层深入思考的目的。而且推门课让教师们特别紧张。于是，有的教师灵机一动，又想出了新的应对办法：认真地准备一节课，领导来听课就讲这一节，平时还是老样子。

这时，学校领导再次开展深入的反思和讨论，毕竟监督不是目的，目的是要改善和提升课堂质量。绝大部分教师主观上是想把工作做好的，但有时因为缺乏方法或能力有限导致了问题的出现。学校是培育学生的地方，也是教师成长的地方，在管理思路上应该从淘汰人转化到培养人上来。根据这个思路，学校领导立刻研究改革方法，把原来的推门听课改为提前和教师预约听课。领导要去听哪位教师的课，就提前预约，被约的教师心里有准备了，不再总是处于时刻高度紧张的状态，可以把更多的精力放在认真备课上，甚至还会主动请教领导指导备课。于是，课后指导变为了课前指导，教导处的领导们手把手带着教师们备课，备完了再去听，听完再反思指导。教师们的上课效果明显提升，课堂气氛也活跃了。得到学生和领导的积极反馈，教师们更自信了，积极性也被调动了起来，以致后来变成教师们主动找领导约课，"主任，我还想再上一节课，您来听听我的课吧"。

这样的听课方式，成为年轻教师成长的助推器。一位新教师感慨道：

和而不同，快乐成长

作为一名新教师，课前自认为做了充分的准备，上课肯定没问题。可是走上讲台后，现场情形完全在我的意料之外，课堂气氛特别沉闷，孩子们的眼神也很涣散，显然这堂课根本没有点燃他们的兴趣。我的脑海中浮现出了学校提倡的"四声"课堂：掌声、笑声、质疑声、辩论声。而我的课堂却是无声课堂，当时真是惭愧极了。

在我迷茫的时候，学校的预约听课让我受益匪浅，茅塞顿开。为了准备这堂课，在集体备课中我说出了困惑，组里的老师们热心地帮我找原因、讲方法。于是，再次备课时我将课堂模式进行了转变，由原本的以教师为中心转化为以学生为中心，更多地让孩子们自由讨论、小组展示、分享自己的思维导图，最后还展开了与主题相关的辩论赛。整个课堂的气氛变得异常活跃，从孩子们灵动的眼神、积极的参与中，我明白这才是孩子们喜欢的课堂！这次听课让我经历成长的蜕变，"无声课堂"到"四声课堂"的转变成为我未来上好每一堂课的最大动力。

从推门听课到约课，是学校从刚性管理走向以人为本柔性管理的一次重要转变。教学干部和教师们的关系从监督与被监督转换成为师徒关系，一种积极向上、不断努力、追求进步的学习氛围在教师们中间传播开来，一支团结力强、奋斗力强的教师队伍正在形成。

从"作业检查"到"作业展"

说起作业，大家都再熟悉不过了，但是千万别小看作业的价值。教师布置作业的形式和内容，可以体现出教师教育教学的理念和价值观，乃至对学科知识全方位的驾驭能力；从学生完成作业的情况，可以看出学生对当堂知识的掌握情况以及学习态度；从教师批改作业的情况，可以看出教师对待教学工作的认真程度以及对学情的掌握程度。在学校全面改革的初期，面对教学质量不尽如人意，教师对待教学敷衍了事，尤其批改作业更是没有承担起应有责任的情况，作业便成为改革教学管理的主要抓手。

作业检查

学校要求教学干部定期查每个班的作业，一篇一篇地翻看，有错误、有问题的地方，就会把那页折个角。存在问题多的，就会找教师谈话，甚至严肃处理。

于是，教师们批改作业特别认真，在校时间除了上课、辅导，其他时间都被批改作业占满了。课间，教师认真批作业，只要有休息时间就赶忙找学生一一改错，甚至中午吃完饭还要盯着学生改错，生怕落下一个错误。学生和教师们都在为作业忙碌着。有的教师特别在意检查的结果与评价，为了取得好的评价，便让学生准备两本练习册，一本用来先做一遍，怎样修改涂抹都没有问题；改好后再工整地抄写到另一本上，让页面干干净净。一旦作业检查，就上交这本。

"两本作业"的故事，让校长和教学干部们开始反思，教师们这样的应对方法，并不是作业检查的初衷。为了应付检查而出现的这些"策略"，增添了学生的负担不说，还没有从根本上解决问题。所以，又一次改革势在必行。

作业展

发现问题，解决问题。学校及时调整了学生作业的评价方式和形式，变批评、检查为表扬、展示和激励，正向引领，榜样引领。于是，将原先的硬性"作业检查"改为正向引领的"作业展"。每个学期，每个年级都在相应的位置进行以年级为单位的作业交流及展览，作业展的内容分为基础性作业和个性化作业。在这期间，会看到每个教学楼大厅两侧分别摆放着数张桌子和展板，整齐地摆放着各科优秀作业。一到课间，学生们就在楼道大厅内兴致勃勃地翻阅着一本本作业、欣赏着一张张实践活动作业展板。他们不仅欣赏每一本作业工整、漂亮的书写，还学习每一份实践作业的创意。这里同样是一个大课堂，一个供学生相互交流、互相取长补短的大课堂。

在学习欣赏的过程中，学生们还拿上笔和本，把自己最欣赏的那一本作业的小主人的班级和姓名记下来，还会记录下优秀作业的特色、自己想要学习的东西。每位同学在翻阅、欣赏的过程中，会找到优秀作业的标准，从中也找到了自己学习的

和而不同，快乐成长

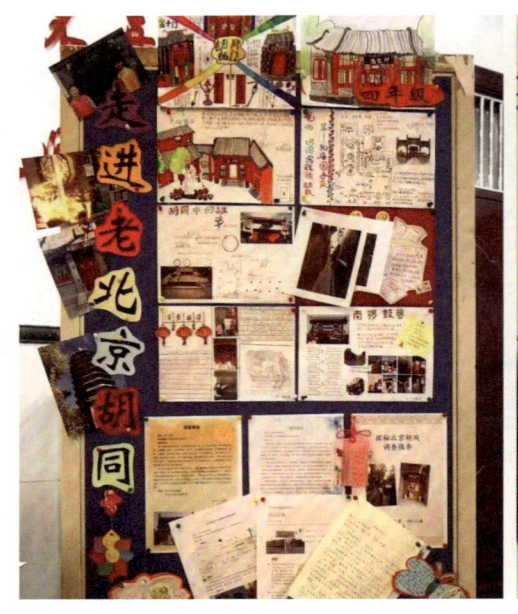

榜样，然后为自己树立一个目标，力争在自己的作业质量上能有更大的提高。

作业交流平台的搭建为师生提供了相互借鉴、相互学习的机会，评比环节激发了学生自主学习的积极性，交流环节则使他们开拓了眼界，看到了更多、更优秀的作业，同时自己也有了努力的方向。教师们关注的不再是数量是否齐全、批改是否及时等这些基础层面的问题，而是探讨更深层次的内容，如设计特色作业的初衷是什么、能够培养学生哪些方面的能力、使学生得到何种锻炼与提高等。教师们也在工作中逐渐形成了相互学习、不断提升的工作态度。

这样有特色的作业展，不但解决了教学改革中的一个突出问题，更开创了一个崭新的思路和工作方法。枯燥的作业变成有吸引力的作业，把有意义的事情做成了有意思的事情，这就是民小的智慧、教育的智慧。

教师成长的"草根论坛"

无论是学生家长还是来民小的客人们，都对教师们有一个共同的印象——他们的口才都很好，或侃侃而谈，或娓娓道来，透着从容自信和亲和力。作为一名合格教师的必备素养，语言表达能力和仪容仪表是学校在提升教师队伍综合能力工作中非常重视的一项内容。

"草根论坛"正是为教师们搭建的一个锻炼、提升与展示的平台。

严要求高标准

"草根论坛"第三期主讲轮到了刚毕业的张老师来担任，演讲主题是《打造阳光心态》。张老师很用心地做了准备，课件制作得也很精美，但是显然并没有把要讲的内容背下来，所以手里拿着稿子时不时地低头看一眼，而且越说越紧张，甚至声音也颤抖了起来，始终不敢抬头看大家。

这时，校长站了起来，要求张老师把稿子收起来，并提醒尽量脱稿演讲。此时，全场教师异常安静，每个人似乎都屏住了呼吸。张老师面红耳赤，支支吾吾，不知所措。校长见此情景，鼓励她回去再充分准备，下一次一定能够按照要求做得更好。

接下来的会议继续进行，马校长语重心长地说："老师们，不要认为我对你们太严厉就是为难大家。其实，这是在帮助大家成长，是为了你们好。今天我不逼你们，明天也许你们就被别人甚至学生瞧不起。也许有人认为小张是体育老师，用得着这么苛求她吗？老师们，流畅的语言表达能力是每个教师都必须具备的基本素质。我们民族小学的教师不能有一块短板！"校长的话掷地有声，引人深思，深深地刻在了民小老师们的心里，影响着民小老师们的一言一行。

下一场论坛，张老师做好了充分的准备，再次登台，圆满地完成了演讲。尽管她因为彻夜准备熬得眼圈乌青，但当她伴着热烈的掌声走下台的时候，笑得是那样甜。是的，她战胜了心中的恐惧，战胜了自己，在教师成长的道路上迈上了一个新台阶。

记在心里的才是最重要的

在民族小学，无论是讲话，还是汇报总结，都不鼓励拿稿子念。教师们要将演讲稿内化于心，要用真情实感来表达，要有目光的交流和心灵的碰撞。有一次，一位新调来的教师在开学不久的交流活动中拿着稿子念，当校领导提醒要脱稿讲话时，这位教师瞬间紧张，并试探着说："我担心脱稿讲不下来，就这次拿稿，以后保证脱稿。"校领导笑着鼓励道："记在你心里的才是最重要的内容，没关系，你这次记住什么就说什么，我们给你鼓劲！"最后，这位新教师在大家的掌声鼓励中，勇敢地放下了稿子进行了一次难忘的汇报。

后来，学校又提出了育人的"六个一"要求，即一手好字、一副好口才、一笔好文章、一个好身体、一身好习惯、一份好担当。这是对学生的培养要求，也是对教师的成长要求。试想，如果教师都没有一副好口才又怎能培养学生的好口才，教师没有优秀的表达能力又怎能把知识清楚地讲授给学生。

民族小学的"草根论坛"，是大家挑战自我、不断提升的论坛。教师们在这个平台中不断获得提高：要想口才好，就要练；要想说得好，就要想清楚；要想说得有水平，就要广泛阅读，做个见多识广的教师。草根论坛也随着教师们的深入学习内容更为丰富广泛，教师们分享自己的读书心得，或出行见闻，或时事点评，或是对教育热点问题的思考，或是生活中的点滴感悟。"草根论坛"成了民小教师们的思想盛宴。

"百家讲坛"路漫漫

"春天播下一粒种子，就播种了一个希望，夏日会绽放美丽的花朵，金秋会结出累累果实。""草根论坛"催生了一棵又一棵青苗的茁壮成长。"草根论坛"辐射的光波是广泛的、美好的、强大的。渐渐地，民族小学的每一位教师都拥有了"铁齿铜牙"，随时上台都能侃侃而谈、落落大方。"草根论坛"改变了教师队伍的精神

面貌，推动了民族小学教师团队素养的提升和发展。

近年来，学校有很多教师参加了海淀区的说课比赛，涉及各个学科，人数之多、范围之广，是学校之前从来没有过的。很多教师都获得了优异的成绩，抛开课程设计和其他因素，教师们过硬的口头表达能力无疑是最出彩的，成为当仁不让的加分项。民族小学举办过的每一次活动、参与过的每一次比赛，都得到了专家的好评，他们称赞教师们素质高、口才好……

如今，民族小学又提出了将学校办成"教师的学堂，学生的讲堂"。教师能说会讲的目标是要培养能说会道、有思想的学生。"来日方长，何惧车遥马慢。"心有期待，就会启程。从"草根论坛"历练出来的教师正带领着学生走在"百家讲坛"的路上。

/ 二 / 人人有担当，团队有力量

项目制：人人都是管理者

为了适应时代的发展和社会对教育、对人才提出的新要求，满足广大人民群众对教育的需求，民族小学提出了"直面社会关切，构建城市新型学校"的整体设想，遵循"和而不同，快乐成长"的办学理念，落实"搭建平台、整合资源、重塑角色、组建共同体"四项基本策略的指导思想。为了更好地发挥教师、学生和家长的主人翁精神，激发全体人员的潜能，学校进行了体制机制改革，改变原有的以任务驱动为主的被动接受型工作体制，实行激发主观能动性的项目负责制。

项目负责制是新型学校管理模式的有益探索与大胆变革。可是，到底该怎么干呢？从中层干部到教师，大家都理不清头绪。于是，校长带领全体中层干部进行了一次主题研讨，大家围绕项目负责制"应该是怎么样的""想做什么""怎样去做"等问题展开讨论，马校长鼓励大家：这是一个新生事物，有困难不怕，咱们边解决困难边干，但是必须实行下去。经过两三年的不断探索和践行，项目制在学校的运行趋于成熟和完善。

崔主任负责北校区的全面工作，她对当时年级组推行项目制的情景历历在目。刚开始，大家都是糊里糊涂，不知道该怎么入手。于是大家就把一个年级组所有的

和而不同，快乐成长

工作全部罗列出来，然后进行分类，比如学科类的有阅读、古诗诵读、数学、英语、体育等，行为习惯类的有卫生、课间纪律、集合、上操等，宣传类的有展板、音乐沙龙、午间广播等，根据每位教师的专长和实际情况初步确定项目负责人，随后又与每位教师深入沟通进行调整，最终确定项目负责人。但是，在第一个月的实施过程中，大家就发现了问题，比如：大家将岗位、具体工作当成了项目，所以项目确定得比较凌乱；在确定项目负责人时只考虑教师是否有时间，却忽略了负责人本身对这项工作可能不了解，就像音乐教师负责阅读这项工作，虽然有时间检查，但却不了解语文学科对阅读工作的要求；项目负责人很茫然，不知道自己到底该做什么、怎样做。于是大家一边实施一边反思，反复讨论和修改。最终，基于北校区工作、学科特色以及教师专长，精心策划了项目主题，确定了北校区项目制架构，并通过年级安排和自愿结合的方法确定了各个项目的负责人。

现在，年级组所有教师，每个人都承担着一个项目，自觉参与，主动思考，人人都能发挥所长，独当一面。

相互学习 我们共同成长

"把有意义的事做得有意思，让有意思的事变得有意义"，这是民族小学一直以来提倡的做法。为了帮助学生积累古诗文，传承中华优秀传统文化，学校组织开展了由家长和学生担任考官、学生自愿参与的古诗文诵读闯关活动。廖老师是一年级的语文教师，也是本年级闯关活动项目的负责人。

一年级的第一次闯关活动结束后，廖老师发现杜老师班级的学生无论是通过率还是越级率都远超过同年级其他班，为什么会出现这样的结果？杜老师又是怎样做的呢？于是，廖老师开始有意观察。接下来的几天，她每天早读时都会抽时间在杜老师班里看看学生到底是怎么晨读的。她发现这个班级的学生诵读古诗的效率特别高，而且学生完全可以自行晨读，几乎不用老师安排。杜老师班每天进行五首古诗的诵读，每人负责一首的领读，每首古诗读三遍，读完后才能进行下一首，以此往复，井然有序。

有了新发现，廖老师又找到杜老师当面请教："杜老师，除了晨读，您还用了什么方法促进学生们的背诵？"杜老师把自己的秘诀倾囊相送：诵读古诗的活动刚刚开始，就制作了班级古诗擂台展示栏，并进行分组。首先，将要诵读的古诗每

10 首分为一组，学生每完成 10 首的背诵就会得到一朵小红花，并亲手贴在展示栏上。这样学生们能够一目了然地看到自己的点滴进步，很有成就感。有的学生背诵得慢一点，老师也不要着急，主要是学生的识字量不够，老师可以单独带着学生用手指着反复地读，熟读成诵，识字量也会慢慢提升。渐渐地，学生在学校背诵古诗的兴趣被调动起来，回家背古诗也会更起劲。接着，老师又给学生分组，每 7 人为一组，谁先背完一组古诗，谁就担任小考官检查组内所有同学，这样，学生们就会相互激励一起进步。

清楚了杜老师的方法，廖老师调整了自己班级的晨读以及评价的方式，果然很有效。于是，廖老师马上把组内所有班主任召集起来，请杜老师把经验分享给大家。同时作为项目负责人，廖老师还对这项工作提出了规范的要求。通过项目组教师的引领，学生们诵读古诗文的兴趣被激发了起来，整个年级的古诗文积累都有了显著提升。

学生要进行闯关活动了，高年级由学生担任考官，而一年级学生年龄太小无法担任考官，老师们又都抽不开身，这怎么办呢？经过项目组会议，大家决定大胆招募家长志愿者担任考官。就这样闯关活动顺利完成。

在项目制实施过程中，教师们关注的不仅仅是自己的班级，而且还关注整个年级；教师们的格局和眼界变大了，能够将自己好的经验分享给大家，可以发现和学习其他班级和教师一些好的方法，同时总结自己班级的不足。项目制的实施发掘了教师的潜力，促进了教师的专业发展与成长，既是教师收获发展、体验成功、各美其美的过程，也是自我完善、共同成长、美美与共的过程。

让集会成为一道亮丽的风景

南老师是一位新调入民族小学的教师，刚来就承担了学生集会礼仪管理这一项目。

接到任务后，南老师每周一集会时都会在各班后面巡视检查：学生是否按时到会场、路队是否整齐、站姿是否标准、是否有人交头接耳不认真听讲、是否有人打闹、出入体育馆是否安静有序……每次集会结束后，她都会进行总结，表扬做得好的班级，同时针对发现的问题，提出建议和期望。几次集会下来，南老师发现效果并不好，因为一个人实在看不过来 10 个班的 400 多名学生。南老师想，如果每班有一个检查员协助是不是会好很多呢?

想到就立刻去做。南老师在各班招募了小检查员,并对他们进行了培训。又到了学生集会的时间,小检查员们整齐地站在各班队伍的后面,正式上岗了。他们一个个认真极了,非常有责任心。发现有推挤、乱动、说话、打闹等违反纪律要求的同学就立刻上前提醒。队伍中违反纪律的学生少了,但是新的问题也来了!小管理员提醒的声音又影响到了集会的纪律,还有个别学生在收到小管理员的提醒时不服气,双方争论不休,甚至个别学生不听小管理员的提醒大吵大嚷。

南老师立刻征求教师们的意见,琢磨着怎么改进。受课间纪律检查提示牌的启发,又看到学生加餐后准备扔掉的酸奶盒,南老师灵机一动,带领着小检查员们立刻行动起来。他们用废弃的酸奶盒制作了集会纪律提示牌,一面写着"请安静",另一面写着"请立正",小检查员们还用彩笔进行了装饰。南老师制定了提示牌使用规则,并对小检查员和全体学生进行了培训,详细讲解了各项要求。每次集会后,南老师都会对学生们耐心地进行站姿等训练。

就这样,学生们成了自我管理的小主人,集会礼仪检查进行得越来越顺畅,每次集会中被提醒的学生也越来越少,集会的纪律越来越好,学生们的好习惯也慢慢养成了。

以前,所有的活动都是校长、中层干部作为管理者策划、布置、督办,因而在任务执行过程中,教师只是被动地执行命令,一旦遇到问题就不假思索地来请示、找领导要办法。而现在,大家欣喜地看到实行项目制管理后,教师们的工作更主动了,责任心更强了,组织落实也更到位了。

"事事有人管,人人有事做",不再是一句空话。

慧心巧思 毕力同心

学校在大力转变校园面貌、改革课堂模式、严抓教学质量、提升教师队伍素养的同时，管理模式的改革也势在必行。在改革之前，学校按照学科组的组织模式实施管理，但随着学校规模的扩大以及对各项工作的高标准严要求，单行的学科组管理模式的弊端开始显露。例如以学科为组，教师们无法对年级内的工作进行及时交流和沟通，年级组只在学生层面得以体现，无疑会影响整个年级的学生管理和工作开展。经过认真思考和讨论，学校决定执行学科组管理和年级组管理的"双轨制"管理模式，解决学科组和年级组两个维度的管理问题。"双轨制"的运行，使学科发展更多关注到了不同年级水平的情况，利于针对性解决问题；由年级组长牵头该年级的全部工作，使同一年级的工作更有整体性、实效性和科学性。

建组开头难

2018年7月，赵老师开始担任四年级的年级主任工作。这份工作赵老师一干就是三年，在看似平凡的工作背后其实是细致全面的思考和诸多心血的付出。

在建组初期，组内事务千头万绪，每一件事都需要周全考虑，逐项落实。年级组内共有17位老师，300多名学生，背后还有600多位家长。无论是带领教师队伍还是助力学生成长发展，都要全盘考虑。

首先，教师年龄跨度较大，从22岁的年轻教师一直到51岁的老教师都在组中共同工作。在安排工作时，既要考虑到老教师的身体健康和家庭负担，也要考虑到年轻教师的专业发展和经验积累。正副班的搭配工作，一般是以老带青，让青年教师多学多干多担当。其次，组内涵盖本年级所有学科教师，在安排办公室时就要尽力满足同学科在一起办公，方便教研促进教学。但教学班和办公室分布在不同楼层，给整体安排带来了不便。这一系列的问题，放在以前的学科组织模式时是不存在的，年级组的组织模式虽然给赵老师提出了很多的挑战和困难，但是大家都看到这种模式的优势与好处，而且最大优势是让学生受益。所有教师统一确定教育目标，多交流共商议，便于共同解决教育问题，并且能从多角度发现学生的优势，全面育人。因此，大家集思广益，共同面对，最终尘埃落定，圆满解决。

组内项目制凝心聚力

"做最好的我，在我最好的方面"是民小的校训。在这个校园里不只是学生在

和而不同，快乐成长

向这个目标努力，教师们也一直在积极地践行校训。为了更好地管理，年级组内也积极开展项目负责制，教师们积极参与阅读工程、跑步锻炼、书法习字、家校共育、主题实践、卫生工作、习惯养成、安全工作、古诗闯关、数独考级、教师阅读、微信推送等，各项工作都有专人负责，各司其职，真正实现了发挥潜能、激发主动性、获得成就感的美好愿望。

在跑步项目制的开展中，大课间的冬季长跑赢得了学生们的喜爱。冬季长跑活动是为了锻炼身体，提高学生们的有氧耐力，发展心肺功能，让坐在教室里的学生们能够到室外呼吸新鲜空气、眺望远方、缓解身心和用眼疲劳。因此，学生们都积极参与，跑起来，动起来，让一天都精力充沛。六年级组的师生们一起在操场上快乐地奔跑，跑步项目制的负责人李老师每天都在操场上负责协调和指挥，及时评价和总结，为此付出了很多。学生们步调一致、精神抖擞，身体素质不断提升。

诗歌浸润着民小学生们的童年，在诵读中感受精忠报国的爱国情怀、匹夫有责的担当、见贤思齐的榜样力量、和而不同的处事之道……自2013年至今，学校秉承着"和而不同，快乐成长"的办学理念，以传承中华优秀传统文化为己任，开始古诗文诵读闯关活动。学生们在诗文的海洋里畅游，得到了诗文的滋养，感受着中华优秀传统文化的无穷魅力。几年来为了把这项"有意义的事做得有意思"，学生们在语文老师的引领下诵古诗、演古诗、唱古诗、学诗、写诗……杨老师是年级组这个项目的负责人。她不落窠臼，创新性地组织家长志愿者也参与其中。在居家学习期间，大家利用腾讯会议以诗会友，与诗结缘，为学生和家长们搭建了舞台，极大地激发了学生们对古诗文阅读的兴趣和对祖国传统文化的热爱之情。

年级组内项目制的实施，不但帮助每一位师生从任务的被动接受者，变为项目的主动思考者和承担者，更激发了大家的创造力和主动性，让工作更有干劲儿，让年级组更有活力，教师团队和学生团队的凝聚力也更强了。

青年教师注活力

为青年教师铺就一条成长之路，也是年级组的一项重要工作目标。青年教师身上体现着新时代的特征，他们更容易接受新事物，更容易和学生近距离沟通，也更有成长的空间。帮助他们弥补不足，激发活力和干劲，是实现快速成长的有效方法。

杨老师接到了空中课堂语文课直播的任务，王老师要参加教育部英语网络课程的录制，程老师和孙老师要参加海淀区"世纪杯"教师基本功比赛……重大且艰巨的任务摆在了这些青年教师的面前。年级组的教师们当然知道这些青年教师身上的压力与负担，也知道他们在准备的过程中会遇到各种困难。于是，整个年级组的教师们拧成了一根绳，有经验的出经验，有办法的出办法，有力量的出力量，举全年级之力协助青年教师高质量地完成任务。王老师在录制英语课后感慨地说："感谢学校提供的平台。我是名青年教师，但能有如此难得的机会，完全得益于民小这个开放、包容、自由、多元的发展平台，感谢年级组里老师的大力支持。三个月的备课过程中有煎熬，有欢笑，有泪水，有收获。民小团队的老师们互相温暖着，奉献着，进步着！能在这样强大的团队中工作、生活，真是我莫大的荣幸！我自豪，我是民小人！"无论是名师课堂、空中课堂，还是基本功大赛，对于每一名师生来说，都是一场丰盛的精神盛宴、一次深刻的智慧启迪、一段难忘的学习之旅。教师们收获的不仅仅是成绩，更是对教育、课堂、学生的深刻理解，教育教学研究的热情更加高涨，育人观念和育人能力更加提升，对教师这个职业也有了新的认识。

在日常教育教学中，青年教师做班主任经验不足，往往在与家长沟通交流时缺乏经验。年级组长赵老师便成为这些青年教师的师傅，经常让青年教师亲耳听自己如何给家长打电话沟通，如何开家长会，如何与学生谈心，如何帮助潜能生……马校长经常跟老师们说："对家长要多一份关心、多一点帮助。我建议，大家在和家长的交流中，少一些公事公办，多一些问寒问暖；少一些任务要求，多一些理解包容。"是啊，如果能把家长视作自己的朋友，在共同培养学生的问题上就是锦上添花之事。共情、理解、包容，这就是家校沟通的法宝。青年教师通过感受、实践、沉淀，慢慢提升了认识，改进了工作方法，与家长的交流合作和谐顺畅，很多家长和青年教师都成了好朋友，学生培养卓有成效。

经过将近三年的磨合，全组教师相处和睦，相知相爱。在工作上慧心巧思，攻坚克难，毕力同心。全组不仅出色地完成了各项教育教学活动，教师们还多次在市区级教学展示活动中获奖，实现了个人与团队的共成长、同进步。

作为年级主任的赵老师，从教师们身上汲取了力量，在工作中不断得到支持和鼓励，处理组内事务更加得心应手。从前那个忧郁紧张、急躁不安的赵老师已经真正成了一位从容果敢、睿智沉稳的年级主任。"向着目标永不停歇，遇到困难锲而不舍"的民小精神在年级组的每一个人、每一项工作中得到了完美的诠释。把每一次困难当作磨炼，把每一次机会当作挑战，未来还有更多的机遇等待大家砥砺前行。

各美其美，美美与共

刚刚学习的榫卯文化让大家想到了项目制。被榫卯结构连接的木料，分开是一块块板材，连接后是坚固结实、可使用上百年的家具。项目制团队中的每个人分开是各有所长，承担着一个个项目；整合在一起，就是和谐且坚不可摧的团队。大家在学校年级项目制构架的基础上，结合北校区的实际情况，又增加了文化宣传与信息管理两个项目。年级组的每个人都承担着一个项目，人人都能发挥所长，独当一面。

现在，项目制做得越来越扎实了。结合升旗仪式，由不同项目的负责人轮流做总结发言。优秀班集体的评比也不是单一的奖励，而是作为一个系统的项目推进开展，每一项的负责老师都要认真思考如何开展项目。从制定规则和评比标准到培训小监督员及全体学生，再到查看、发现问题、想出解决问题的方法，直至最后的表彰和资料的整理都要亲力亲为。比如，负责卫生的周老师前有讲解检查项目和标准，后有总结、表扬和点评发言；吴老师就美术课学具的准备和摆放给学生们具体讲解步骤和方法；刘老师就日常习惯养成做总结等。在这样的反思和总结中，学生和老师都了解自己的优点及不足，每个人都对要做的事情心中有数，整个集体的工作有序推进，形成了良性循环。

总之，项目制充分调动了教师们工作的积极性，发挥了创造性，挖掘了教师的合作潜力，强化了教师的全局观念，发挥了团队协作的最大效能。项目制实施的过程，既是教师收获发展、体验成功、各美其美的过程，也是团队自我完善、共同成长、美美与共的过程。

"一个优秀的团队，能塑造优秀的团队文化；一个优秀的团队，能成就团队中的每一个人。"每个年级组在各自努力的道路上不断捕捉新的闪光点，每个人都努力"做最好的我，在我最好的方面"。

从一个人到一群人

在民族小学的教师团队中流传着这样一句话："只要民小团队在，一切困难不存在！"教师们在迎接一次又一次的挑战时，每一个人都忘我地投入其中，把学校的事情都当作自己的事情，把团队的任务当作自己的任务。

就拿一次海淀区"世纪杯"教师基本功比赛来说，17位青年教师参赛，但是一起参与备课研究的就有120人。这些教师中有的是学校选派的备课组骨干，还有一批教师完全是自愿参与，想要一起学习，一起研究。于是，17位参赛教师背后是8个学科团队、17个备课团队，是全校上下全力保障餐饮、住宿，甚至看护孩子的全方位服务团队。

集体退票的一场电影

"世纪杯"教学展示活动是海淀区规格和含金量很高的活动。海淀区一批批教学骨干都是在这项活动中磨砺并脱颖而出的。

2020年10月举办的这次活动，主要面向5年以下教龄的青年教师。从发布题目到提交录像课只有两个星期的准备时间。为了让青年教师更好地成长起来，从接到比赛通知当天，学校就立即开会商讨方案，组建团队，详细列出每天的工作计划。

10月初的一天，学校工会组织了一场观影活动，很多老师担心当天会公布赛课内容，因为两周的准备时间很短，每一天每一分钟都很宝贵，为了不耽误备课，有一批老师决定放弃参加活动。当时的状态就如同箭在弦上，虽然比赛内容公布时间未定，但是很多老师都做好了随时投入"战斗"的准备。

学校已将电影票买好，下班后就要集体出发前往了。但凑巧的是，当天下午3点比赛的课题发布了。于是，所有的老师都决定不去观影了，立刻留下备课，共同研究。这一天，100多位老师自动留校加班，在学校参加集体备课。这一天的校园，灯火通明。

接下来的半个月里，老师们的日常工作和生活都忙碌而充实。学校行政组和后勤组在马校长的带领下也都留下来帮忙做好后勤保障工作。因为大家都要晚上9点多才结束工作，所以食堂准备了香喷喷的晚餐；因为老师们都要集中精力备课，所以行政后勤的干部们就组织照看起老师们的孩子；因为有的老师家远，加班太晚不方便回家，所以干部们又临时收拾整理出几间宿舍……所有的这一切，都让老师们感叹："做民小的老师真幸福！"忙碌一天毫无闲暇的老师们在晚餐的时候终于能放松一下，那个时刻成为民小最热闹的时间。但大家依然在讨论着工作，讨论着备课。这就是民族小学蓬勃向上的生命力。

和而不同，快乐成长

老骥伏枥

学校里有经验的老教师在各项工作中都发挥着重要的作用。比如，数学学科的刘老师、张老师，语文学科的杜老师、邢老师，科学学科的李老师等，他们虽然不是年级主任或学科主任，但是在青年教师培养以及年级工作方面都充分发挥着重要的引领作用，大家都称他们是学校的"定海神针"。

杜老师就是这样一位老教师，她不求名利，既不是年级主任，也不是学科教学的负责人，但是在这次比赛中发挥了重要的作用。她老家在怀柔，那段时间正好赶上家里盖房子，所以事儿特别多。但是备赛的那些天，她根本没有时间回去张罗家里的事。一天晚上，杜老师的父亲突发心脑血管疾病，要住院急救。事发突然，杜老师嘱咐完老师们备课的事后，赶紧打车回怀柔。老人住院手术需要有人陪护，但是因为疫情，陪同的人做完核酸检测进病房后，就不能再出来了。杜老师心里记挂着年轻教师比赛的事，就狠下心对弟弟说："我们正在准备比赛，需要磨课，他们都需要我，我不能请假，只能辛苦你请假陪床了！"第二天一早7点，老师们和往常一样看到了杜老师的身影。大家都问她怎么不在医院照料父亲，一大早又来了。杜老师满带疲惫微微一笑，和大家轻声解释了原因。就这样，杜老师又和大家继续投入"奋战"，研究讨论到晚上九十点是经常的事儿。

北校区的代老师是英语老师，有次意外扭伤了脚，但天天挂着拐仍坚持上班，一天没耽误给学生们上课。这次"世纪杯"，英语学科有两位教师参赛，而且都是在南校区，备课团队也在南校区。代老师每天下班后都挂着拐搭车到南校区来参与备课。老师们都劝她回家休息，但是她却说，要坚持和大家一起备课，和大家在一起讨论学习是特别幸福的事情。代老师的女儿上中学，学习压力大，天天要上晚自习、辅导课，但是代老师从未因此请过假，每天都是到晚上八九点钟下班，然后再打车回家。自己的孩子管不上了，自己受伤也管不上了，但是年轻教师的成长，她觉得必须要"管"。

初生牛犊

廖老师是年轻教师里的中坚力量，非常优秀，很年轻就担任年级主任。她的孩子还很小，正是离不开她的时候。这次她作为年轻教师参加语文学科的展示。为了能全身心投入备赛，她忍着百般不舍把孩子送回了老家。其实，早在暑假的时候，她就开始了高度紧张的备课工作——承担了三节教育部录像课的重任。而且因为是现场录制，在演播室中对镜讲课需要完全脱稿，并做到授课自然亲切、循循善诱、分秒不差，这绝对是一项巨大的挑战，不但备课时需要反复打磨、修改教学设计，还要努力克服紧张的心理。在教研员、专家和民小团队的帮助下，三节课进行了精益求精的研磨。

没想到这时正好与"世纪杯"撞了个满怀。大家都为廖老师在短时间内同时承担两项重任而捏把汗。没想到，廖老师非常坚定说，一定要参加，即使再难也要参加。不仅为了自己能够提升，更为了给学校争光。四节重要的课同时进行研磨，必定需要呕心沥血、夜以继日的付出。

廖老师抽到的课题为《胡萝卜先生的胡子》，是统编版新加入的策略单元中的一篇课文，难度颇大。虽是块"硬骨头"，但她信念坚定："我不是一个人作战，我有领导和教研组的老师们做强大的后盾，我会全力以赴地去拼，为团队而战。"

每天反复磨课，每天又不断推翻教案，不断找新角度新立意……备课的时间即将过去一半，但还没有明确的思路。廖老师急得吃不下，睡不着。一个周末加班备课时，她终于忍不住哭了。大家都以为她要打退堂鼓，但是廖老师直解释，这眼泪不是因为委屈，不是因为想放弃，而是觉得自己还不够努力，看到那么多的人为她付出，即使周末也不休息，心里全是着急和内疚。马校长说，眼泪是压力也是动力，这个过程就是一次次哭，一次次把泪水变彩虹的过程；当泪光变成七彩光的时候，你就成长了。

功夫不负有心人，一等奖的好成绩为此次团队备课画上了圆满句号。

对于学校来说，则是收获了一个团队的成长。在整个备课过程中老教师将丰富的教学经验与理论相结合，对学科教学有着更深刻的理解，带动年轻教师在参与备课的全过程中，对学科本质的把握、教材的梳理、课堂生成的处理、学习评价的设计等进行全方位的提升。每一位教师都在备课中找到了自己的价值，获得了成长，在成就自己的同时，成就了团队。

"向着目标永不停歇，遇到困难锲而不舍"的民小精神具有强大的力量。在短短两周时间内，老师们将参赛课题研讨到了最理想的程度，17个团队喜获佳绩。从一个人到一群人，从一个学科到全学科，从一个人的成长到全体教师的提高——

一次比赛就是一次练兵，一次比赛就是一次飞跃，七彩光终于挂在了每个人的脸上。

新春联欢会，幸福在一起

每年寒假的前一天，民族小学都会举行教师新春联欢活动。

大家齐聚北校区的体育馆。此时的体育馆挂满了喜庆的大红灯笼、每位老师亲笔书写的春联，还有即将盛放的欢声笑语、幸福与感动。

这是一场老师们自己的联欢会，从策划、道具、排练到主持等，活动全程都由老师们自己负责。

联欢前的一个月，数学张老师又开始犯愁了。其实，以往每年这个时候她都会犯愁，因为她认为自己没什么才艺和特长。作为一名经验丰富的数学老师，她对讲台很熟悉，但是对舞台充满生疏和恐惧，发自内心地抵触这样的活动，认为这就是增加老师的负担，给繁忙的期末"添乱"！而且这是张老师第一年当年级主任，她还要带领年级的老师们一起为大家呈现1~2个节目，就更加觉得压力巨大！

然而还没等张老师和大家一起商量如何"应对"新春联欢会，同年级的科学李老师就主动找她来了。

"主任，今年联欢会咱们年级出什么节目啊？"

"哎呀，别提了！我现在还没什么想法呢。"

"那我有个想法，咱们设计一个小品行不行？"

……

李老师一番话让张老师感觉肩上的压力顿时减轻了不少。她万万没想到，平时大大咧咧的李老师，对联欢会竟然那么有想法、有热情！他还主动提出要担任总导演，负责整个年级组

的节目！

虽然有了救兵，但是张老师心里仍不能完全踏实，她也开始观察其他年级组的节目准备工作，想吸取点经验。令她感到意外的是，虽然期末阶段大家都很忙，但是每个年级组的老师们都在精心组织策划联欢节目。有的年级之前策划的小品很受欢迎，这次又开发了小品的续集；一直默默无闻的美术老师特别积极主动地编写剧本；语文老师调用各种资源为大家准备节目道具；数学老师和音乐老师下班后自己找时间排练合唱曲目……原来民小的老师个个藏龙卧虎，多才多艺，并且都主动抽出时间积极地排练，乐在其中！

张老师先前还对"总导演"不放心，毕竟李老师太年轻，可是当她看到年级组里的老师们一呼百应，团结一致地投入排练，看到李老师精益求精反复修改剧本，当她收到李老师自己掏钱给所有老师们买的音乐道具"卡祖笛"，听到老师们排练时的欢声笑语时，她悬着的一颗心终于放下了。

联欢会开始了，轮到张老师所在年级组表演节目了。她的心里紧张而激动，呼吸跟随着小品的情节忽快忽慢，情绪随着人物的喜怒哀乐跌宕起伏。平时特别优雅的语文廖老师演活了一个傻傻憨憨的小姑娘，平时少言少语的数学王老师竟然扮演了一个邋里邋遢的调皮蛋，而一直严肃认真的体育邢老师也积极参与其中。张老师的心彻底踏实了！原来大家不只在讲台上挥洒自如，在舞台上也如此洒脱自如，原来大家如此潜力无限，原来大家那么会创造快乐！

当台下响起雷鸣般的掌声时，张老师的内心充满了自豪和骄傲。她的思绪飘散开来，开始重新思考教师新年联欢的意义。

一直以来，民族小学都提倡学校应该有五种味道：自然的味道、中国的味道、孩子的味道、教育的味道、家的味道。其中"家的味道"体现了一种团队文化：学校不仅仅是教师们工作和孩子们学习的地方，更应该是教师和孩子们共同的精神家园。平时教师们都埋头于工作中，忙碌于讲台，除了教研、上课，缺乏彼此深入了解的机会。仅仅因为工作而建立的教师之间的关系强大有余，温情和凝聚力不足。春节是团圆的日子，民族小学教师新春联欢活动，就是民小家人们尽情放松、展示才华、拉近心与心距离的时候。教师和教师之间、教师和学校干部之间，在一次次的联欢中，心逐渐贴近。

通过联欢会，张老师也重新认识了她的同事们。联欢会上各种形式的节目精彩各异，创意不断，令人啧啧称奇！这真是一群不仅会上课、懂教育，更加会生活、懂得美的教师！相信这些教师一定是幸福的，而他们的学生也一定是幸福的，因为教育不就是一颗美好的心联结另一颗美好的心吗？

从那以后，紧张害怕甚至讨厌新春联欢活动的张老师不见了，喜爱期待盼望参与新春联欢的张老师出现了。

/三/ 做有心有爱的园丁

对教师的教育也需要润物无声

民族小学的年轻教师朝气蓬勃，充满活力，有干劲有闯劲，学生们非常喜欢。但是因为缺乏丰富的教育教学经验，有时在处理学生问题时会引起家长误会。马校长意识到这个问题的解决，绝不是简单地和教师沟通一下就可以，如果处理不当非但不能解决问题，帮助不了他们成长，还会让这些年轻教师产生抵触情绪。换位思考，体谅他们的难处，进行心灵上的交流和触动，才能真正引发他们深入思考，推动他们的进步。

《太阳和风》的故事给校长带来了深刻的启发。

有一天，太阳和风争论谁更强而有力，风说："我来证明我的力量。看到那边穿着大衣的老头了吗？我打赌我能比你更快使他脱掉大衣。"于是太阳躲到云后，风就开始吹起来，愈吹愈大，如同一场飓风。但是风吹得愈急，老人愈把大衣紧裹在身上。终于，风平息下来，放弃了。然后，太阳从云后面露面，开始以它温柔的微笑照着老人。不久，老人开始擦汗，脱掉了大衣。太阳对风说，温柔和友善总是要比愤怒和暴力更强有力。

的确，教育要掷地有声，也要润物无声。教师对待学生，要温柔友善，用爱的力量去打动；学校的管理也要温柔友善，用发自心底的交流去探析教师成长道路上真正的困惑所在。

周二全体教师会如期举行，马校长改变以往说教的形式，给大家讲起了故事。首先讲了菲尔普斯童年的故事。大家对菲尔普斯的天才表现非常了解，但听到菲尔普斯小时候受到老师、同学的嘲笑和打击，感到非常气愤。接着校长又讲到民族小学毕业生小岩的故事，这更是吸引了老师们。这是个大家都非常熟悉的孩子，小时候经常因和同学打架被老师罚站，马校长也曾帮着调解过小岩与老师的矛盾。但就是这样一个在小学时期令很多人头疼的孩子，高中还没毕业就因电脑操作技术娴熟，提前被一家知名公司破格录取。老师们惊讶于小岩的才华，更惊讶于这个淘气的孩子毕业后没有忘记母校和老师们，常常回到熟悉的校园看望他们。最后，马校长在动人优美的音乐声中，声情并茂地讲起了"教师的启示"这个令人感动的故事。老师们对故事中的泰迪·史塔特因家庭的不幸而变得消沉，对课业提不起兴趣充满了同情，更被汤普逊老师了解泰迪·史塔特的情况后对他格外关注与鼓励，成为这个小男孩一辈子最棒的教师感动着。很多老师眼里闪动着晶莹的泪花，在被故事深深打动的同时，老师们也明白了"如何当好孩子生命中的贵人"的真正含义。

　　大象无形，上善若水。学校教育之神奇，在于一点点、一件件、一次次、一天天……似水无形，无处不在；春风化雨，润物无声；日积月累，水滴石穿。对学生的教育需要润物细无声，对教师的管理与引导又何尝不是呢？

孩子追"星"的启示

　　当今社会，群星璀璨，每个人都想成为明星，每个人心中也都有自己喜欢的明星。明星不仅受到成年人的追捧，就连学生们心中也有自己崇拜的偶像，有时他们对明星的痴迷还让教师们头疼不已。

　　面对这样的现象，马校长想，能不能把辛勤培养学生们成长的教师们变成明星，成为学生们心中的偶像呢？"亲其师，信其道。"如果这样，教育教学工作就会取得更好的效果。

　　很快，马校长就在干部会上提出了这个想法。随着交流的深入，一个评选明星教师的想法逐渐形成了一个具有可行性的方案。有的干部说，既然明星教师的第一个条件必须是"学生们喜欢"，那么，"家长满意"也很重要啊，应该作为第二条。有的干部说，现在教育部门评选学科带头人和骨干教师基本上都是侧重于教师的业务素质和能力，而对教师的人品、师德、人际关系、团队协作的评价还不够。有个别人，只顾干自己的事，对学校的事不上心，个别人协作精神欠缺，同事关系较紧张……根据讨论意见，大家把"明星教师"的评价标准确定为五项，即"学生喜欢、家长满意、同行佩服、自我认同、领导赏识"，以此客观地评价教师，教师们也可以在平时的工作中用这五条标准，时刻提醒自己，严格要求自己。有了工作目标，有了动力，工作积极性自然而然地就提高了。

每到火热的7月，学生们就会拿到一张评价表，他们会和家长一起对每一位授课教师从不同方面进行评分，认真地写上一些发自肺腑的感言或建议。第二天，学生在早晨进入校门时，就会把评价表投进小信箱。与此同时，老师们也会拿到一张评价表，对一年的工作进行自评和互评。最后，学校对教师进行评分汇总后，排名前五位的教师就会被评为学校的"明星教师"。

这一评价制度大大激励了教师的工作热情，每位教师都努力工作，不断提高自己的业务水平，用心教育学生，和同事们团结协作，互帮互助，学校里处处洋溢着和谐的美好氛围。

到了教师节，学校会举行隆重的颁奖仪式，隆重揭晓新一届的明星教师，就像中央电视台的"感动中国"节目，场面让所有师生激动、感动。颁奖典礼上，主持人宣读颁奖词后，师生们一起猜获奖教师的名字，每次都是众望所归。"明星教师"们往往在这个时候抑制不住激动与惊喜的泪水，伴着热烈的掌声、祝福的目光走上绚丽的舞台，接受崇高的队礼、美丽的鲜花、隆重的表彰和衷心的祝贺。在以后的日子里，每每谈到这一情景，"明星教师"们总会激动不已。他们说，虽然工作辛苦，早出晚归，付出很多，但是站在台上的那一刻，就感觉一切都值得，并深深地体会到了教师职业的幸福。

这项活动已经成为学校的文化，成为每年师生们期待的保留节目。好的文化能够凝聚人心，激发工作斗志。通过这项活动，学生们更加了解、尊重教师了，教师们也在高度的认可和成就感中获得自我肯定，坚定了信念，用更大的努力回报学生、回报教育。

我不是"打酱油"的

学生是信息时代的原住民，新鲜事物的涌现对他们产生着极大的影响。民族小学一直引导教师要走近学生，紧跟学生发展的脚步，及时更新自己的认知，努力探索适合学生的教学方法。

一个午后，一位高年级的语文老师颇有些神秘地问马校长："您知道'打酱油'是什么意思吗？""肯定有什么典故吧？"看到老师笑眯眯的样子，马校长说道。

原来这是发生在她班里的一个小故事。这位高年级的语文老师在一次批改学生习作时发现，一个女孩模仿冰心的文风，描写了几只流浪狗。在女孩的笔下，几只小狗虽然居食无所，但是其中一只小狗与母亲之间的舐犊情深凸显了另一只小狗的身份——"打酱油的"。老师看到这里，对"打酱油"这个词语并不理解，但她没有忽略，而是上网去查阅，原来"打酱油"这个词是网络流行语，内涵和来源也很丰富，大意就是：与自己无关，自己什么都不知道。在做足功课后，老师便充分地抓住了这个教育契机，首先点评了女孩习作中的优点——观察仔细，描写也十分细腻，彰显了爱的主题，颇有几分冰心的文风；接着，又组织学生就"打酱油"这个网络语运用是否得当进行了讨论。更巧妙的是，针对那些不太感兴趣、坐在那里一言不发的孩子，老师的一句"你们也是打酱油的？"不但引得全班同学开怀大笑，更让那些一言不发的学生们不好意思起来，开始主动参与课堂讨论。学生们都被调动起来了，课堂状态特别好。

听着这位老师兴奋的讲述，马校长的心里也涌动着一丝欣慰和感动。这才是学校一直倡导的师生互长、教学互长啊，将学生实际与书本结合，走进学生的思想深处，并用他们所熟悉、喜爱的方式进行交流与沟通。学生易于接受，教师也获得成长。

教师要善于捕捉学生内心深处最细微的东西，要善于学习，善于跟上时代的步伐。《义务教育语文课程标准（2022年版）》明确指出："教师要关注互联网时代日常生活中语言文字运用的新现象和新特点，认识信息技术对学生阅读和表达交流带来的深刻影响，把握信息技术与语文教学深度融合的趋势，充分发挥信息

和而不同，快乐成长

技术在语文教学变革中的价值和功能。"的确，现在的学生对于网络的熟知程度并不亚于成人。一个三四岁的孩子熟练地玩着平板电脑，高中学生乐于在网上发帖、研讨，教师怎能有理由忽略这个现状呢？

民族小学一直倡导，要做一名有学习力的教师，与学生们共同成长，实现真正的教学相长。而在课堂中，教师也是这样努力践行着。

"特殊"的孩子，特殊的爱

张老师是一年级的一位班主任。在她的班上有两个孩子，一个叫小戈，一个叫诺诺。他俩跟其他孩子相比有些特殊，因此张老师在平时对他俩多了一份"特殊"的关注。

我最喜欢张妈妈

小戈一岁多的时候，妈妈和爸爸离婚了，他从小和爷爷奶奶生活在一起。爷爷奶奶没受过教育，不懂得如何教育孩子，平时与孩子交流比较少。如果小戈犯了错误，解决的办法也比较刚硬。家庭教育的缺失导致孩子缺乏安全感，以致行为中存在一些明显的问题。

刚入学的时候，张老师就观察到小戈在上课时频繁地上厕所，还一直用纸巾揩鼻子，哪怕没有鼻涕；总是喜欢叼着水杯，就像叼着安抚奶嘴一样，如果把水杯拿走，他就会可怜巴巴地看着老师，然后一直盯着水杯。后来张老师了解到，这是因为孩子刚来到一个新环境、进入一个新集体中，生理和心理上难免出现各种焦虑症状。

同时，由于早期教育的缺乏，小戈的逻辑思维能力相对较弱，在学习上存在一定困难；表达能力也弱，缺乏与人正常沟通的能力。开学的第一天，张老师正在给孩子们讲要求，小戈突然站起来，嘴里支支吾吾，不知道说些什么，表情很焦急。张老师问他怎么了，他嘴里蹦出几个听不清的词，还用手捂着肚子，看起来都要哭了。张老师通过他的表现猜测道："你是不是想要去厕所？"小戈连忙点头。张老师赶忙让他去卫生间。

面对这样的学生，教师应该怎么教育呢？低年级组针对小戈的情况开了好几次研讨会，分析他的问题，寻找解决的办法。孩子得不到妈妈的关爱，爸爸又因为工作对孩子疏于照顾，每天陪伴的爷爷奶奶由于文化水平低无法正确引导孩子。老师们认为，小戈现在最需要的就是关爱。

张老师把小戈的座位换到了第一排，方便课上及时提醒他认真听讲，课下关心他的生活需要，帮他补课。当他有了一丁点儿的进步的时候，张老师便及时表扬他；当他遇到困难的时候，老师们和同学们都及时鼓励和帮助；当他犯错误的时候，老师很少严厉批评，更多是讲道理，告诉他错误的原因，让他明白自己的行为给他人带来的伤害、对班集体的影响，然后再教他解决问题的正确方法。

孩子的心灵是纯净的，谁对他好，对他有善意，他都能感受到，老师们的帮助和关爱，让他慢慢地打开封闭的心门：渐渐有了规则意识，上课时不再总是去厕所、揩鼻子、叼水杯，能够比较认真地听老师讲课，渐渐地也明白了学习的重要性。

现在，小戈喜欢来学校，因为学校的生活很快乐，并且在学校找到了安全感。做错事的时候也不再是曾经那个局促不安、不知所措的小孩儿，而是能够思考如何解决问题的小学生了。学校里有他喜欢的老师和同学们，有对他关爱有加的班主任张老师。现在，他总是亲切地叫张老师"张妈妈"。

诺诺可以和人聊天了

诺诺只上了一年的幼儿园，他有时不能像同龄孩子那样沟通和交往。

上小学的第一天，诺诺就把周围同学课桌上的桌牌都给撕了。张老师没有批评他，而是耐心地跟他讲这样做会造成怎样的后果。当天放学，张老师让诺诺和他的妈妈一起重新做一张桌牌还给同学，弥补自己的错误。第二天，诺诺拿来新桌牌还给了同学。可是没过一会儿，他又把同学们的桌牌撕了。张老师还是没批评他，而是再次平静地对他说："诺诺，放学后你要留下来把这些桌牌做出来，老师可以帮你。"放学后，诺诺想回家，张老师还是坚持一定要先做好桌牌，他一边哭一边跟着老师做起桌牌来。张老师告诉他："因为你把桌牌撕坏了，所以必须要为自己的行为负责，要为自己的错误承担起责任。"通过这次经历，诺诺知道了做错就要接受"惩罚"，弥补错误。

刚入学的时候，诺诺看到喜欢的东西就拿走。张老师发现之后告诉他这种行为是不对的，必须经过别人的允许才能动别人的东西。张老师不厌其烦地给他讲道理，但这种情况还是接连发生。于是，张老师开始采用"以其人之道还治其人之身"的方法：直接把他的东西拿走。这下，诺诺开始着急了。这时张老师再讲道理说明原

和而不同，快乐成长

因，他便渐渐认识到自己的行为给同学带来的困扰。

为了让诺诺能和同学们熟悉起来，张老师让他午餐的时候为大家发水果。第一次，诺诺不知道怎么发，张老师就手把手地示范，直到他学会为止。可是第二天发水果的时候，诺诺又不会了，张老师就再教一次。第三天，第四天……后来不再用张老师教，诺诺就能给同学们发水果了。在这个过程中，原来不愿意和他玩的同学，每次接过水果都会对他说"谢谢"。渐渐地，向他说"谢谢"的人多了，诺诺感觉到自己很棒，所以每天都特别开心。

看着诺诺开心的样子，张老师觉得自己的教育观也发生了变化。原来觉得应该让每一个学生都成绩好，或者在一个方面有所专长才算是把学生培养、教育好。而现在她觉得，学生能够健健康康、平平安安地长大，并且在成长过程中一步步地克服缺点，一点一滴地积累进步，才真正是教育的价值，才真正是每一个家长和孩子的幸福源泉。

诺诺妈妈平时工作特别忙，有一天她特意请假来找张老师，她对张老师说："我就想跟您说两件事。第一件是我真心地谢谢您，谢谢您对诺诺的包容和无微不至的关怀，有时连我这个当妈的做得都没您好。第二件是，您知道吗？昨天诺诺能跟我进行四五句的对话了，这是从来没有过的。以前我们俩的交流每次都是我说他听，或者他只说一句话就不理我了。现在我们能互相聊这么多句，这真是太不容易了！"说着诺诺妈妈的眼泪就流下来了。

现在的诺诺比入学时有了很大的进步，他能主动和老师打招呼，也知道在课堂上好好听讲。只要充满爱心地耐心引导，每个学生都有无限的可能。

张老师觉得，班主任担负着学生、家长、学校三方的托付与信任，还有满满的期待。每一刻的努力，都是为了让自己不辜负这一份份托付。这可能就是教育的初心，用每一天的尽职尽责去回应教育的期待，怀揣热情，不离不弃地陪伴学生们慢慢成长。

陪你长大

班主任工作是辛苦的，但如果注入了智慧与艺术的力量，就会化难为易。不忽视每一个细节，不放过每一次教育的契机，才能助力学生们更好地成长。

30 秒

郭老师刚接三班的时候，发现班里的学生缺少班级凝聚力和荣誉感，自我管理能力需要加强。于是，郭老师就在班级中树立榜样，传递正能量。她把班干部的能力培养作为首要任务。首先进行细致分工，明确职责，然后每天陪在他们身边随时进行指导，树立班干部威信的同时给出管理方法和建议。

不仅如此，郭老师还非常关注细节，紧紧抓住每一次教育契机。有一次上操，班级整体下楼特别晚，队伍也不成形。回到班级以后，郭老师就带着体育委员和同学们一起分析原因。其实学生们心里都很清楚，就是因为磨蹭、玩耍耽误了时间。这时，郭老师又请体育委员给同学们详细地讲了一遍正确的站队方法和要求，确认每一位同学都听懂并认同后，让体育委员重新组织大家站队，并计时。

同学们收拾桌面，摆放好桌椅，穿上大衣，走出教室，当最后一位同学站定后，计时结束。郭老师神秘地问大家："你们猜，咱们用了多长时间？"看着大家期待的眼神，郭老师欣喜地告诉同学们——30 秒！一时间，同学们你看着我，我看着你，全是惊讶的表情，简直不敢相信。郭老师接着说："你们看，按照体委的要求做，我们按时下楼绝对没问题，以后咱们就这么做，肯定不会再迟到了。"

就这样，全班经过一段时间的练习，形成了一套完善的一日课程自我管理模式。即便郭老师不在，也可以做到一切井然有序，整齐高效。

老师，您放心

有一天，郭老师和副班主任都要外出开会，于是年级组安排了一位年轻教师暂时带班。郭老师想，这也是一次考验学生们能否自我管理的好机会。

外出前一天，郭老师就把第二天上午大家要完成的内容安排好，还单独和所有的班干部语重心长地说："希望你们能真正承担起小主人的责任，能够独立管理好班级，把我们班最好的一面展示出来。"班干部们收到了郭老师满满的信任，自信地说："您放心吧，有我们呢，咱们班一定不会让您失望的。"

第二天开完会后回到班级，带班老师连声夸赞："咱们班真好啊，特别是小干部们，组织得有条不紊，我几乎不用说什么，他们自己就安排好了，每个人都有事儿干。"郭老师听了带班老师的反馈，心里别提有多高兴了，学生们终于在自我管理方面有了很大的进步，连忙给全班同学竖起了大拇指。

和而不同，快乐成长

班级凝聚力和团队意识的形成并非一日之功，需要老师和同学们的不懈努力。郭老师常说："管，是为了不管。"作为班主任，她关注学生的每一个细节，让学生们从点滴小事做起，并且无限相信信任的力量，在寻求实现学生自我管理的路上不懈探索。

细节看似简单，却在简单中孕育深刻；看似平常，却在平常中蕴含智慧。在陪伴学生成长的路上，教师心里时刻装着学生，用平凡的智慧，充分的信任，给予他们成长的空间。

/ 四 / 在幸福耕耘中成长

在历练中成长

班主任工作是极富挑战性的工作，班主任工作也是天底下最幸福的工作，他们每天面对的是一个个鲜活的生命，虽播种辛苦，但会有丰硕的收获。在民族小学，不只语文和数学学科的教师可以当班主任，其他学科的教师也能当班主任。民族小学让每位教师都能体会到收获的幸福感和综合能力的提升。

小王老师是一名年轻的英语教师，非常有想法又踏实肯干。虽然她之前没有当过班主任，班级管理方面的经验也比较欠缺，但是校领导希望给她一个突破自我、挖掘潜能的机会，决定将班主任工作这份重任委托给她。

班主任初体验

刚接手这个班，细心的王老师就发现了一些问题：班级纪律不好管，有的学生比较有个性，有的学生自理能力差，有的学生不能控制好自己的情绪，有时会号啕大哭。王老师知道自己身为班主任，应该慢慢去引导、开解学生，跟家长沟通，帮助他们解决问题，但是没有管理班级的经验，年轻的王老师越是着急越是不知道怎样处理，这让她非常苦恼。

年级主任赵老师看出了王老师的烦恼。赵老师是一名非常有经验的班主任，还在学校成立了班主任工作室，为年轻的班主任答疑解惑。这天放学后，赵老师单独找到王老师进行沟通。

"王老师，班里最近出现什么问题了吗？有什么问题我可以和你一起分析分析。"

赵老师关切地问道。

"赵老师，我觉得我可能不太适合当班主任，我怕自己耽误了孩子们。"王老师气馁地说着，眼眶也红了。

赵老师拍了拍她的肩膀说："年轻教师在刚接班时，或多或少都会出现一些问题。出现了问题不可怕，可怕的是自己没有意识到。你能意识到问题，并且也在积极想办法处理，我觉得已经迈出了成功的第一步！"

在赵老师的鼓励下，王老师将自己班级的问题一一说了出来，赵老师耐心地进行分析，手把手教她怎么处理。通过这次交流，王老师不仅学到了很多班级管理与家校沟通的技巧和方法，也增强了信心和热情。渐渐地，王老师在班级管理中有效运用这些技巧和方法，并不断地反思、总结、实践，工作做得越来越细致、到位，学生们也越来越喜欢她了。同时她也赢得了家长的信任，班级管理越来越有模有样了。

青春期的小秘密

五年级的孩子已经进入青春期了，彼此之间也会分享一些小秘密。有一次，班里一个男孩给一个女孩写了一张纸条，表示自己很喜欢她。另外一名同学发现后将纸条转交给了王老师，王老师看了之后一时间不知该怎么处理。

考虑到这个问题的敏感性，王老师认为应该立刻处理，于是就把两个孩子带到隔壁的空教室，想跟他们聊一聊。但是王老师坐那里好半天也不知道该怎么开口，正在这个时候，负责教学的窦校长路过，她看出了王老师的困惑，就了解了一下事情的前因后果，然后带着孩子们一起分析了这件事。窦校长对两个孩子说："你们现在对一些同学很欣赏，这很正常。可能有些男生喜欢班里某个女生，有些女生喜欢班里某个男生，这也很正常啊，能被别人喜欢证明你很优秀，能喜欢优秀的人证明你有欣赏的眼光。你之所以喜欢她，肯定是她身上有你欣赏的闪光点，那你就要向她学习这方面的优点，慢慢地你就会有更大的进步了……"

窦校长帮王老师化解了难题，也让她对青春期问题渐渐有了清晰的认识。现在，她明白了，这个年龄段的男孩和女孩之间会产生欣赏、倾慕之心是很正常的一件事，教师不能强加给他们一个"早恋"的帽子。如果批评他们，他们可能会感觉到很羞愧，效果反而不好了。

有了大家的帮助，王老师在管理班级方面越来越得心应手了，也逐渐体会到了当班主任的幸福感，对教育的热爱之情油然而生。王老师觉得以前与学生们的接触只是学科上的，对学生们的评价也是扁平的，不够立体和全面，与学生的沟通深度也不够。现在当了班主任经常和学生们在一起，她就会跟他们聊聊天，有了更多的互动，也就学会从不同的角度全面地看待学生。正如学校期待的那样，王老师突破了自己，发现了崭新的自己，各方面能力都得到了提升。

班主任的工作是平凡而琐碎的，因为每天都要面对层出不穷的问题。但是，班主任的工作是伟大而幸福的。民族小学的每一位班主任都在自己平凡工作岗位上发光发热，照亮着每一位孩子的梦。

向上吧，青年教师！

教师队伍是一所学校教育力量的集中体现。民族小学的教师队伍平均年龄35岁，充满了活力与朝气。但与此同时，青年教师的成长需要时间与空间的历练，需要更多的辅助力量与团队协助，更需要他们发自内心的原动力，去不断努力奋进。

星光下，响起嘹亮的口令声

深秋的夜晚褪去了白日的火热，秋风阵阵，树影婆娑，瑟瑟发抖的行人都裹紧外套，步履匆匆。

晚上8点多，居民小区的高层住宅万家灯火，隔窗透出温馨的暖意。此刻的校园退去了白日的喧闹，本应寂静，却突然响起了一声声口令："稍息！""立正！""向左转！"……是谁在那儿？循着声音望去，早已空无一人的操场上漆黑一片，借助微弱的星光，隐隐约约看见两个身影站在操场的一头。

"别紧张！声音再响亮一些。"一个声音说道，"向右看齐！""向前看！"……

这回声音更自信、更有力量了。

"小刘，你现在喊得比刚开始好多了！再想象一下，此刻你面对的是班里四十几个天真可爱的孩子，你的口令准确有力才能有吸引力，孩子们的精气神儿才能被你感染到。"

"好的，王老师，我再试试。"小刘老师回想着班上那一张张可爱的小脸，好像看见他的学生们就站在自己眼前。"稍息！""立正！""向右看齐！""向前看！"这回他的口令声音响亮、重音突出、掷地有声、语气坚定、铿锵有力！"这才是民小体育老师最棒的声音。"王老师高兴地说道。此时已经是晚上10点多了，居民小区的灯一盏接一盏地熄灭了……看着略显疲惫的王老师此刻却如同孩子一般兴奋的样子，小刘老师的鼻子酸酸的。初为人师的他，感受到了前辈的殷殷期盼，更感恩于老教师的鼎力协助、薪火相传。

小刘老师为什么要练口令呢？原来刚大学毕业的他，一年前来民小当了一名体育老师。很快他发现，当小学的体育老师光有丰富的专业理论知识远远不够，还要研究学情，找对方法，这样才能走进学生心里，赢得他们的信任和喜爱，才能真正把课上好。可是该从哪儿着手呢？此时恰逢学校推荐小刘老师参加市导课活动，在王老师的建议下，小刘老师把"喊口令"作为突破口，锤炼教学基本功。

现在已经经验丰富的小刘老师回忆起这段经历，依旧难掩激动的心情。正是因为学校特别重视对青年教师的培养，刚入职一年的他才有机会参加这样重要的市级活动；正是学校领导、老教师们的无私帮助，才让他这个教学新兵在活动中表现突出，获得了专家们的好评。小刘老师也把这份感动一直记在心里。

团队中，获得成长的动力与信心

学校对于青年教师的培养模式多种多样，不断创新。成长共同体便是其中的一

种模式。青年教师与经验丰富的老教师结合为成长共同体,老教师为青年教师在工作中提供建议,指明方向,并在具体的操作中手把手地给予指导和帮助,从而使青年教师在实践中积累经验,获得成长。成长共同体的建立,为青年教师的成长注入自信、活力、动力和方法,"拉着""推着"青年教师们不断向前。

2020年,学校又推荐小刘老师参加海淀区第九届"世纪杯"小学青年教师基本功比赛。得知这个消息,小刘老师特别兴奋,又是一次历练的好机会。这次的小刘老师信心满满,这两年个人的快速成长,加之民小团队的强大力量,让他下定决心一定打个漂亮仗。

比赛课题一公布,教研团队立刻开动。老师们纷纷建言献策,帮他想点子、找资料、捋思路、设计教案、听试讲、提建议……在大家的帮助下,小刘老师不断完善教学过程,每天都忙到夜深人静。每次疲惫不堪的时候,小刘老师常常告诉自己:不光要仰望星空确立目标,更要脚踏实地去实现目标,要无愧于前辈的期望、无愧于民小的培养。

有一次,小刘老师和团队在学校备课到晚上8点半。大家在回家的路上还在思考讨论,突然团队中的耿老师有了新思路,于是他们便立刻展开讨论,研究教学设计,直至半夜12点多。小刘老师也像着了魔一样,只要有空闲时间就不停地念叨教学过程;为了保证教学过程中身姿挺拔,微胖的小刘老师坚持每天跑步减肥,甚至在腰腹上绑上了收腹带。就是这样,经过半个多月的奋战,小刘老师的这节比赛课每一个环节都非常精彩,最终取得了海淀区一等奖的优异成绩。

学校一直倡导并践行"培养青年教师,帮助青年教师长本事",人生只涨不跌的投资就是学习与成长。小刘老师说,自己在民小的每一天都充满快乐与信心,充满感动与自豪,这个充满魅力的集体,是青年教师们步履不停,向阳生长的最大动力。

新教师的成长看得见

随着学校的不断发展,新生的数量不断增加,对师资的需求也越来越大。每年都会有很多新鲜血液注入民族小学的大家庭,其中有经验丰富的优秀教师,也有初为人师的年轻教师,如何让这些新教师尽快融入学校团队,认同学校文化,尤其是让年轻教师快速成长,成为学校极为关注的问题。

对于刚刚登上讲台的新教师们来说，如何开展教学，如何与学生交流，如何与家长沟通……这些问题都会让他们忧虑万分，尤其是当一个刚刚踏上教育征程的新教师遇到一群刚刚步入校园的新学生时，这项任务就会变得更加艰巨。但在民族小学，校领导的关怀、同事们的帮助，还有坚定的教育初心，都帮助新教师快速进入角色，班级管理快速步入正轨，各项家校工作井井有条地开展，和学生们更是很快地融入在一起。

倩倩不哭了

倩倩是张老师班里一个非常害羞的小女孩。刚入学的时候，倩倩非常不适应，每天上学都会经历一番挣扎，到了校门就开始哭，抱着爸爸妈妈不让走，说什么都不肯进学校。

好不容易进班了，倩倩还是会一直哭个不停，有时候要哭一上午。张老师心疼学生，但是无论怎么劝慰，她好像都听不进去。刚刚参加工作就遇到这样的情况，张老师感到束手无策。

于是，张老师领着倩倩来到办公室，向老师们求助怎么能让孩子不哭。卢老师拥有多年的班主任经验，处理各种学生问题都有一套方法。她走到倩倩面前，蹲下来给了她一个拥抱，倩倩的情绪渐渐稳定下来了，哭声也慢慢平息了。

事后卢老师告诉张老师，这种情况下需要先安抚一下孩子的情绪，让她深呼吸平静下来，然后再跟她讲道理。平时应该加强家校联络，多跟她的父母聊一聊，了解一下孩子的家庭环境，分析出现这种情况的原因，这样才能从根本上解决这个问题。

张老师按照卢老师的建议一一落实，在和家长的聊天的过程中得知，倩倩其实是个明白事理的孩子，但是比较倔强，不顺心的时候就会哭个不停。平时在家大部分时间是由妈妈照管着，一般会无条件地满足孩子的要求。爸爸工作很忙，平时很少陪伴孩子，更是娇惯着孩子，生活上几乎没给过管束。刚刚步入小学，要按时起床、上课、读书、写字，这些都让倩倩很不适应。

了解到这些情况，张老师开始制订计划，帮助倩倩适应校园生活。在学校，张老师组织班级活动使同学们尽快熟悉起来，让倩倩能多交几个新朋友。课下，张老师也经常和倩倩聊天，用孩子的语言和她沟通，表示关心。在家里，张老师建议她的爸爸妈妈多陪伴孩子，并且帮助她养成规律的作息习惯，起床、吃饭、上学、看书、睡觉等都应该有固定的时间，从小事做起，养成良好的生活习惯。

张老师每天都跟倩倩家长沟通，反馈倩倩在学校的情况，了解她在家的生活状态。经过一段时间的调整，倩倩有了很大改变，在家不再任性，生活有规律，在学校交到了新朋友，上学也不哭了。

孩子的变化让张老师感到很欣慰。通过这件事张老师也了解到，孩子的成长过程中，家长的管理不能缺位，父母双方都要参与到孩子的日常管理当中。同时，解决孩子的问题，更需要良好的家校沟通，找到问题的根源，这样才能帮助孩子真正地成长进步。

做孩子成长的榜样

学生刚刚进入校园，初次融入集体，是建立秩序、培养集体意识的关键时期。开学一段时间了，张老师开始为班级的学生们安排责任岗，引导学生们参与班级事务。执行了一段时间之后，张老师发现，学生们经常为掉在地上的一片纸屑斤斤计较，相互推脱，谁都不想捡起。

每次发生这样的事情，张老师总是要担任"裁判"，帮忙分析到底哪个学生该捡起来，尽管尽量做到公平公正，但还是经常会有学生对结果表示并不太满意。这样的情况频频发生得不到改善，让张老师有些苦恼，于是，他赶紧去请教自己的师傅刘老师。

刘老师听完张老师描述情况，想了一会儿，说："我想最有效的办法可能还是要做学生的榜样，带领他们去做事。"当天午饭以后，张老师就带着学生们重新划分班级卫生责任区。每个学生都明确了自己的责任区，一名同学突然问道："张老师，从讲台一直到门口那一块区域还没有人负责，怎么办呢？"张老师说："讲台这块地是我的，从讲台一直到门口，这块地就是我的卫生区。我每天负责把这里收拾干净，你们也要把自己的卫生区收拾干净，以后我们每个人都把这里当成自己的家来爱护。"

从那以后，每天中午吃完饭，张老师就认真地清理卫生区内的地面，学生们看了之后也照样子检查自己负责的区域，如果有垃圾，就仔细清理干净。一天中午，一个学生打饭的时候，不小心把汤洒在了张老师的卫生区，他手足无措地看着张老师。张老师对他说:"没事儿,重新打饭去吧!"然后一边打扫,一边说:"同学们,刚才这位同学不小心把汤洒在我的卫生区,这块地方是我负责的,所以我要把它清理干净。如果有其他同学不小心在你的地上弄脏了一点,你是不是也有义务打扫干净你的卫生区呢?"学生们听了之后都点点头,"这垃圾不是我的"这样的话也越来越少了。

在这些小事上,张老师给学生们树立了榜样,他们做事也越来越有模有样了。良好的习惯就这样渐渐养成,班级的良好氛围就在这点滴的互动中营造了起来。

作为一名新手教师,张老师真切地体会到自己工作半年以来的进步。在学校领导的关怀下,在同事们的帮助下,虚心学习,付出耐心、爱心、责任心,成长就一定能看得见。

有温度的保安叔叔

安全工作是学校的生命线,安保工作是重中之重。负责安保管理的杨主任发现,虽然保安员在安保工作上尽职尽责,各项工作落实得都很到位,但并没有得到好的反馈,不但没有家长的感谢、教师的赞誉,有些老师反而说,看到保安员严肃认真的面庞,感觉就像进了一个陌生的学校。

杨主任开始反思,到底哪里出了问题。学校的安全工作如何才能更好地为学生、教师、家长贴心地服务呢?安保工作在保障学校安全的同时,怎样才能温暖师生的内心呢?带着这些思考,杨主任开始更新安保培训内容与形式,在做好安保工作培训的同时,还增加了一日常规培训。变化悄悄地开始发生了。

每天,校门口那些静静伫立的身影不见了,取而代之的是一张张微笑的面孔,一声声亲切的"早

和而不同，快乐成长

上好！""再见！"保安员们穿梭于人群中，疏导校门口的交通，帮忙开车门、拿书包，提醒学生们穿好外套，带领低年级学生过马路……贴心的帮助和服务拉近了保安员与师生们的距离，也让校园增添了几分家的温馨。

"保安全，也要服好务"的观念和做法渐渐地得到了领导、教师、学生、家长的认可。家长临时有事不能按时接孩子的时候，保安们一直陪伴孩子，安抚他们的情绪，为他们提供热水。虽然是一件件小事，但温暖了学生、家长和老师们的心，有的家长为保安员送来锦旗表示感谢，在"感动民小"的征文中，学生们也多次表达自己对保安叔叔的敬意，他们纷纷表示："我们的保安叔叔好温暖！"

孩子一定能找着

在校园中每天都会发生各种各样的事情，保安员们有时候不仅要保障孩子们在校的安全，也要帮助他们解决校外的困难。

四年级的一位同学因为爸爸妈妈都去外地出差，暂时由奶奶来接送上下学。奶奶腿脚不好，走路慢，怕耽误孩子上学，所以就跟孩子说："我先出门慢慢走，你走得快，一会儿追上我，咱们在公交站汇合。"于是奶奶就独自走到了公交站。她没看到孙子跟过来，心想可能他自己坐公交车先去学校了，就自己坐公交车来到学校。奶奶在校门口问值守的杨主任："我孙子来了吗？"杨主任很纳闷，就问了孩子的名字和班级。幸好保安队长认识这个孩子，说没见到孩子来学校。得知孩子还没到校，奶奶一着急就瘫坐在了地上，焦急地哭了起来："这可怎么办呀？孩子刚交给我，他爸爸妈妈就上飞机走了，我这第一天就把孙子给弄丢了。怎么办啊？赶快报警吧！"

杨主任赶紧把奶奶扶起来，安慰说："您别急，咱们赶紧去找！"然后嘱咐保安员分工在门口盯着，自己则开车带着奶奶一起去找孩子。半路遇上堵车，杨主任不停地安抚奶奶："您什么都不用想，把这事交给我，孩子肯定能找到。"

细心的杨主任发现在学校和公交站这段路上，没有孩子的身影，猜测孩子应该在公交站和家之间的某处。杨主任先和孩子爸爸电话取得联系，说明情况之后继续寻找。最后终于在小区旁边的公园里找到了孩子。

原来，孩子因为肚子疼，没有及时和奶奶出门，先上了趟厕所，奶奶说了什么根本没听清。结果，他出来就找不到奶奶了，于是就回到小区里等奶奶。等不到奶奶，孩子就边走边找，走到了旁边的一个公园中。

事后，学生的家人非常感谢杨主任和学校，尽管这件事并没有发生在学校，但只要是学生的事情，学校都会义不容辞地伸出援助之手。

像这样的事情还有很多，负责安保的教师和保安员们在平凡的岗位上，用朴实的行动践行着对家庭负责、对学校负责、对学生负责、对岗位负责的誓言，用真诚的付出换来了千百个家庭的安心和幸福。

非常时期非常职守

疫情以来，学校的保安员们工作内容增加了很多。每天光是登记填写的表格就有好多种：教职工进校登记表、家长志愿者服务登记表、外访来客登记表、学生提前离校登记表、"五三〇"值班教师登记表、早晚高峰勤务登记表……每天将这些表格分门别类准备好，督促大家认真填写并收录整理，保安员们不但没有被增加的工作量难倒，反而比以往更加认真和负责地完成每一项工作。

疫情期间，保安员要进行 24 小时值守，从夏天的酷暑，到冬日的严寒，从不间断，恪尽职守。每天早上不到 7 点，保安员就上岗了，上岗之前他们要把测温仪器、手部消毒器等准备好。学生入校结束之后，再把这些东西撤掉。类似这样的重复性工作，他们日复一日地按标准和要求做到位，毫无怨言。

保安员们能够踏踏实实地在学校持续工作，并把每项工作都落实到位，全心全意地投入其中，这与学校对保安的关心也是分不开的。保安员的付出大家都看在眼里、记在心上，老师、学生和家长都很认可保安的工作，学校领导也时刻记着他们，关心他们，让他们在这里找到家的感觉。

天气冷了，校长会去保安室询问是否需要加一个电暖器；发现门窗漏风，就赶紧安排后勤挂上一面厚门帘；保安员每天要早早上岗值守，用餐比较晚，校长担心饭菜凉了，就让食堂师傅们准备保温箱，让保安员能吃上热乎乎的饭菜。每年过年时校长总是想着给保安员们买很多年货。杨主任是保安管理工作的负责人，每年的年夜饭，他从来不在家里吃，而是跟学校的保安员们一起吃。他看到这些保安员们春节因为值守不能回家，所以就和他们一起过年，让他们也感受到家的温暖。这些看似微小的举动，却让保安员的心里很温暖。

第三章

孕育希望的沃土

　　为了一颗颗希望的种子生根发芽，为了滋养一棵棵幼苗茁壮成长，在这片教育的森林里，马校长和教师们用执着与智慧，夯实沃土，滋养沃土。"三气精神"是沃土，让学生们蕴底气、铸和气、成大气；"六个一工程"是沃土，一手好字、一副好口才、一笔好文章、一个好身体、一份好担当、一生好习惯，夯实学生们成长的根基；丰富多彩的社团活动是沃土，艺和工作坊、馨星民乐团、阳光合唱团、京剧社、足球队……为学生们"做最好的自己，在我最好的方面"提供了土壤；五育并举的和融课程是沃土，形式多样、内容丰富、育人价值多元的课堂，培育学生们德智体美劳全面发展；各类主题实践活动是沃土，小课题研究、爱心义卖、小公民养成等活动引导学生们树立正确的人生观与价值观，知敬畏懂礼节，激发求知欲与创造力，让学生们在书本之外探索更加多元的精彩世界。提供什么样的环境和资源，提供什么样的养分与雨露，是一所学校必须认真思考的问题。这影响着培育什么样的学生。民族小学，提倡像办大学那样办小学，用开放、多元、包容、自主的氛围为学生们创造广阔的成长环境，为他们拥有广博的视野、宽广的胸怀以及脚踏实地的务实精神做出努力。

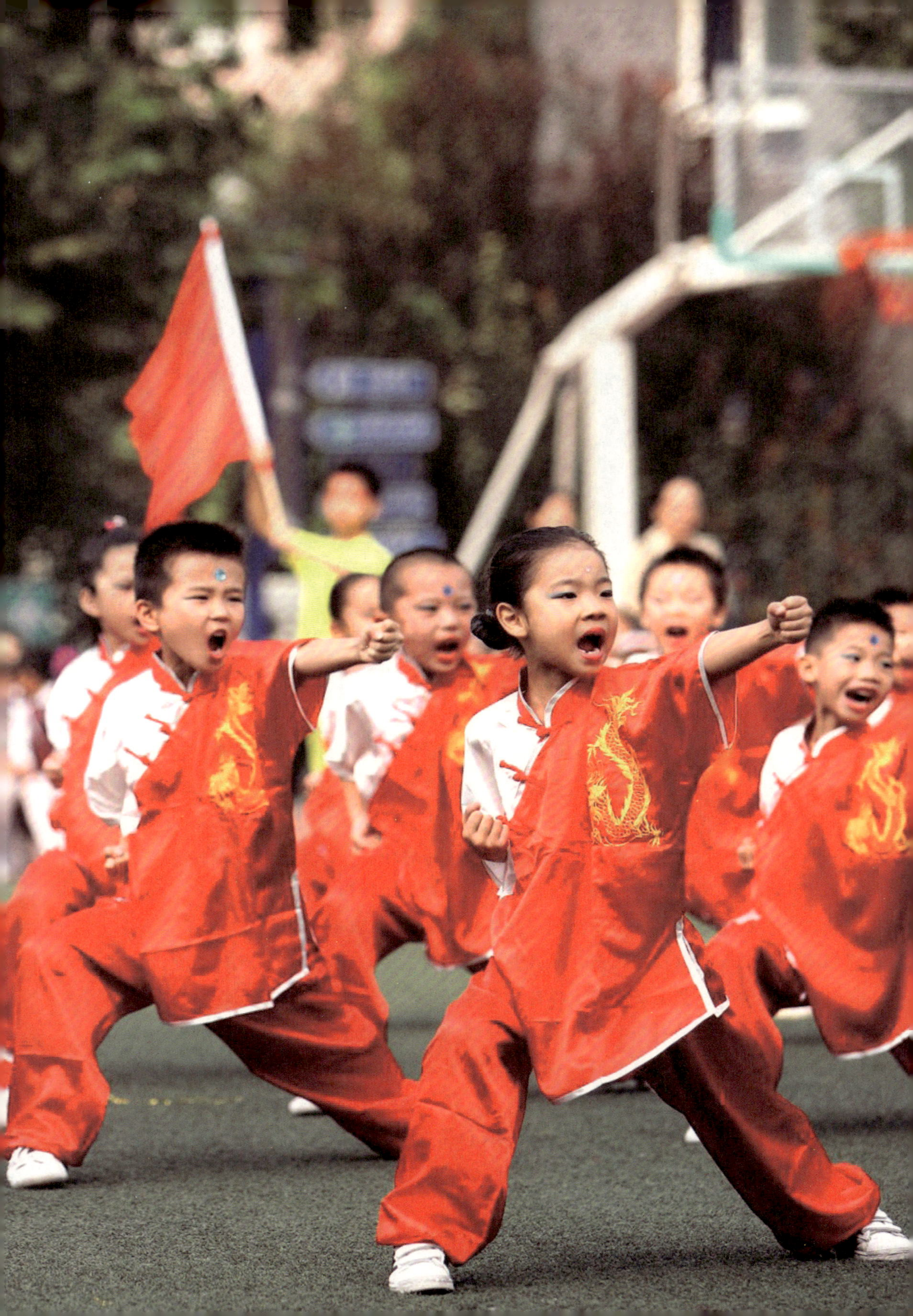

/ 一 / 扎根在希望的沃土上

蕴底气，铸和气，成大气

初识民族小学，很多人都会问，是不是只招收少数民族的学生呢？每当这个时候，民小的老师们都会微微一笑，然后将"民族"二字的含义娓娓道来。

作为海淀区的唯一一所民族小学，学校不仅承担着民族团结教育的重任，而且还担负着弘扬中华优秀传统文化，学习借鉴世界多元文化的责任。基于此，学校提出了"学习中华传统文化，蕴底气；知晓各民族文化，铸和气；了解世界多元文化，成大气"的"三气精神"。

学习中华传统文化，蕴底气

中华优秀传统文化博大精深，学校将"三气"精神与课程相结合，除了组织相应的实践活动外，还开展了上百门的选修课：茶艺、国画、象棋、围棋、泥塑、风筝制作、书法、剪纸、民俗文化、民族舞、民族乐团、民族艺术工作室、世界文化、世界礼仪、世界建筑模型等。同时，学校还结合"三气"精神广泛开展各类活动，与教学、社团、德育活动结合起来，举办传统文化节。民族小学的校园文化有着浓郁的传统文化氛围，引导学生从小就热爱中国的优秀传统文化，并好好学习，传承下来，做个有底气的中国人。

每年四五月，学校都会举办传统文化节。这是学生们对一年来传统文化学习成果的展示。通过丰富多彩的形式将书法、诵读、武术、传统节日习俗学习等展现出来，为大家学习传统文化、感受中华文化魅力提供了一个学习平台。2015年，学校邀请附近几所学校共同开展了精彩纷呈的传统文化节活动。这项活动包括四个篇章和一个讲堂，即"儒学篇""四季养生篇""美文篇""正气篇"和"中华礼仪课堂"。活动激发了学生对中华经典诗文的热爱之情，帮助他们了解了中华优秀传统礼仪。对学生来说，这不仅是一次很好的美育实践，更是中华优秀传统文化的熏陶。

学校还将传统文化教育渗透到学生的日常学习生活，组织师生开展书法讲堂、书法展、百人书论语的书法文化活动；利用课间操的时间，组织开展全校武术操展示、武术队表演等活动；各班利用班会时间，学习中华传统节日的文化和习俗，用丰富的形式来展示学生的学习成果。

学生沉浸在浓郁的传统文化氛围之中，在交流、展示、学习的同时，积极传承中华优秀传统文化，激发民族自豪感，让"底气"油然而生。

知晓各民族文化，铸和气

2014年5月30日，习近平总书记来到海淀区民族小学，与全校师生共度六一。习总书记来到学校立人书院中的"民族一家亲"展室参观时，蒙古族、土家族的两位同学主动介绍了自己的民族，以及学校的民族团结教育活动，总书记频频点头，对学校开展的民族团结教育活动给予了充分肯定。

学校通过综合实践课程、主题教育活动、民族团结交流活动这三个途径开展丰富多彩的民族团结教育。除了在班队会课上组织学生以班级为单位研究学习各民族知识外，还会举办隆重的民族文化节。通过游民族园、民族知识巡展、民族运动会、艺术展演等形式给同学们搭建展示的舞台，同学们汇报自己的学习成果，在相互交流中更加深入地了解各民族，理解、尊重、认同不同民族间的差异，树立正确的民族观。

学校还开展了"带着梦想走中国"主题游园活动。学生、老师和家长共同参与其中，从设计内容到准备材料，大家全情投入，乐在其中。活动当天，每个班都有一个民族介绍展台，还制作了精美的海报介绍民族文化。学生们以游园的形式参与到丰富的舞蹈、体育活动、民族饮食文化、生活用品展当中。大家就像是逛庙会一样，在参与、体验中快乐地学习，全方位地了解各个民族的相关知识。

民族运动会也是民族小学的传统项目。同学们以本班级所代表的民族为主题，融入特色的民族文化，在运动会的开幕式上呈现精彩的入场式表演。美丽的民族服饰、动听的民族音乐、优美的民族舞蹈成了运动会上一道亮丽的风景线。不同的民族代表了中国不同的文化，教师和同学们通过亲身参与民族服饰的制作、民族舞蹈的表演以及民族知识的讲解，更加深入地了解不同民族的文化。运动会中，学生们在各民族的体育项目中，感受各民族的传统体育文化。

学校组织全体教师编写了6册《多元文化读本》，内容包括对56个民族的整体认知，对少数民族服饰、住所、饮食、工艺、体育活动、节日、文学、舞蹈以及历史上著名的民族人物、民俗礼仪等的详细介绍，使学生们能全面地了解各民族优秀的文化与成就。

学校每年举办民族体育节、民族文化节，每周五为民族服装日；多次邀请来自新疆和田、西藏玉树、拉萨、内蒙古、贵州三都水龙等地区近百名少数民族学生到学校开展手拉手交流活动；2015年国庆节前夕，学校与和田、玉树、拉萨三地的学生一起开展了"各族儿童心向党"的交流活动，共同绣制了一面鲜艳的五星红旗，为祖国献上一份礼物；2018年10月，校长亲自奔赴新疆，代表学校与新疆和田赛琪阿克塔什村小学成为结对帮扶校，在教师教学水平提升、学校管理规范化、学校文化内涵发展方面开展交流与学习。

这些活动有意义也有意思，深受师生、家长、社区居民的喜爱，取得了非常好的教育效果。2017年12月8日，学校被国家民委评为"全国民族团结进步创建示范单位"，这也是对学校民族团结教育工作的高度认可。民族小学会继续将民族团结教育扎扎实实地开展，将民族团结的种子深深地种植在学生们的心中。

了解世界多元文化，成大气

学校引导学生们了解世界多元文化，了解每个国家的风土人情、礼仪习惯和相关文化。只有在文化上了解了，才能真正地尊重他人，做到文明、和谐、友善。

学校在每年年末会定期举办"世界文化节"，为学生提供一个学习成果的展示平台。在文化节的筹备过程中，学生们了解、学习各国文化，增强人文素养，培养跨文化交际意识，并在轻松愉快的活动中感受世界文化的绚丽、多姿！

在寻找设计达人板块中，同学们发挥想象，废物利用，大展身手，用泡沫制作的金字塔恢宏壮观；废旧光盘制作的水立方在阳光下闪耀着光芒；用废旧纸壳制作的玲珑塔秀丽绚烂……

在知识小长廊板块中，同学们把自己学习到的世界文化知识通过手抄报的形式布置在展板上，并在教学楼的大厅里展示出来，供大家相互学习。

在世界文化知识板块中，学校积极开展文化讲座，邀请精通外国文化的家长开展讲座。各班也创设了世界文化学生小讲堂，一至三年级的讲座内容一般涉及节日、饮食文化和礼仪；四至六年级的讲座内容更为丰富，涉及建筑、艺术、文化历史等。同学们不仅开阔了视野，感受到中西文化的差异，还能将英语灵活应用，可谓一举多得。

除此之外，学校还借助北京外国语大学的资源，开展了异彩纷呈的多语种课堂，用语言演绎着世界的精彩；与新加坡、美国、南非等国家的学校建立手拉手关系，学生们在与世界各地的小伙伴交流、活动中，感受世界充满特色的多元文化，学会有礼貌、大方地与外国朋友交往，做个大气的中国人。

像办大学那样办小学

对于学生来说，见识比知识更重要。民族小学一直像办大学那样办小学，要给学生搭建一个广阔的学习平台，开阔学生的视野，增长学生的见识；希望学生们在学校就可以近距离地接触到各个领域的专家学者，聆听前沿的声音。多元、生动的讲座可以开阔学生们的视野，树立高远的目标。一个人眼界的高低、境界的大小可以决定命运。开放、多元、包容、自主的种子，润物无声地植根到了学生们的心底。

学校从 2011 年开始举办文化大讲堂，每个月都会邀请一至两位专家到校开办讲堂。比如：邀请卢中南、爱新觉罗·启骧等多位著名的书法名家给学生们讲书法文化；邀请蛟龙号的声学专家杨波讲前沿的科学知识；邀请曾效力于国家花样游泳队的顾贝贝给学生们讲述自己的故事，传递坚强毅力、永不放弃和团结协作的可贵精神；邀请国家质检总局和国家知识产权局的专家给学生们讲质量安全和知识产权的重要性；邀请歼-10 战斗机飞行员讲中国的军事力量，增强学生保家卫国的意识……像这样的讲座数不胜数，至今已邀请了近百位专家到校开办讲堂。

活动中，学生们与专家积极互动，在聆听与交流的过程中增长了不少见识。小记者们在活动结束后，围着专家热情地进行采访，提出了很多深刻的问题。一次次的活动，激发了学生们的求知欲和探索欲，成为他们广阔的学习舞台。

学校开办的讲堂激发了各班学生的学习欲望，他们希望讲堂能开办得再多一些。于是，班级家长大讲堂应运而生。民小的家长中可谓藏龙卧虎、人才济济、资源丰富，不少家长是各自行业中的领军人物，他们十分愿意参与班级的大讲堂，为学生的成长出力。家长们积极备课，制作精美的课件，准备丰富的教具，利用周五下午的时间到班里给学生们讲课。讲座涉及的内容非常丰富，从生活中的点点滴滴出发，全面生动、丰富多彩。比如："中国高铁""你了解太阳系吗""传染病的预防""新材料与我们的生活""领导力的培养""物联网""动画梦工厂""品味珠宝""中国传统建筑魅力""食品添加剂大揭秘""诗与远方""爱护自己的身体""给垃圾分类"等。每年举办的家长讲堂达四五百场。

每次活动，各班都会撰写新闻稿，并配上现场照片，在微信公众平台和网站上进行宣传。各个班级之间也相互学习，讲堂办得也越来越精彩。有的班还会把讲堂搬到教室外，美术作品赏析与临摹在美术馆举办；老北京文化体验深入到了北京胡同里进行；英雄故事学习搬到了抗日英雄纪念馆举办……

家长们在活动中积极性非常高，常常感叹找到了当老师的感觉，更体会了老师的不易。令家长感到意外惊喜的是，在班级讲过课后，孩子对自己多了几分崇敬，家长满满的成就感油然而生。家长为学生服务，同样也从中收获了很多。

这样的讲堂办得多了，学生们也发生了很多变化。专家在讲座时提出的各种问题，学生们都会落落大方地回应，阳光自信。他们与专家的互动积极，常说出一些惊人的话，很多专家都感叹："民小的学生知识面太广了！"一场场讲座为学生们开阔了眼界，增加了见识。更重要的是，学生们心中有了对真善美的正确理解，从而树立了更加高远的目标。

像办大学那样办小学，培养学生拥有开放的视野和格局，面向生活和未来练就一身本领，做自己的主人，做未来的主人。

和而不同，快乐成长

"六个一"夯实成长根基

学校一直将培养"未来社会合格公民"作为己任，致力于让学生从小打好身体的根基、打好习惯的根基、打好基本素养的根基，让每一个学生具备健康之体、关爱之心、规范之行、聪慧之脑、多才之身。为此，"六个一"育人工程应运而生：写一手好字、练一副好口才、写一笔好文章、练一个好身体、有一份好担当、养一生好习惯。通过这些具体目标的实现聚沙成塔，将育人目标落到实处，同时让学生们在有意思的活动中和一点一滴的小事中习得好习惯，练就好品格。

一手好字

书法被誉为无言的诗、无行的舞、无图的画、无声的乐。中国人练习书法，写好一手字，是我们传承民族基因、传承中华优秀传统文化的有效途径。学校为学生们提供充足的习字时间，除了固定的书法课，每周三下午是全校统一的习字时间，来自高等院校书法学院的研究生们会亲临指导；每年立人书院海棠花开放的时候，海棠雅集书法笔会如期举行；书法社团更为喜爱书法的学生们提供了专业的成长平台；全员书法，老师们也每周习字，并按时提交书法作业……现在，书法已经成为学校的一大特色。学生们的书写水平有了长足的进步。他们依托经典，深入法帖，一笔笔书写已然小有模样。笔墨黑白间挥洒的是对中华文脉的传承，书法文化已经浸润了学生的心田，滋养着他们健康成长。

一副好口才

好口才的背后是敏捷的思维和灵动的想象。每一个孩子都要从小练就一副好口才，这是学习、生活最基本的一项素养。学校为学生开设 5 分钟演讲微课程，利用每节课的前5分钟，各学科教师都要把讲台让给学生们。围绕文化传承、科技发展以及一些社会热点话题，每个学生轮流进行演讲。通过锻炼，学生们的思维更加活跃，表达更加从容，待人接物也更加大方得体。与此同时，学校积极利用一切机会让学生们大胆展示，积极表达，将每一句中国话说好，将每一份真情实感表述出来。

一笔好文章

读写不分家。想写出一笔好文章，首先要会读好一本书。除图书馆外，教学楼每层楼道都设有开放书架，班级还建立了图书馆，每班配有600余册图书，这些书都是学校为学生们推荐的优秀书目。在良好的阅读氛围之中，学生们随手就可以拿到自己喜欢的图书，坐在旁边安安静静地阅读。同时，改革课堂教学，让大量的经典名著进入语文课，使学生们从小就爱上读书，学会读好书，并且得到有效的阅读指导。在深入阅读的基础上，学校充分抓住每一个教育机会，尝试让学生们从学习和生活实际出发，写小说和诗歌、编童谣、写新闻稿等，通过不同的写作形式锻炼写作能力。尤其每到金秋时节，学生们在美丽的校园里，感受大自然的神奇和美丽，体悟校园深厚的文化根基，写出来的各类体裁的文章，都让人深深地感动和赞叹。学校还积极为学生们搭建展示平台，将他们的创作成果用丰富多彩的形式进行展示和宣传，激发学生们的写作热情，使读书和写作成为快乐的事。

一个好身体

拥有强健的体魄，才能在未来成为优秀的国家栋梁。学生的体质健康是学校教育的首要任务。除体育课和课间操外，每天下午，老师们都会组织学生到室外进行体育活动，充分保证学生户外运动的时间。学校增开网球、跆拳道、健美操、武术、足球、啦啦操等校本选修课程，成立了多个学生体育社团，学生参与率达到100%。学生的体质整体有所增强，在历年海淀区体质监测中，成绩突出。学校重视学生卫生习惯的养成，严格落实学生眼保健操活动，近视发病率也有所下降。

一份好担当

作为国家未来的建设者和接班人，孩子从小就要有担当，心胸宽宏，树立责任心。在校园里，处处活跃着红领巾志愿者的身影，校级、班级数十个红领巾志愿岗为学生们提供了参与校园建设、争做小小主人翁的平台。人人参与，人人有岗位，处处有人管。在这些活动中，学生们懂得了心中有集体，心中有他人，学会了用实际行动去关爱社会。安安作为学校广播站站长，不仅要制订工作计划和岗位安排，而且要以身作则，把每一个小细节都要做好。她充分利用每天中午休息时间，周一审查广播员读稿，周二广播，周三采集确定广播稿，周四广播，周五做总结。即使不是自己主持广播，也要为当期广播员打饭送饭，甚至有时紧张得自己都吃不好午饭。但她说："为别人服务，有一份责任很充实，有一份担当很快乐。"

一生好习惯

习惯养成是学校从一年级到六年级都一直紧抓不懈的重要任务。老师们针对不同年级的特点，以及体现在学生们身上的各种小问题，设定了行为习惯养成目标，并进行培养方法的研讨，最终确定了行为习惯养成实施办法。学生们在养成"遇到师长主动问好、行走靠右行、不追跑打闹、随手捡"等一个个好行为、好习惯中长成了知书达理、落落大方、懂礼貌、守秩序、讲卫生、有担当的好学生。

从关注学生的全面发展到关注学生发展的每一个细节，"六个一"成为民族小学每一名学生必备的基本素养。学生从每一件小事中，习得习惯，养成品格，铸成良好的发展根基，练就祖国未来建设者和接班人的本领与担当。

是校园，更是乐园

这里是校园，更是孩子们的乐园。成长的七色光里，有欢声笑语，有浸润滋养，也有教育的力量和味道。

校园建设完成伊始，如同花园一般，古朴优雅的建筑、随处可见的对联，处处彰显着学校的历史传统和文化底蕴。很多来学校参观的领导、老师和家长都啧啧称赞。可后来，校长发现，对于天真烂漫的孩子来说，他们更需要一个能够释放天性甚至可以"爬高上低"的空间。从长远来看，宁静典雅的环境或许会在潜移默化中陶冶孩子们的心灵，但作为育人场所，决不能忽视孩子们活泼好动的天性。

孩子的味道

为了给学生们提供更适宜、更好的成长环境，学校付出了巨大的努力。想到孩子的世界应该是五彩斑斓的，于是把学校的围墙都粉刷成了天蓝色；想到孩子的世界应该充满游戏和欢乐，正如学校的办学理念"和而不同，快乐成长"，就应该多给他们提供玩儿的机会和场所。

孩子们喜欢沙坑、喜欢小动物，学校便在校园里设置了沙坑，并建起了小小动物园，活动设施也更加丰富了，攀爬、探险、魔网、拓展等项目应有尽有，设计风格活泼，色彩亮丽，大家给乐园起了个好听的名字：七彩乐园。

每当课间活动的时候，就会看到学生们在七彩乐园里开心地玩耍，你追我赶，脸上荡漾着花一般灿烂的笑容。这才是真正属于学生的校园，充满着孩子的味道。

安全小卫士

在学生们获得欢乐的同时，安全始终是不可忽视的问题。老师们冥思苦想，突然有一天校长给了大家一个启发。游过泳的人都知道，如果想去深水区，就必须出示深水合格证，也就是说必须要具备相应的能力才可以去深水区游泳。学校的七彩乐园是否可以采用同样的思路，为学生们提供游乐园安全培训，教他们如何正确使用这些器材，然后经过学习和考核，取得了通行证才可以在乐园里玩耍、做游戏。这样也可以让学生们知道，要想获得某项权利，就要经过学习、考核具备相应资格。于是，经过老师们探讨、完善，一项完整的乐园培训考核方案出台了。经过培训的学生们，对各项安全小提示都了如指掌，既能保护自己，也能保护他人。七彩乐园，成了让大家放心的安全乐园，在这里玩耍的每一个学生都是安全小卫士。

教育的味道

当学生们愉快地在乐园里玩耍时，老师们看到了教育的契机。比如做游戏时要排队、要遵守秩序、要有礼貌、要懂得互相谦让等。学生们在玩耍的过程中可以养成良好的道德品质。七彩乐园，除了象征着学生们的七彩生活，学校还赋予了七种不同的意义：责任、权利、义务、礼仪、规则、自律、制度。这成为乐园的七彩精神，记录在了门口的七色标识牌上。

和而不同，快乐成长

在七彩精神的引领下，学生们将要求和规则内化于心，外化于行。课间的十分钟时间很宝贵，如果一个人长时间占用一个体育器材，别人就没有机会活动了，于是，学生们应该学习主动控制时间，把器材让给下一个人玩儿，懂得为他人考虑。在玩耍中，学生们懂得了人人平等、相互谦让、相互尊重、文明游戏的道理。大家相互推着秋千，却不再有人把秋千荡得老高，他们懂得了安全常识；滑滑梯的同学，小声说笑着，不再大声嚷嚷，也不会你争我抢了，他们学会了谦让；等着玩游戏的同学，有序排队，没有抱怨催促，他们学会了耐心等待……文明游戏，共同营造了和谐的氛围，一起享受这份美好。遵守承诺，自觉自律，树立诚信意识，在玩耍中，学生们学会了怎样与同伴更好地相处……

在学习中玩，在玩中学习，让游戏具有教育的味道，将自由、平等、公正、法治、诚信、友善、和谐等价值观融入学生生活中，植根于学生心灵，教育就会如同呼吸一样自然发生。

树的启示

民族小学的校园里栽种着很多郁郁葱葱的大树，有的树已经有上百年的历史。古老的树木和新栽种的树木伴随着学校的发展，展现着各自蓬勃的生命力，同时也在上演着一段段生命成长的神奇故事。

美术课上的困惑

这是一节美术课。老师讲解很细致，图画表现主题的意义、构图的特点、色彩的运用、范画的展示等环节一一展开，不知不觉时间已经过去了一半。等到学生开始兴致高昂地动手绘画时，时间已经很紧张了。果然，不一会儿下课铃声就响了。整个班级几乎没有学生画完，一些还只是勾勒了初步的草稿。学生们似乎没有听到下课铃声，仍然沉浸在画画的乐趣之中。

该上操了，校长和美术老师边往操场走边探讨刚才的课。"可以看出你课前准备很充分，讲解也比较清楚，学生学习积极性也很高，但我感觉还是有些问题，老师讲得有点多，学生动手画画的时间有点少。关于这一点，咱俩可以进一步探讨。"校长说道。

一棵没长大的树

操场上，学生们正雀跃奔跑，热闹非凡，这是他们最高兴、最放松、最能展现自我个性的时刻。淘气的追跑打闹、文静的悠闲自在、好热闹的扎堆聊天，这是校园里一幅最美的画卷。

操场围墙边，一排法桐郁郁葱葱，树冠上洒满了金色的阳光，宽阔的树叶在微风中轻盈地摇曳。多美的校园呀，若是学生都能像树一样，在阳光的滋润下健康茁壮地成长，该多好！联想到前几天看到的两棵法桐在两种不同环境下的生长状况，校长茅塞顿开，找到了关于那节美术课令人困惑的答案。

校长带着美术老师到墙边，近距离地观察树的生长情况。这些树是十多年前砌完围墙绿化时移栽的，当时直径只有三四厘米，有2米多高，现在竟有十几米高，直径也有20厘米左右了。

可只有一棵树，不但没长高，反而上半截枯死了。原来是因为在这棵树的上面，墙外还有一棵大树像大伞一样罩着它，这棵小树根本得不到阳光雨露的滋润。也就是说，它被过度地"呵护"了，自己没有条件更没有能力长大。

看着这棵长不大的树，分析影响树生长的原因，校长联想到日常生活和教育教学中的种种误区，心中感慨颇多。

在平时生活中，如果给学生过多的呵护，会导致他们过分依赖，以至于影响他们自理的能力，对未来的学习和工作产生不利影响。而在教学中，教师过多地讲解，"满堂灌"的教学，封住了学生思考的空间，没有产生疑惑和问题的入口，无法带着问题进行探究性的学习。久而久之，学生就不会思考，没有钻研的欲望，无法形成探究学习的品质和能力，更体会不到探究学习所带来的快乐，同时学习兴趣也不会长久地保持。

学生就如同小树，希望它早日长大，就要给他

自主生长的合适环境、土壤，以及充足的空间。把握好一个度，太过和不及都不适宜成长。

黑板不只属于教师

虽然平时工作非常繁忙，但校长和干部们总要挤出时间走进课堂，与学生一起听课，亲身感受学生的点滴成长。校长常说，这是再幸福不过的事情了。

听课时的小发现

听课的时候，校长总会仔细观察学生参与讨论、举手回答问题的情况，比如大概有几个学生不举手、没有积极发言等。经过一段时间的观察，校长发现课堂上有一部分学生总是保持沉默。有的可能是真的不会，跟不上大家的步伐；有的可能有想法，但是不敢说或是不想说。往往年级越高，举手的学生越少，课堂慢慢地就变成老师的"一言堂"。

学校一直强调课堂中学生主体性的问题，一直倡导要把课堂真正还给学生，要把课堂从教师的讲堂变成学生的讲堂。在课程改革的驱动下，教师们虽然树立了正确的学生观和以学生为主的课堂意识，可是实践起来，多数教师还是很难走出传统的桎梏，没有把课堂真正还给学生，调动不起学生的积极性。教师们即使再勤勤恳恳、任劳任怨，却终是收效甚微，教学效果不好，学生学习兴趣也不高。在教研活动中，教师们曾多次讨论这个问题，也尝试提出几种解决方案，但效果都不太理想。校长更是在一直思考这个问题的解决办法。

一块属于学生的黑板

每周的例会上，都由干部带领大家开展学习。因为近期的工作重点是课堂改革，所以学习的材料都围绕着这个主题。专家学者关于课堂的各种研究与见解、各种典型的课堂与教学改革案例、课堂发展的最新动态与理论……大家都乐此不疲地投入学习，并从中总结出有参考价值和启发作用的经验做法。

学校的办学理念是"和而不同，快乐成长"，要为未来社会培养幸福的合格公民。指向未来的教育和学校，课堂应该呈现怎样一种状态？如何真正生成一节属于学生的课堂？学生在课堂上的收获如何真正保障实效？课堂的任务是知识技能的传授，还是点燃学生学习、思考、创造的积极性与主动性？经过一段的学习培训之后，教师们逐渐开始真正理解课堂的含义，理解"传道"的真正含义。于是，课堂上强调以生为本，把话语权还给每一个学生，让每一个学生动起来，积极主动地参与合作，自主学习。一场关于"课堂的革命"在学校如火如荼地开展了起来。代表着教师阵地的那块黑板依然矗立在每个教室的讲台前，那么属于学生的课堂，是否也应该有一块属于他们的阵地？学校便在每个教室右侧的那一整面墙上安装了两块大黑板。它们的作用是什么呢？当然是展示学生的学习成果啊！上课时，学生们可以随时在上面写写画画，和小组内同学交流，在全班同学面前演示讲解。那些曾经沉默的学生，在这样宽松自由的氛围中被激发起了展示的欲望和机会。

如今坐在课堂中听课，真是一种快乐。因为，课堂灵动了起来，学生和教师都沉浸在了浓浓的群体参与、平等对话、共同探究的氛围中。无论是语文课，还是数学课，都充满了思维火花的碰撞，学生们边拿着粉笔在黑板上写着自己的想法，边和小组内的同学讨论，"我是这样想的""我认为这样写更好""我来帮他修改一下""这是我积累的知识"……

学生在课堂上收获得更多了，教师比以前更加自如了。

是啊！黑板不只属于教师，课堂本来就应该是这样。

/二/ 一副好口才

心怀锦绣　必将满眼繁花
——民族小学经典诵读活动

毕业有感

屹驰

六载光阴逝可惊，千篇辞赋伴随行。

思中永是建安韵，梦里长萦平水声。

不负今朝奋诗咏，犹能来日继文耕。

书香墨韵涵神静，玉骨冰心养气清。

这首清新文雅的诗作您能猜出来是多大的孩子写的吗？这是学校六年级的孩子

和而不同，快乐成长

创作的！流畅优美的文笔写出了对诗词的热爱和小学六年里学习诗词的收获，正所谓少年风华正当时，古今才思乐诵知！

像这样会写诗的孩子在民小还有很多。得益于校本特色课程乐诵经典，孩子们在这片诗词的海洋里畅游，浸润在经典文化之中，成长为一个个小诗人。孔子曰：不学诗，无以言。学习经典诗词，对民小的每一个孩子来说，都是必修课。

为了鼓励学生们从小能大量学习经典诗词，学校语文学科团队发挥集体智慧与力量，经历三次改版，出版了《乐诵经典》校本读本，分为6册共12级，每级收纳40篇诗词文章，并开展背诵闯关活动。老师们常说，以前的诗词学习是"齐步走"，现在的乐诵经典校本课程，给了学生们"尽情跑"的机会。这种"变齐步走为尽情跑"的理念得到了学生们的认可，背诵经典诗词文章的热情高涨，在班里和同学比着背，在家中带动爸爸妈妈一起背。

通过诗词文章的学习，学生们不仅了解了祖国的历史、地理、风土人情等文化知识，开阔了眼界，陶冶了性情，也增加了对中华优秀传统文化的认同感和自豪感。中国的诗词是世界文化瑰宝中的佼佼者，"传承经典，弘扬民族文化"，民小人一直在路上。

古诗文滋养成长

小魏同学如今已经六年级了，是学校的诗词小达人。他从一年级接触乐诵经典课程开始，就一猛子扎入了诗词的知识海洋之中。他对诗词的喜爱达到了极致，每天花费两三小时学习诗词已成为他雷打不动的好习惯，每天坚持背诵新的诗词同时也不忘复习以前背过的诗词。在老师和父母的鼓励下，他还开始尝试初步的鉴赏和分析。

小魏三年级的时候，就已经累计背诵约1200首诗词。由于每天都勤于循环复习，几乎所有诗词都做到了吸收和理解。所涉猎的范围也很广泛，横跨诗经、楚辞、乐府、唐诗、宋词、元曲等不同种类，其中不乏《诗经·鲁颂·閟宫》《离骚》《悲愤诗》《赠白马王彪》《长恨歌》等鸿篇巨制。诗词这一人类文明和智慧的结晶，必定会给他的人生带来智慧的启迪。

大量诗词的背诵和理解，不仅帮助小魏迅速增长了见识和开阔了视野，也使他积累了丰富的文学及历史知识，提高了记忆力、理解力，还帮助他提升了自身道德修养。更重要的是，诗词的背诵对他树立正确的人生观和价值观提供了积极帮助。每当学习或生活中遇到困难挫折想放弃时，"不经一番寒彻骨，怎得梅花扑鼻香"的执着催他奋进；每当对待学习想草草了事时，"及此读书功更倍"的态度让他重新打起了十二分的精神；每当取得小成绩沾沾自喜时，"少年辛苦终身事""男儿须读五车书"帮他重返正途。这就是经典诗词的魅力，是中华优秀传统文化的力量。

父女对诗

阳光明媚的早晨，微风轻拂着树梢，树枝轻轻地摇曳着，好像和风在玩荡秋千的游戏。路旁的小花托着晶莹剔透的露珠，阳光一照，像闪闪发光的宝石。树上的小鸟在婉转地歌唱，清脆悦耳。二年级的墨墨同学背着小书包和爸爸高兴地走在上学的路上。

她抬头看见了这个景象，突然脱口而出一句"喜鹊立树鸣"。爸爸问她："这是哪首诗中的句子？""爸爸，这是我自己做的诗，不是背诵的诗词。"爸爸又惊又喜，上二年级的女儿竟可以出口成章，而且是这么应情应景。墨墨接着说："爸爸，后边应该怎么说，我还没想好，咱们俩做个游戏吧！我们一起做出一首诗！"爸爸说："好，咱俩一起想，我们父女对诗喽！"

于是，父女俩边走边你一句我一句地做起诗来，用这个字是否押韵，用那个词是不是更能表达意境，两人反复斟酌推敲，不知不觉已走到了校门口。

爸爸把父女二人未做完的诗发到了家委会的群里面，请教各位家长，最后一句怎样补上最合适。家长们兴致都很高，你一言我一语地对诗进行了评论和修改。有的家长说把某个字换成另一个字更贴切，有的家长说补充某一句能更优美……群里讨论得不亦乐乎。

没想到父女的一首小诗，竟让这些忙忙碌碌的家长们停下来小憩品文论诗，让家长们也投入到了诗词的美妙世界之中，大家对中华优秀传统文化的认同和喜爱也溢于言表。民族小学的乐诵经典不仅滋养了学生们的心灵，也带动了家长追寻优秀传统文化的前行步伐。

诗韵润童心

"少小离家老大回，乡音无改鬓毛衰……"每天晚饭后，若霖家里都会响起朗朗读诗声。自从成为民小学生后，读诗、背诗已经成为她家的固定节目。和很多家

和而不同，快乐成长

长一样，若霖妈妈最初也只把背诗当作硬性任务，甚至还觉得这是个不小的负担。但是就在一次他们全家在苏杭的旅行途中，若霖妈妈对诵读古诗有了全新的理解和认识。

预订的酒店恰好充满了浓郁的中国古典风韵，站在小巧别致的中式庭院里享受江南和煦的阳光，他们的心情也特别舒畅。正在若霖妈妈大发感慨时，她身后突然传来一个声音："妈妈，难道你没听过'若到江南赶上春，千万和春住'吗？"妈妈一扭头，只见女儿正背着手，一副悠然自得的表情。妈妈假装不服气，趁机给她出了个难题，问道："你也就会这一句吧？写江南景色的诗多着呢，你还有存货吗？"

"人人尽说江南好，游人只合江南老。""闲梦江南梅熟日，夜船吹笛雨潇潇。""日出江花红胜火，春来江水绿如蓝。能不忆江南？"小朋友吧啦吧啦念出了好几联，显然是被妈妈的"不屑"激起了斗志。接下来几天的行程中，见景吟诗，触景有感，成了旅行途中的亮点节目……

在春意初露的杭州西湖，她很自然地想到"几处早莺争暖树，谁家新燕啄春泥"的诗句；在绿水环绕着的乌镇，若霖真真切切地看到了"交流四水抱城斜，散作千溪遍万家"的景象；路过绿竹掩映的一扇竹门，她能想到"小扣柴扉久不开"，还会因为没有见到"一枝红杏出墙来"的景象而惋惜；石头缝儿里冒出一簇簇旺盛的苔藓，她会激动地说："妈妈，快看，'白日不到处，青春恰自来'！"

来到苏杭，投入诗歌的怀抱，原本为了闯关的背诵却给了家长太多的惊喜。一边品尝着滋味浓郁的东坡肉，一边想象着百年前诗人游览的心境。就这样，李煜仿佛向他们走近了一些，苏轼再也不是课本上那个让人头疼的"老头"了，在这山山水水之间，那些曾经让孩子、让家长苦恼的背诵，一下子全都变活了，变得有灵性了！

诗词发生在身边、生活中，就变成鲜活的样子。孩子们读诗词、诵经典，是穿越古今与圣贤对话，是丰润头脑与智慧对话。等他们长大独立，站在高山之巅有"会当凌绝顶，一览众山小"的胸怀和气魄，在海河之滨有"一道残阳铺水中，半江瑟瑟半江红"的审美和情怀，而不仅仅是拍一张"到此一游"的游客照草草了事，这才是孩子成长过程中不可缺少的精神营养。

民族小学乐诵经典活动的开展，受到了师生家长的喜爱。学校充分挖掘诗词的美育价值、德育价值和智育价值，引导学生在欣赏中华优秀传统文化魅力的同时，将诗词中的美好思想渗透到生活中，汲取贤人智慧，直接或者间接地培养了学生们的思想底蕴。

"正心、修德、益趣、启智"，学生们在朗朗的诵读声中已经不知不觉打好了人生丰厚的底色。

小讲堂　大舞台

"和而不同，快乐成长"，在这样的办学理念下，学校对每个学生都给予高度关注，尤其对他们身上闪耀着的每一个亮点，都会积极搭建平台，营造一个有利于学生个性发展的空间。教师通过正向的方式鼓励学生们，勇敢挑战自我、展示自我，激发和培养他们的学习力。在正向引导之下，学生们身上的小问题都在潜移默化之中得到改善，并树立了良好、持久的学习动力。例如班级里的小讲堂，就是一个生生互动交流、相互激励、相互影响的平台，一个平等的、自由的讲台，更是一个让孩子收获成长与快乐的大舞台。

"小蜗牛"的故事

有这样一个小姑娘，她总是默默地一个人看书、画画、写字，默默地一个人打汤吃饭。但这一切当然没有逃过王老师的眼睛。王老师发现这个学生每次听课都很专注，作业也都能完成得很好，行为习惯、学习成绩都很优秀，但就是很少和同学、老师们进行交流。课上、课下都是这样，很少发声，不敢表现自己，就像一只小蜗牛，有点风吹草动，就缩回壳里去了。

该怎样唤醒这样的"小蜗牛"，让她走出自己的舒适区呢？王老师想起了在教师讲堂上马校长曾说过的"以问题为导向，以研究为方法，以改变为目的"，于是她广开思路，寻找一切机会与小姑娘沟通，分析她行为背后的原因以及真实的需求。学习上，从鼓励开始，夸赞她书写工整、按时完成作业……但没有效果；别的同学回答完问题，让她点评，站起来却迟迟不肯开口；奖励小星星，她很开心，但是在课堂上的表现还是不积极。

生活中，多和她主动聊天：她来拿加餐时，问她喜欢吃学校的饭吗，吃饱了吗。她会笑着说很喜欢，吃饱了，但还是不会像其他学生一样主动和老师分享自己生活中的事情。王老师很心急,"小蜗牛"什么时候能露头啊?

焦虑的王老师赶紧向办公室的老师求救。当她说完"小蜗牛"的事情后,大家纷纷表示各自的班级多多少少都有这样的"小蜗牛",于是大家就一起研究如何推动这样的学生取得突破,你一言我一语地开始了小教研。突然大家想起之前数学学科为了锻炼学生的语言表达能力,开展了学生小讲堂的活动。大家就想,对这些沉默的"小蜗牛"来说,这样的形式是不是能点燃他们呢?于是大家一致同意,决定推进课前小讲堂的活动。

为了能自然而然地鼓励这只"小蜗牛"参加小讲堂,王老师提前与家长沟通,帮助孩子准备资料,鼓励她报名参加。家长积极配合,很快便帮孩子整理了素材,也进行了排练。可是孩子并没有报名。于是,每当有同学讲完,王老师都会告诉她,你看他说得多好,老师也希望看到这样的你;你看虽然他忘词了,但是他很勇敢;老师相信你也可以很棒……就这样,经过一次次地鼓励劝说,终于有一天她站上了讲台。讲着讲着,她紧握的小手放开了,漂移不定的眼神越来越自信、放松了。那一刻,对于一个不善表达、害羞腼腆的孩子而言有多么难,但是她做到了,敢于突破自我,就是最大的成功。

有了这次的突破,"小蜗牛"像竹子拔节,越来越积极向上。小小的讲堂给"小蜗牛"带来了大大的希望。

"小霸王"有朋友啦

陈老师班里有一个"小霸王",他从来不和同学轻言善语,和同学之间产生矛盾永远都是他最有理、最委屈,一言不合就大打出手,同学们都不敢靠近他,更别提和他成为好朋友了。

陈老师看在眼里,急在心里,一边和家长沟通,一边留意观察孩子的闪光点,想从中找到突破口走进这个"小霸王"的心里。慢慢地,陈老师发现他很聪明,知识面特别广,又喜欢发表自己的观点。于是,陈老师便鼓励他把自己感兴趣的知识分享给同学们,起初他还有些迟疑,在陈老师的鼓励下,他终于答应了。经过一周的准备,他终于走上了讲台。有意思的主题内容,丰富的图片、视频资源,清晰流畅的表达吸引了全班同学,小讲堂一结束,同学们都情不自禁地鼓起掌来,纷纷肯定了他的优点。接下来的日子,陈老师发现他不那么爱发脾气了,有时还会留下来帮班级打扫卫生，课间集体活动中也渐渐多了他的身影。

陈老师在欣喜之余又有了进一步的安排，指导他统筹安排班级讲堂的相关事宜。他对这个工作特别感兴趣，从前期发动大家积极投稿到公众号宣传都安排得井井有条。"小霸王"成了"小助手"，他的朋友也越来越多了。

就是这样一个个小讲堂，尊重了学生的天性，放飞了他们发自心底的梦想，发现了那个他们自己也从未遇到过的更好的自己。讲堂虽小，但对于他们而言，却是精彩绽放的大舞台。

一枝一叶总关情

文以载道，诗以言志。民族小学历来重视学生文学素养的培养。经典的诗文是打开华夏文化宝库的钥匙，大量的阅读可以拓展学生的视野与思维。学习积累诗文、学习传承优秀传统文化是有意义的事情。千古美文可以提高学生的审美能力，背诵大量的诗文，能增强自信心和自豪感。海量的阅读不仅可以拓宽学生的视野，培养语言能力，还可以丰富他们的人文素养，塑造良好的品质和健康的人格，教会他们热爱生活、关爱生命。学生头脑中有了大量的名篇佳句，有了诗和远方，写文章时自然会文思泉涌出口成章。所以，民族小学从阅读与诗文背诵方面双管齐下，脚踏实地，稳步前行，涵养学生深厚的人文底蕴和民族精神。

民族小学一直倡导：将有意义的事情变得有意思，将有意思的事情做得有意义。怎样才能让学习诗文变得有意思，让学生喜欢呢？语文教师团队历经七年的时间，坚持在学生中开展诗词闯关活动，让这件有意义的事情变得有意思。

学校的语文教师团队和家长志愿者发挥集体的智慧和力量，编写了《乐诵经典》古诗文分级诵读读本。读本根据诗文字词和意境的难易程度及学生们的理解能力，结合课标要求和实际教学经验，将我国浩如烟海、灿若星辰的诗词进行了精心的选编，由浅入深、循序渐进、系统科学地分级。全套丛书按年级分为6册，每册两级，每级40篇，共12级480篇，让背诵诗词也可以像闯关游戏一样有意思。

学生们可以根据自己的能力背诵，下设背诵底线，上不封顶，鼓励有能力的学生跨级背诵。他们自主报名进行闯关，学生们担任起闯关小考官。这种"变齐步走为尽情跑"的闯关方式受到了学生们的欢迎，诵读经典诗文的热情高涨。

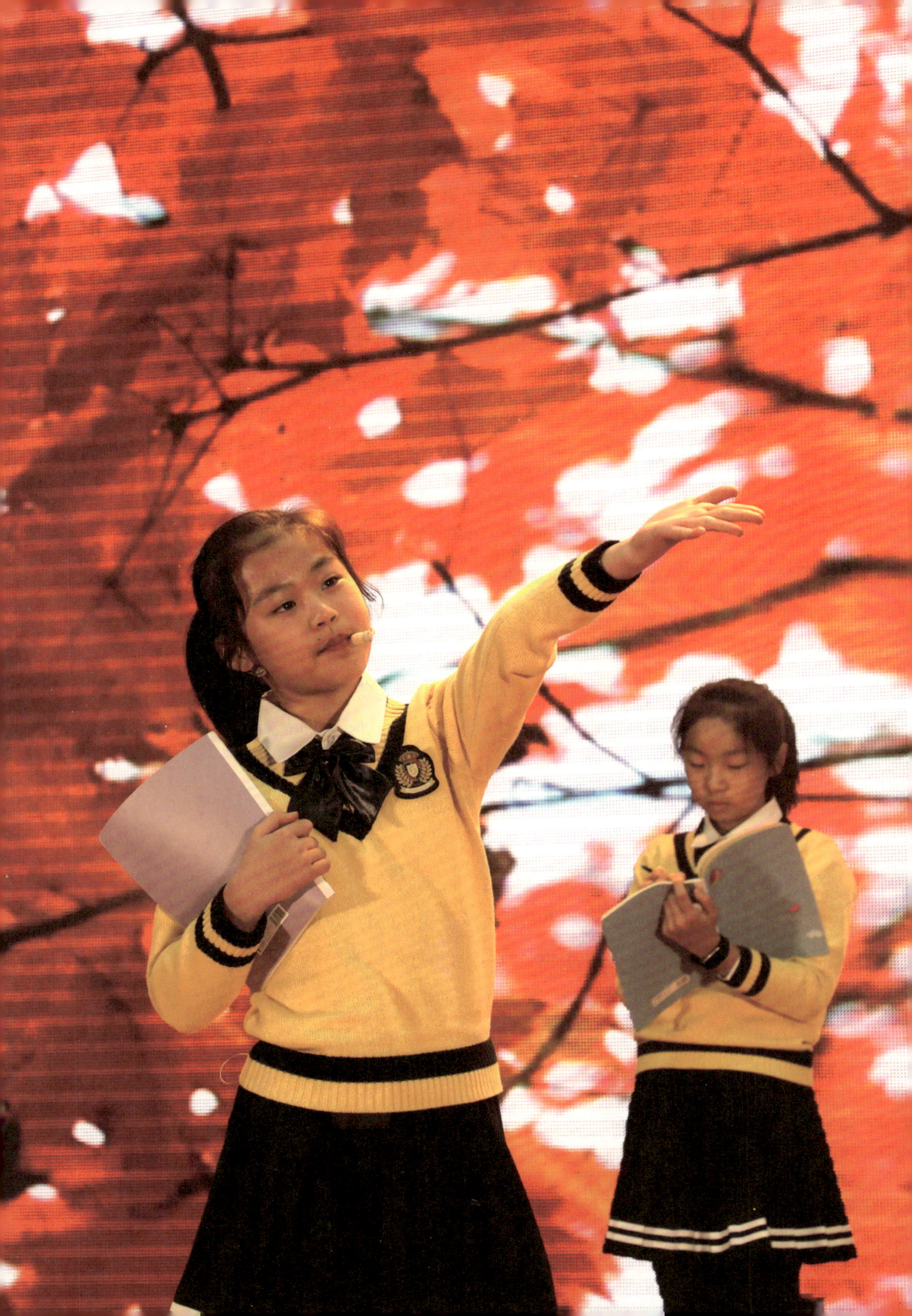

民族小学将阅读作为全校师生每天的必修课，教师不是教教材，而是用优秀的课外书籍载着学生走向更加广阔的世界。学校每天 12:30—13:00 是固定的阅读时间。在这段时间，学生们根据自己的兴趣选择书籍，教室里、图书馆、四合院的台阶上、海棠树下都是学生们沉浸在书中的身影。学校、班级组织开展了很多丰富多彩的阅读活动。如今，浓浓的书香溢满民小校园。

在这样浓郁的读书氛围里，涌现出了许许多多受到诗词感染的学生。有的在下围棋的时候会用古文来写棋谱；有的在课余时间自己试着写诗；有的会用诗文描述学校的一草一木，记录在他们的作文或者日记里。

背诵诗词和阅读的活动已经开展了好多年，然而这些活动更多的是注重学生们的语言学习积累。有了这样大量的输入，教师思考创造机会引导学生运用这些诗词进行诗文创作。祖国的大好河山很美，我们身边的校园也处处充满了美，师生之间也充满了美，那么何不从爱身边的校园、爱身边的老师做起呢？于是，学校组织了"一枝一叶总关情"诵古诗、读经典、写美文的征集活动。活动面向全校师生及家长开展，学生、老师全员参与，把诗词闯关游戏与学校开展的阅读工程同时融入进来，对前期的语文活动进行成果汇报和展示。

征文结束，涌现了大量优秀的作品，有散文、有诗歌……老师们把这些作品通过学校微信公众号推送，并汇集成册，保存了下来。

西江月·校园吟秋

婧轩

隐约飒飒未歇，飘渺浮云掩烈，虫鸣蝶舞把秋接，待迎草凄花谢。
校园香气微微，远眺果实满堆。夕阳西下雁南飞，我欲返家歇睡。

校园秋韵秋思

元溪

一场雨带走了炎炎夏日，也给校园带来了别样的秋色。

初秋，树叶半黄半绿的，别有一番韵味。秋日里，习思堂前的银杏林是我常去的地方。阳光下，银杏叶泛着点点光晕，黄的澄净，绿的青翠，层层叠叠掩映着古色古香的习思堂，煞是好看。

和而不同，快乐成长

穿过静心阁，来到四合院，扑面而来的是一阵已透着凉意的风，风中夹杂着秋日里花草成熟的气息。几棵海棠树散布在院中，曾经春日里满树开着白色的花朵，如今繁花已谢，取而代之的是硕果累累。娇小的海棠果挂满枝头，红黄相间的果子和绿绿的叶子对比鲜明、相映成趣。不禁回想起三年级时，我还偷偷尝过海棠果，原以为这种不起眼的小果子一定是倒牙的酸涩，却没想到是那么的甜，味道像苹果，口感却沙沙的、绵绵的，让人忍不住想多尝几个。

时光如白驹过隙，转眼间我六年级了。这个秋天是我在民小的最后一个秋天了，我忘不了夹在书本里金黄的银杏叶，忘不了偷尝过的海棠果，还有那挂在枝头咧着嘴的大石榴、让人馋涎欲滴的大蟠桃……曾经爱笑爱闹的我们走过校园的春天和夏天，像一棵棵小树一样，将来也会硕果累累。

为了更好地展示师生的作品，享受文字创作的美妙，老师们组织学生将创作的古文、诗词、美文等的优秀作品排成节目，举行了汇报展示。学生们在舞台上用自己的声音、舞蹈展示出对诗文的理解，所有语文组的老师在舞台上声情并茂地朗诵诗歌，台上与台下的师生都陶醉其中。

"一枝一叶总关情"的活动为学生营造了良好的氛围，让师生情不自禁地沉浸在诗文词海的美好意境中。学生们积累了诗文，创作出自己的作品，收获了自信与热爱，心胸变得更加开阔；教师们看到了活动给学生带来的改变与成长，无比欣喜。他们被这些作品感动，也愿意更加努力地去做些事情，甚至学校的后勤工作人员也在耳濡目染中提升了自己的审美，在诗词美文中变得更加温暖与沉静。

学好英语，讲好中国故事

2014年5月30日，习近平总书记来到民族小学参加庆祝"六一"国际儿童节活动，并主持召开了座谈会。会后，学校开展了丰富多彩的活动，把社会主义核心价值观教育融于校园文化，渗透在课堂教学的各个环节。民小的每一个学生都牢记习近平总书记"记住要求、心有榜样、从小做起、接受帮助"的讲话精神，用行动践行社会主义核心价值观。

马校长在教职工大会上多次提到，学校要培养具有"中国烙印"的学生，教师们要为学生们从小厚植爱国情怀、热爱中国的优秀传统文化打好基础。在一次英语教研会上，马校长语重心长地对老师们说："老师不要只盯着课本上的那些英语知识，'中学为体，西学为用'，你们应该引导学生用语言工具讲好中华优秀故事，传

和而不同，快乐成长

承和传播中国文化，通过讲故事的形式帮助学生们全方位、多角度地了解中华优秀传统文化，树立民族自信和文化自信。"马校长的一席话给英语老师们以极大启迪，让大家非常振奋。

英语老师们共同研究开发了"用英语讲中国故事"课程，学生紧紧围绕中华文化主题，运用英语这一语言工具来讲述和表达中国故事。故事主题以学生们的兴趣为切入点，有的喜欢体育运动、有的喜欢餐饮美食、有的喜欢建筑设计……英语老师们鼓励学生们从自己的兴趣出发，选择自己擅长的方式讲故事或表演故事。家长们也特别喜欢、支持这个活动，纷纷参与进来，陪同孩子一起查找资料，制作语料文本。这一活动不仅带动了家校联动，营造了和谐的家庭氛围，更激发了学生们学英语的兴趣和对优秀传统文化的理解与热爱。"用英语讲中国故事"的学生讲堂就这样在民小开讲啦！

成语故事发扬光大

东东是一个非常内向的男孩子，平时课上回答问题声音特别小，如果邀请他到讲台前朗读或参加角色扮演活动，他就特别害羞，脸颊通红，眼神躲闪，紧张得说不出话来。之前班级组织的英语课前5分钟，他总是要求最后一个讲。

记得开学的第一节英语课上，老师宣布了班级要开展"用英语讲中国故事"活动。下课后，他连忙跑到老师面前，低声地问："党老师，我特别喜欢中国成语故事，我能不能用英语给同学们讲讲精卫填海的故事？我能不能自己给故事配图？"老师听到他的话特别开心，鼓励他要不要第一个讲，东东居然爽快地答应了。

在讲故事前，党老师请全班同学为东东的勇敢鼓掌，东东的眼睛亮了，声音大了，当同学们看到东东的故事配图后，情不自禁地为他鼓掌。感受到了鼓励，东东的脸上泛起了自信的微笑。东东把他擅长

的绘画运用到英语故事 PPT 中，用英语为同学们分享自己喜欢的成语故事，用行动践行着民小的校训：做最好的我，在我最好的方面。

美食家的中国味道

中国饮食文化经历了几千年的发展与沉淀，不仅内容丰富，其背后更是蕴含着深厚的文化，是中华民族最值得骄傲的特色文化之一。

民小也有自己的校园饮食文化、班级用餐文化。学校从 2015 年开启了学生自助用餐的午餐模式，鼓励学生用餐自取。学校为学生们营造安静、有序的用餐环境，学生们排队打餐、送还餐盘，严格落实"食不言"和"光盘行动"，这些行为习惯的养成潜移默化地影响着民小的每一个学生。

茜茜是班级的餐车管理员，每天负责餐后检查工作，她说只要和美食有关的活动她都感兴趣。她常常把"民以食为天"挂在嘴边，总喜欢和同学们讲天南海北的美食，被同学们称为"美食家"。有一天党老师收到一条来自茜茜妈妈发来的信息："党老师，我觉得用英语讲中国故事的活动让茜茜学会了自主学习，学习的主动性增强了。这几天她一回到家就缠着我，让我帮她搜集有关北京冰糖葫芦的英文资料，她说同学们都爱吃冰糖葫芦，但是一定不知道冰糖葫芦的来历，所以她要用英语给同学们讲讲。看到她主动查阅书籍、上网找资料的样子，我感动得想掉眼泪。真的感谢学校和老师。"

党老师至今还记得茜茜分享故事的场景：她像一名小导游一样自信满满地站在讲台前，先把北京的特色美食给大家介绍了一番，还时不时地向同学抛出问题："What is your favourite food？"同学们七嘴八舌地回答："春卷、糖葫芦、驴打滚、烤鸭……"她学着老师的样子把问题聚焦到她要讲的冰糖葫芦上，冰糖葫芦的由来、种类、制作方法……茜茜用标准的美式英语绘声绘

色、抑扬顿挫地讲着关于冰糖葫芦的故事，听故事的同学有的吞咽着口水，有的舔着嘴唇。当听说冰糖葫芦的起源要追溯到 800 多年前的南宋绍熙年间时，同学们陷入了思索，不时发出阵阵赞叹声。冰糖葫芦作为千百年来中国传统饮食文化流传下来的美食，在时间的沉淀之下，变得愈发珍贵。

长城故事，历史光芒

来过民小的人都会被学校古香古色的校园建筑和浓厚的历史文化气息所吸引。学生们每天徜徉在美丽的校园里，浸润在优秀传统文化的无穷魅力之中，成长在社会主义核心价值观的文化沃土之中。在这片沃土中有这样一个学生，他喜欢观察学校的青砖碧瓦，喜欢用画笔去无声地"诉说"建筑的美，他就是大家口中的"中国古建筑迷"嘉嘉。

在"用英语讲中国故事"学生讲堂活动中，嘉嘉制作的万里长城 PPT，像一幅壮丽的长城画卷在同学们面前延展开来，整个展示内容东起山海关，穿过高山，越过山谷，婉蜒于沙漠和草原，一直到达终点嘉峪关。把每一个地点串联起来的长城就像一条巨龙在电脑上蜿蜒前行，从视觉上给大家极大的震撼。嘉嘉用了两周时间做完 PPT，妈妈曾经要帮忙，但嘉嘉执意要自己完成，他对妈妈说："万里长城凝聚着中国古代人民的血汗和智慧，那些劳动人民历经千辛万苦修建了万里长城，我做个 PPT 不算什么。"

嘉嘉平时讲话低声细语，但在用英语讲述万里长城的历史时，信心十足，语气铿锵，说到激动之处，他会紧握拳头带着同学们一起高呼："We are Chinese. We love China!（我们是中国人，我们热爱中国！）"他那份发自内心的自豪感和幸福感深深地感染了台下的每一位同学。大家仿佛从他讲述的一砖一石中读出了万里长城所蕴含的丰富的历史文化和屹立不倒的民族精神。

学校倡导"学习中华传统文化，蕴底气；知晓各民族文化，铸和气；了解世界多元文化，成大气"，注重中华优秀传统文化的传承教育，通过开展各种活动积极引导学生培育和践行社会主义核心价值观。用英语讲述中国故事，让学生们对中华优秀传统文化的深厚底蕴有了深入的了解，激发了他们作为中国人的自豪感，培养了学生们的家国情怀，增强了文化自信，让他们在社会主义核心价值观的文化沃土中健康快乐地成长。

午间广播秀

民族小学一直主张"把有意义的事情做得有意思，把有意思的事情做得有意义"，在不断提升课堂教学质量的同时，积极为学生搭建一个个展示自我、锻炼提升的平台。

学校利用周四中午的时间开设了午间广播秀，既为学生提供了一个才艺展示的舞台，又为同学们配送了赏心悦目且营养丰富的"精神午餐"。广播的时间虽然只有10分钟，但是内容却丰富多元，涉及天文、英语、学校历史等诸多学科和领域，学生们从中学到了知识，拓展了视野，有了不一样的体验。

最初，广播秀主要是老师推荐具有相关特长的同学参与，后来为了让更多同学有展示和锻炼的机会，开始面向全体同学征集作品，鼓励同学们积极参与。有意愿参加的同学可以回家和家长一起选题，通过录制音视频的方式投稿，广播站的负责老师再进行初步筛选和审核。入选的同学，再由广播站的老师进行细致的指导和修改调整。

被点燃的小火苗

中秋节快到了，广播站想要推送一期中秋主题的作品，征稿启事发出之后，学生们积极投稿。广播站的孟老师甄选作品的时候发现，同学们的作品都非常出色，可以看出准备得非常用心。在精心选择的背景音乐中，他们用纯真的童音或朗诵着古诗词，或讲述着与中秋有关的故事，孟老师真不知该如何选择。

这时，一个特别的声音传入孟老师的耳朵，音频里的孩子也在讲述着中秋的故事，稿件的内容非常完美，但是语句却磕磕绊绊听起来不舒服。

爸爸："逢实，那你来说一说你对于中秋的看法？"

孩子："我觉得吧……"

那个"吧"字声音拉得好长，孩子的发音模模糊糊，还不会用气以至于吐字不清，声调听起来还有点突兀，看来是孩子太小，语感稍微弱一些。根据择优的原则，这样的作品不应该入选，孟老师便继续往下筛选。听着一个个优秀的作品，一个个熟悉的作者名字，孟老师的耳旁却久久回旋着刚才那个稚嫩而略显生涩的声音。选择那些优秀的作品，老师指导起来也可以少花一些时间和精力，但是，这些同学已经有过很多次展示机会了，那么，这次是不是应该把机会给那些积极而有勇气的孩子？想到这里，孟老师决定去了解一下这个孩子。

跟班主任联系以后，孟老师得知这位同学在班里说话也一直是这样，有点慢吞吞的。孟老师想，既然他愿意尝试，那何不通过广播的形式，多给他一个展示的机会，帮助他建立自信呢？

于是，孟老师联系了孩子家长，简单说明了情况，经过几次电话沟通，给出详细的指导和建议：语音、语速方面，可以让孩子再改进一下；音乐收尾的时候，声音可以再调大一点；表达再流畅自信一些……

家长听了老师的反馈特别高兴，也非常配合，一遍遍地修改，一句句地教孩子，并引导孩子重新录制。如此反复地修改多次后，作品有了很大的提升，越来越完美。

午间广播的时间终于到了，孟老师特意来到班里和同学们一起欣赏。到了班里，只见逢实早就坐得倍儿直等待收听。广播声音响起，同学们听到了逢实的声音，他的故事讲得非常清晰、流畅，没有任何卡顿的地方，大家都不禁为他鼓起掌来，逢实的脸上也露出了灿烂自豪的笑容。

在成长的路上，真实的体验比什么都重要，自信比什么都重要。这次午间广播的展示点燃了逢实自信的小火苗，成为他成长的新起点。从那之后，他在班级活动和课堂上更加积极和活跃了。

别怕，秀出你的自信

广播站的投稿里收到这样一个作品，说话声音小小的、细细的，像个蔫蔫的小兔子一样。这个声音孟老师熟悉，是她教的一个女孩子睿睿。睿睿在课堂上从来不主动举手发言，每次看到她，那眼神总是怯怯的。平常和同学们在一起的时候也很不自信，甚至连笑容都是拘谨的。这样的一个小姑娘让人看上去由衷地心疼。

睿睿是个单亲家庭的孩子，平时跟着爸爸生活。爸爸一个人带着她和弟弟，日子过得很不容易。通过声音，就能感受到她说话的胆怯和拘谨。孟老师认为，越是这样不自信的孩子越应该多给她机会，通过教育的力量唤醒这样的孩子。

孟老师找到睿睿，对她说："你跟爸爸录的这个作品特别好，希望你再多搜集一点素材，准备得再充分一些，这样我们就可以在广播站播出，让更多的同学听到。"她听了之后喜出望外，一下子蹦了起来，孟老师第一次看到她这么高兴的样子。

回家后，睿睿很快和爸爸修改好作品。最终的作品里，她的声音虽然还不是那么洪亮，但比以前自信多了。即便这样，她的作品还是被播出了。

"爸爸，你知道一年四季中我最喜欢哪个季节吗？"

"是秋天吗？"

"对了，那你知道我为什么喜欢秋天吗？"

"为什么呢？"

"秋天是一个奇妙的季节，处处透着童话般的美丽，飘荡着人们的欢声笑语，处处洋溢着丰收喜悦的心情，构成了一幅美丽的画卷。"

…………

作品播出之后，班级的同学们都夸她真棒，睿睿坐在那里开心了一整天。灿烂的笑容像阳光一样把所有的阴霾都驱散了。

教育不是优中取优，每一个学生都应该被关注。静待花开不是说说而已，那是一份对未来的期待，一份对教育的挚爱。唯有关注到具体的学生，帮助他们突破自我、变得更好，这样的教育才真正落地，才更有力量、更有意义。希望这小小的广播站，短短10分钟，伴着午后一抹阳光，能够给学生们送去一份温暖，充盈学生们的内心世界，伴着他们快乐成长。

/三/ 一个好身体

蓬勃开展的体育运动

民小一直以来都坚持"和而不同，快乐成长"的办学理念，注重学生综合素质的提高与全面发展。学校提出，读书、写字和跑步是全体师生的三门必修课，学生们除了完成课内的学业任务外，每天都要坚持跑步、锻炼，以达到均衡发展、快乐成长的目的。

然而，在跑步成为必修课之前，学校在体育课程的发展过程中还经历了很多曲折，从体育特色校本课程的开设到普体课程的强势回归，每一次变化背后都是对民小"以体育人，终身体育"教育理念的生动诠释。

校长对体育的"偏爱"

马校长1981年参加工作，由于当时学校只有他一位年轻的男老师，所以便让他当起了体育老师。在任教的5年时间中，他各处拜师学艺，逐渐从一个门外汉成长为一名专业的体育老师，对体育的了解与热爱让他终身受益。来到民族小学以后，马校长便常常思索这样的问题：现在学校体育教学所教的走、跑、跳、投等运动技能与现实社会中人们健身的活动需求相去甚远，学生们在学校体育课上学习的项目，会成为他们成年后终身运动的项目吗？会培养起他们对于体育运动的浓厚兴趣吗？

2004年的时候，跆拳道十分流行，许多人热衷于此，纷纷花钱报班学习。恰逢那时，一名体育专业院校毕业的跆拳道教师前来应聘，马校长心里为之一动：如果引进一名专业教师，那我们的学生就可以学习这项时髦的运动了，既能激发学生学习体育的兴趣，又充实了学校体育课的内容，这对学校体育工作无疑是一次有益的尝试。马校长毅然决然地签下了这位老师。几年下来，学校的跆拳道课程开展得有声有色，成绩斐然，学生们更是兴趣浓厚。

让更多的学生从小就与自己喜欢的项目结缘，接受比较系统的练习，在其中学习知识、提高素质、增强技巧、培养习惯，使其终身热爱体育，这逐渐成为民小开展体育工作的方针。

之后，学校又先后引进了网球和健美操专业的教师，并投资修建了体育馆、网球场，组织师生开展丰富多彩的体育活动。这些有益的活动无疑在学生的心中留下毕生难忘的印象。在小学生涯为学生播下一颗体育的种子，没准哪一天下一个网坛新星就会在这些学习网球的学生中诞生呢！

校园武术有"魔力"

"欲木之长，必固其本。"一粒种子落地生根长成参天大树，离不开生长的沃土。民族小学的武术教育从无到有、从弱小到壮大，离不开学校的重视和支持。武术是

第三章 孕育希望的沃土

中华优秀传统文化的瑰宝，武术教育是优秀传统文化教育的重要组成部分，武术社团应该办成学生们了解武术传统文化精髓的平台。

民族小学从师资、硬件设施、经费保障等多个方面为武术教育创造了良好的条件。2014年启动"高参小"项目时，民族小学将武术列入"高参小"项目首批科目之一，争取到首都体育学院的师资和经费支持，使学校的武术教育逐步走上正轨。为更好地做好武术教育，学校专门引进了传统武术专业的耿老师负责学校的武术社团。为给学生们创造良好的学习环境，学校每年拿出一部分经费，为武术社团的学生们购置服装、道具和器械。在体育馆改造前，场馆地面不方便学生训练，学校购买了专用的武术地毯给学生们使用。为了让学生对武术训练更有兴趣、有热情，学校想办法为学生们创造各种展示的舞台，每年的开学典礼、元旦晚会，武术都是保留的压轴节目。在2019年海淀区"一校一品"展示中，武术也作为民族小学的特色课程参加，200多名学生参加了集体岳家拳展示。学校积极支持学生们参加全区、全市乃至全国的各类武术比赛，为参赛学生解决假期的训练场地、服装、道具等问题，学生们也不负众望，每次参赛都有奖项斩获。

在武术社团，从不缺少勤奋上进、自律刻苦的学生。有一个二年级的小女生，每天都坚持在家训练半小时，到了假期社团停课，她就每天晚饭后自己练习一小时，无论刮风下雨。一次训练中，小姑娘生病发烧了，教练让她回家休息，但她坚持说："我在边上看他们训练就可以。"小姑娘妈妈感慨地说："一直觉得自己的孩子是温室里的花朵，从来没想到她这么能吃苦。"在武术社团，这样的故事不是个案。有个小姑娘腿受伤也要坚持来上课，还有个小男孩身体不适依然坚持来练剑。有的学生在反复的器械训练中，手上磨起了水泡，依然坚持训练。虽然不

099

和而不同，快乐成长

提倡带伤带病训练，但老师和教练们无不为之深深感动。在武术社团训练一段后，常有学生家长找到老师说，真没想到自己的孩子会发生这么大的变化。这大概就是武术的魔力吧。

在学校提供的肥沃土壤上，武术课程已茁壮成长为学校优秀传统文化教育的特色项目，开出了绚丽的花朵。学生们通过武术练习，不但弘扬了中华优秀传统文化，树立了文化自信，还培养了坚强的意志品质、饱满的精神面貌，对综合素养的提高非常有帮助。

健美操队伍的"铁人"姑娘们

民小健美操队建队以来取得了不少优异成绩，这些成绩的背后是队员们为此投入的巨大努力。当别的同学在嬉笑玩耍时，当别的同学在欢度暑假时，当别的同学在雪地里撒欢儿时，她们在体育馆挥汗如雨，训练一丝不苟。为了心爱的健美操，为了集体荣誉，她们付出了无数的汗水，也流下过难忘的泪水。在训练中，在比赛中，她们互相鼓励，相互学习，共同进步，心往一处想，劲往一处使，体现了健美操队的团队精神，每个人都是其中一分子，每个人都是为了这个大家庭更好。

2018年11月，在北京市的比赛中，一名小队员因前一天吃坏了肚子，肠胃有些不舒服。为了让自己能够上场比赛，她赛前一直坚持不吃东西，少喝水。在赛场上抓住宝贵机会，拼尽全力，展现自我。"看到小姑娘为了自己热爱的项目、团队如此付出，作为老师，怎么能不时刻想着要带她们走向更高水平的赛场，让她们在更好的舞台上展现花一般美好的姿态呢？"负责带队的老师感慨地说。预赛成绩出来后，队员们欢呼着，跳跃着，她们在喜悦的同时，为有这样一个负责任、肯付出的队友感到开心。是啊，同学们的幸福就是这

么简单。带队老师心疼孩子，鼓励队员说："成绩已经很好，看到你们的坚持就是最大的胜利，回去好好休息养病。决赛的成绩不重要了。"可小姑娘有股不服输的劲儿，她并没有听从老师的建议。第二天，老师从家长口中知道，深夜孩子为了让自己快快好起来，让父母陪着去医院输液，因为她要坚持和队友们一起站上领奖台。她说不能因为自己影响到其他同学，不能让队友的付出因为自己而付之东流。在赛场上，小姑娘面对评委展现着最美的笑容，老师和家长们在台下都热泪盈眶。

2019年9月全国赛（上海站）时，参加单人操比赛的小朱同学，在上午预赛出现意外失利没能得到心中想要的成绩，她同大家一样为了这场比赛准备了很久很久，因为地板动作造成身上的淤青也是一块块的。想到曾经的付出，她心里难免委屈。但是作为队里年龄最大的姐姐，小朱同学没有垂头丧气，她积极调整情绪，下午全程耐心陪伴5人操小队员们参加比赛，带着她们做热身活动，帮她们调整赛前情绪，为她们加油鼓劲。夜晚她没有早早休息，而是借助自己的经验，带着小队友们一起分析预赛中存在的问题，纠正她们预赛中不到位的动作，小队友们很受感动，都亲切地喊她"朱姐姐"。这样的比赛经历，队员们收获的不仅仅是成绩，更是宝贵的友谊、团结向上的精气神儿和百折不挠的意志品质。

"成功的花，人们只惊慕她现时的明艳！然而当初她的芽儿，浸透了奋斗的泪泉，洒遍了牺牲的血雨！"是的，健美操大家庭中的队员们一起成长，团结互助，她们被老师同学称为"铁人姑娘团"。

强势回归的普体课程

随着校本课程的蓬勃开展，民族小学体育课程表变得越来越充实，越来越受学生的欢迎。跆拳道、武术、网球、健美操，每一项校本课程都有专业的老师指导，有专业的场地训练，天赋不同、兴趣各异的学生们总能在体育课上找到自己喜欢的项目，正如前面故事中讲到的，他们披荆斩棘，挥洒汗水，在各个领域都斩获佳绩。

然而，令人担忧的事情出现了。随着校本课程的火热推广，普体课程的退位，学生们进行体质训练的时间减少了，体质测试的整体成绩在海淀区呈现下跌的态势，校园里出现了不少"小胖子""小瘦子"。

负责学校体育工作的康老师，手里拿着全校学生并不优秀的体质测试成绩，心里万分着急。学校领导班子立刻召集体育老师研讨解决方案。"要让原来的普体课回归正常的课时，校本课程的开设要保留，但是要利用学生的课余时间，以选修课、兴趣小组的形式开展。"马校长当机立断地说，"不仅如此，要加强学生的体质训练，让跑步成为每一位民小学子的必修课。我们还要分批次、抓重点，让全校身体素质差的同学立下目标、加强训练，让他们通过艰苦的锻炼，拥有健康的体魄！"

自此以后，民小学生们的课表又有了新的变化，普体课的课时设置恢复了，特色体育校本课程则作为选修课程出现。美丽的校园里，不仅能看到学生们沉浸在各个特色体育项目的锻炼活动中，还能看到很多"小胖子""小瘦子"在晨间、课间，汗流浃背、努力奔跑的身影。

功夫不负有心人，学生们的体质成绩在普体课强势回归后的几年里，稳步上升，"小胖子""小瘦子"的身材变得越来越健美。更令人可喜的是，改为选修课的校本课程依然绽放异彩，在专业老师的带领下，武术、健美操、足球等社团的同学们用自己的勤奋努力、刻苦训练赢得诸多荣誉。

随着体育课程的改革与发展，民小体育教学的目标逐渐清晰了：一是通过对体育技巧与体育知识的学习，达到强健体魄，增强身体素质的目的；二是通过体育教学使学生的心理素质得到锻炼，培养学生的体育竞争意识、团队合作意识以及社会交往能力等，最终帮助学生实现身心协调健康发展；三是通过体育校本课，让学生收获兴趣和技能，使学生养成终身体育的信念和习惯。

足球让我们共同成长

毛泽东在《体育之研究》中指出："体育之效，至于强筋骨，因而增知识，因而调感情，因而强意志。筋骨者，吾人之身；知识，感情，意志者，吾人之心。身心皆适，是谓俱泰。"由此可见，体育教育不仅是要"强筋骨"，也要"强意志"，最终为的是实现"身心皆适"。

民族小学以足球项目的开展为契机，以足球教学为纽带，将体育教学与学生的全面发展联系到一起，从而达到学生综合素质的提升，真正地实现"和而不同、快乐成长"。

六年级的足球联赛手记

自 2014 年组建校队以来，民族小学校足球队多次出征北京市及区级比赛近百

场,面对重重压力和不断挑战,学生们越挫越勇,越踢越有自信。为让更多同学参与足球项目,让足球运动促进每一位民小学子的全面发展,学校每年都要举行足球联赛,各个年级、班级的男生、女生全员参与,这也成为学校用时最长、场面最为壮观、家长最为关注、参与人数最多的比赛。

"绿茵场上跃猛虎,碧水池中腾蛟龙",得知要举行足球联赛的消息,六年级全体同学都积极参与到紧张的准备工作中来。班级里,同学们里三层外三层地包围着体育委员,争先恐后地向体育委员说出自己的优势,为联赛出谋献策。课间、午休、放学后、课上、早读前……几乎随时都能看到同学们带着足球在绿茵场上驰骋的身影。从讨论战术时的认真钻研到辛苦训练时的挥汗如雨,从足球服的统一选择到个人技术的纠正,处处可见他们细致入微的良苦用心。为了各自班级的荣誉,每一个准备的步骤都不能放松。

男生们紧张地筹备足球联赛,女生们则同样认真地训练啦啦操。为了给自己班的球员加油鼓劲,让他们有好的表现,每个班的文艺委员都仔细挑选、编排和纠正动作,每一个微小的细节都凝聚着姑娘们的用心与智慧。每天中午,葡廊下、四合院前、网球场上……一群群亮丽的身影相继起舞,美不胜收。

比赛当天,随着裁判的哨声响起,比赛开始了!穿着各色队服的啦啦操队员们开始高喊加油。足球在两班队员之间如影子一般飞速传来传去,两色身影如雄鹰一般在场上穿梭。传球,踢球,传球,头顶球——进了!啦啦队员大声尖叫、喝彩,球员兴奋地抱在一起。一声哨响——中场休息时间到了。啦啦队队员们穿着漂亮的啦啦操服装上场了。高难度的下腰、劈叉、托举、前后空翻,别出心裁的编排、整齐划一的动作、灿烂的笑容、精彩的亮相将现场气氛再次推向高潮,台下响起阵阵

和而不同，快乐成长

热烈的掌声。

为了支持和鼓励队员们，不参加比赛的同学还贴心地准备了苏打水、运动饮料、矿泉水，甚至还买了冰激凌、士力架为自己班级的队员打气。当哨声再次响起时，重整旗鼓的球员们又一次回到赛场上挥洒拼搏的汗水。无数次跌倒爬起后，哨声最后一次响起——比赛结束！我们赢了！大家激动之情无以言表。

在足球联赛中，往往还能收获比冠军更重要的东西：珍贵的友情、奋斗的过程、一同拼搏的经历……

小足球，大格局

在足球教学中，学校不仅注重学生身体素质的提升和改善，而且还注重将德育引入足球教学，在体育锻炼中磨炼学生们的意志品质，帮助他们建立良好的习惯，培养他们形成积极向上的思想品格。

在足球队训练中，教练引导队员开展"送小足球回家"活动，帮助学生养成良好的行为习惯。每次训练或者比赛结束，都要求学生们自己整理训练场地，归置各种训练教具。同时，学校还注重培养学生们建立起正确的时间观念，做到守时守信。目的就是帮助学生们培养良好的生活习惯，让活动有序、让学习有序、让生活有序、让生命有序。

队员子优的家长看到孩子参加校队训练后发生的巨大变化，在感谢信中这样写道："一个朋友曾经问我，为什么让孩子踢球？你又不打算让孩子专业踢球，踢足球多浪费时间、精力，还可能受伤，有必要吗？我的回答是，我让孩子踢球并不是为了足球，我并不在乎孩子踢球好坏与否。其实我心中有一个更清晰的答案：我是为了孩子拥有一个健康的身体；我是为了孩

子放学回家，喊着太累太困，第二天却依然去训练的那份坚持；我是为了孩子比赛时虽然受伤却仍坚持比赛不放弃的意志品质；我是为了孩子遵守纪律和规则，理解团队与协作，明白一个球队的胜利需要团队努力；我是为了孩子培养沟通能力；我是为了孩子能在户外快乐地与队友一起奔跑而不是在家里盯着屏幕打游戏。足球不是一个人的游戏，足球让孩子更加开朗。孩子常对我说：'妈妈，我喜欢踢足球，和大家一起踢！'"

是啊，同学们在足球训练中不惧严寒酷暑，刻苦训练，这样的经历磨炼了他们持之以恒、坚持不懈的意志品质；同学们在球场上挥汗如雨，合理竞争，激发了他们永不言败、积极进取的拼搏精神；同学们在场下互相鼓励，交流分享，培养了他们互帮互助、众志成城的团队意识。小足球，大格局，让学生们获得全面的成长！

从 0:21 到摘得北京市冠军桂冠

"鸟贵有翼，人贵有志。"从小树立远大理想，并为之付出百分百的努力，是民小师生一直坚守的座右铭。

在校队成立之初，第一次与兄弟校比赛，队员们使出了浑身解数，最终以 0:21 的成绩毫无悬念地输了。面对灰头土脸、人心涣散的团队，马校长语重心长地说："孩子们，这场比赛很有意义，让我们看清楚了自身的水平，更让我们有了奋斗的目标，相信经过努力，你们有一天也能打赢比赛，而且越努力，你们的成绩会越好，相信自己。"听了校长的鼓励，小队员们各自调整心情，相互鼓励，在邢老师的带领下开始了艰苦卓绝的训练。

有一张特别的照片触动了每一位民小教师内心最柔软的角落。北京 3 月的春天，乍暖还寒！民小足球队小将们不惧风雨，仍然在操场上奔跑，练习传球、射门……他们一个个激情澎湃，挥汗如雨，丝毫没有被天气影响，他们的脸上、身上已经分辨不出是雨水还是汗水。杨海建老师用镜头记录下这一刻，分享到了民小的教师群里，并写道："不畏风雨，刻苦训练。外面下着小雨，孩子们、老师们、教练们仍然在操场上认真训练。正如习近平总书记所说：'在体育锻炼中享受乐趣、增强体质、健全人格、锤炼意志。'为邢老师、教练员的努力付出，为孩子们拼搏的精神点赞！"

面对如此感人的镜头，教师群里的教师们纷纷留下感动和鼓励的话语，校长

和而不同，快乐成长

留言说："看到孩子们在雨中训练，担心孩子着凉，和邢老师沟通后了解到，正常比赛时，这样的雨会继续踢，所以今天的雨正是磨炼孩子们意志品质最好的时候，为邢老师和孩子们点赞，'不经历风雨，怎能见彩虹'？"

王书记为孩子们竖起了大拇指："孩子们付出了，努力了，拼搏了，战胜了恶劣天气，更战胜了自己！这才是快乐的真谛！为男子汉们点赞，为向着目标努力奋斗的所有师生点赞！"

还有老师留言点赞说："在雨中，看到孩子们认真的面容真的无限感动！今天能吃得了苦，明天还有什么可怕？孩子们，老师们为你们点赞！"

民小目前共有校队8支，所有队伍每天训练2小时，每周训练5次，周六日除一年级，每队最少有一场与外校的比赛。无论冬练三九，还是夏练三伏，足球场上没有抱怨，只有相互鼓励。"滴水穿石，非一日之功"，随之而来的便是可喜的成绩和无上的光荣。2018年6月8日上午，民小足球校队经历半年的征战，挺进国家奥林匹克体育中心，参加2017—2018年度北京市中小学校园足球联赛暨冠军赛，在最后激烈的对决中，以3:1获得了北京市小学男子乙组冠军。

获胜的队员们兴奋地与教练拥抱到了一起，小小男子汉的脸上流下了激动的泪水。是啊，只有敢于和狂风巨浪拼搏的人，才会让希望开出鲜花，结出硕果。

校队成立初期，从最初的大比分失利，到站在北京市最高领奖台，从0到1的突破，是一次次跌倒再一次次站起来的英勇。战胜困难永不放弃的精神鼓舞着每一名队员。民小的师生相信，体育带给学生们的不仅仅是胜利的喜悦，更是战胜自我、挑战自我、超越自我的一种体育精神。

/ 四 / 一生好习惯

自助餐里的学问

无时不教育，无处不教育。在民族小学的校园里，处处散发着教育的味道。正因如此，在有关学生成长的每一个细节、每一个环节都凝聚着学校老师们细致的观察、科学的分析以及精心的教育设计。例如每天中午的用餐，照样蕴含一个个有趣的教育故事。

"饭来张口"的孩子们

这一代的孩子们生活条件优越，父母长辈宠爱至极。虽然父母知晓现代教育理念，也希望培养孩子独立自主的生活习惯和能力，但在实际生活中却收效甚微。学校是专业的育人场所，家长、社会都寄希望于学校，学校必当承担起这份责任。

先前学校的午餐形式也属于"饭来张口型"，即午餐都由老师和志愿者一一打好，然后交给同学们。打什么菜、打多少，都有统一标准，统一执行。孩子们不必自己动手打饭，不必自己选择，不必考虑量多量少，也不必考虑自己的事情自己做。"饭来张口"的孩子们，没有对他人的感恩之心，没有动手自我服务的意识，也没有自主选择的判断力。长此以往，孩子在学校和在家中一样，都失去了养成自理能力和习惯的机会。如何改变现状，让这些"饭来张口"的孩子们不但能够自己服务自己，而且还从中得到更多的教育，学校的老师们开始了新的思考和尝试。

自我服务的孩子们

受自助餐厅的启发，学校的午餐是否也可以采取自助餐的形式呢？通过

自助餐，学生们自我服务，自主选择，慢慢学会自取自食自立。

第一次自助午餐开饭时，学生们带着好奇又激动的心情认真排队，在老师的指导下学习自助打饭。刚开始时，他们手握餐勺，颤颤巍巍，全身都在使劲，但是那调皮的饭菜却怎么也不听话，需要尝试几次才能把饭菜盛到碗里。于是，在旁边的老师便耐心地教他们如何使用米饭勺、菜勺、汤勺，针对每一种食物的不同特点，盛取时的方法也不一样。学生们认真地听取建议，然后再亲自去实践。

尽管第一次打饭慢了一点，但是每个学生都很开心，因为他们是通过自己的劳动，吃到了想吃的饭菜，这样的饭菜也显得尤其美味。现在，学生们使用各类餐勺越来越熟练，独立取餐的速度也越来越快。自助用餐对他们来说得心应手，而且乐此不疲。负责餐车的师傅和值班的老师，都会在旁边认真地观察和耐心地指导、提供帮助，还会提醒学生们如何营养搭配、不挑食。"饭来张口"的孩子不见了，民小的校园里全是能够自我服务的小能手。

自助餐里的"教育味道"

自助餐不仅让学生们亲自动手，学会独立，而且慢慢培养了学生良好的取餐规则意识和用餐习惯。自助餐刚开始实行的时候，存在插队、挑食、浪费等不良现象。针对这些问题，老师们进行了取餐规则、合理安排饮食、用餐礼仪方面的培训。现在，学生们都能够做到取餐讲规则，用餐有讲究。

开饭时，学生们会自觉把手洗干净，然后安静排队，相互谦让，有序取餐盘、勺子，选择自己喜欢的饭菜。每次取餐，每种饭菜的量要合理，遵循少拿多取的原则，同学之间相互提醒，逐渐学会均衡搭配，合理饮食，健康营养，也杜绝了挑食和浪费现象。据学校食堂统计，自助餐方式开启以后，学生们剩饭的现象越来越少了，饮

食习惯明显改善。

与此同时，取餐的过程中，学生们还学会了自觉自律和遵守秩序；在自己动手的过程中，他们也真切地体会到劳动的辛苦，对之前服务自己的老师和志愿者同学充满感激，对用心准备餐点的厨师们表示尊敬。

一次用餐形式的改变，让学生们收获了巨大的进步，他们参与劳动、享受劳动、尊重劳动，在劳动中快乐成长……

小公民养成记

人无德不立，育人的根本在于立德。立德为先，修身为本，这是人才成长的基本逻辑。蔡元培曾说："德育实为完全人格之本，若无德，则虽体魄智力发达，适足助其为恶，无益也。""不积跬步，无以至千里；不积小流，无以成江海。"公民的基本素养不是毕业了走到社会上才去培养，而是需要从小时候、从生活中的一点一滴学起。

学校放眼于学生一生的成长，培养学生从小就有公德心、有责任心、有礼貌、守规则，并将"为未来社会培养合格公民，为学生幸福的人生奠基"作为育人目标。

以礼相见

来到民族小学的客人和老师们，如果在校园中遇到学生，一定会被他们的热情所感染。学生们总会热情地微笑着挥挥手说："客人好！"走在队列里的学生也会挥手向客人们问好。

有些客人刚来到学校还会有些不适应，问道："为什么你们的学生都这么热情呢？"有的客人还会提出这样的疑问："为什么我们学校也在要求学生主动向老师问好，却没有这样的效果呢？"

| 和而不同，快乐成长

其实，从学生们刚踏入小学校园的时候，老师就对学生们进行系统的礼仪培训。老师通过讲解、互动提问和表演展示的形式，让学生自己来总结出哪种问好的方式最让人感到舒服，然后在实践中努力做到。当见到一位老师时，问"老师好！"；见到两位及以上的老师时，直接说"老师们好！"；见到老师带着客人在校园中走，要先说"客人好！"再说"老师好！"，这是表示对客人的尊重。

问好不仅仅只是语言，还可以加以微笑的表情和自然的动作。比如，问好时眼睛要看着对方微笑，也可以大方地摆摆手或鞠躬问好。当有几位老师在一起交谈时，不能从中间穿过去，而应该从旁边悄悄经过，挥手示意即可。

通过相互交流、试一试、演一演等方式，每一个学生都开心地学会了礼貌问好的具体做法。学校把对学生的要求，通过快乐的讨论交流，转变成他们自己的交流成果，这样就与老师们达成了共识，他们更愿意这样主动去做。

不仅如此，学校还时时关注学生的落实情况，常常抓拍学生们礼貌问好时的笑脸、彬彬有礼的样子，然后把这些照片在集体会上播放出来，在评价反馈中不断地强化。

当发现学生做得不到位的地方，学校会及时进行纠正。比如：发现学生在校外见到老师没有问好，老师就把主动问好的学生拍下来，记下班级姓名；看到上学时没有与爸爸妈妈说"再见"的情况，老师会拍摄那些主动向父母道别的镜头；进校门时主动向保安叔叔问好的学生，老师也会记录下他的表现和姓名，及时在全校集会时表扬。老师们不会直接批评做得不好的同学，而是从正面树立榜样，通过正向的引导，影响每一位学生的行为。正向的激励比说问题、提要求更有效果。

学生礼貌问好，每一位老师都热情回应。有时，老师也会主动说："孩子们，你们好！"这样良好的氛围感染了校园中的每一个人，每一位客人……

瓜果飘香我不摘

校园里种了很多的花草、果树和蔬菜，绿树成荫。小动物园里兔子蹦跳着玩耍，池塘里金鱼游来游去。春有玉兰、桃花、杏花、牡丹竞相开放，秋天海棠、石榴、葡萄、丝瓜挂满枝头，硕果累累的景象随处可见。学生们穿梭其间，一派美好和谐的景象。生活在森林般的学校里，学生们逐渐懂得了人与自然的和谐相处之道。

但在几年前，老师们也曾有过忧虑，校园内常常会发生这样的事："你在干什么？"老师在观鱼池旁无奈地向拿着捞鱼网子的小同学问道。"我想把鱼捞上来玩！""我想捞回家！"他们丝毫不觉得有什么不对。有的学生竟然还会用小石子向小鱼投去，看见小鱼四散逃走，得意地笑个不停。果树刚刚长出稚嫩的果子，便会有淘气的学生摘下一两个，玩够了，便随手乱扔。

看到这样的现象，老师们意识到：有爱的教育，才是真正的教育。传递真善美的教育，才是有价值的德育。因此，学校通过设计并开展一系列的教育实践活动，引导学生学会发现美、欣赏美、保护美、创造美。

春天，学生和工人叔叔、老师一起种植培育幼苗，体验劳动的辛苦，体验生命的成长；美术课上，老师带着学生置身美景中，用心画出最美的景色；科学课上，老师带着学生一起认识各种植物，为他们制作小标牌、"身份证"；班会上，学生们以"小鱼，我想对你说""石榴，我想对你说"为主题，开展主题活动；课间，老师在小动物园外，准备了一大筐蔬菜，下课后孩子们便会耐心地喂小动物吃食。

不仅教师是爱的传递者，就连学校的工人师傅也成为育人者。在排练厅前面有一棵桃树，灼灼桃花开得正是灿烂，引来无数小蜜蜂，也引来了一个看花的小同学。小同学看花开得特别漂亮，便伸手想摘一朵，正好被校工刘师傅看到了。他轻声地说："小朋友，别摘这朵花儿，你知道它是什么花吗？它长大了会变成什么吗？"小同学说："我不知道是什么花，看它漂亮就想摘一朵。"刘师傅说："这是桃树，现在开花了，等小蜜蜂帮它授粉以后就会结出小桃子，现在它还是一个小宝宝，跟你们一样特别嫩，它是需要我们呵护的。等到夏秋的时候，就会变成一颗桃子，它也是生命，咱们看着它长大好吗？"听了刘师傅的话，小同学惭愧地点了点头。

刘师傅没有直接批评孩子，而是给孩子做了一个形象生动的比喻，温情育人，让孩子知道了"花儿好看我不摘"。亲近自然、热爱生命是孩子的天性，看着生命的成长是一种内心的滋养，民小的学生们知道爱护生命，尊重自然，因为有温暖的爱驻在他们的心田。他们在尊重生命、爱护自然的环境里成长，必会心怀万物，善良可爱。

就是这样，民小不仅在课堂上，也在生活中，在校园里，时刻注入教育的味道，让学生们在点滴小事、日常行为中形成好品格、好习惯，内化于心、外化于行，成为合格的小公民。相信他们长大后走出校门，走向社会，也一定会成为具有时代特征的合格公民。

多元融合，让德育之花盛放

德育是学校教育的灵魂，对学生思想品德和人格素质的养成发挥着重要作用。在民族小学，德育工作的开展形式多样，内容丰富多彩，并与智育、体育、劳育和美育等各项工作有机结合，形成多元融合的模式，使德育工作多面开花，结出了累累硕果。

学校的德育工作根据学生的年龄特点，基于五育并举、五育融合，面向不同年龄段确定了适合本年级学生的德育教育主题，鼓励多学科课程融合。比如，一年级是习惯养成、三"爱"主题，二年级是感恩、自护主题，三年级是民族团结主题……各学科教师根据主题设计课程，多学科联动使教育主题更鲜明，教育效果突出。

民族文化大派对

民族团结教育是民小教育工作的一项重要内容。多民族的学生构成了多彩的校园文化。为了让更多的学生知晓少数民族文化，丰富文化认知，增强文化自信，奠定文化底蕴，学校开展了内涵丰富的德育融合课程。

在这个综合性的活动课程中，各学科教师相互协调配合，多角度多层次地为学生提供了解我国少数民族文化的体验，师生共同开展学习探究。同时还充分调动家长的力量，通过家校共育，组织了盛大的民族文化大派对。

在活动课程的教研中，教师们围绕着民族教育这一主题，进行思维碰撞，最终决定以美育为切入点，将民族教育与美育紧密结合在一起，让学生们在艺术的熏陶中，提高民族文化的审美能力。活动前期，教师们带领学生走进中华民族园，观看各民族的表演，观察民族服装、富有民族特色的建筑等，了解他们的语言，品尝各种民族特色美食，通过直观的接触和感受建立感官认知。在学校里，音乐教师带领学生一起学唱少数民族歌曲，了解各民族音乐的特点，比如蒙古族多以长调为主、哈萨克族多采用切分音等。美术教师用环保材料带领学生们设计、制作少数民族服装，并引导学生们关注各个民族服装的特色细节：苗族的服装有大量的苗绣，讲究鲜艳明亮；朝鲜族服装最显著的特色是以白色为主，代表纯洁、善良……

在教师的引导下，学生们在课后继续收集各类信息资料，开展探究，并动手操作。比如制作少数民族服装的任务，学生们不但通过对资料的收集了解了相关知识，而且进行了策划与设计，提升了自己的审美能力以及创新能力。家长也积极参与到这样的综合性任务中，和孩子一起学习、查阅各民族历史和文化，了解各民族的特点，梳理出有效信息，分析服饰特点，设计款式、颜色，选择配饰，搜集环保材料，进而逐步地完成制作。

通过一系列的任务和活动，学生们增强了学习兴趣，主动性得到充分调动，对各民族的认知在各学科的学习中进一步深化。民族文化大派对是这一主题活动课程的最终环节。学生们穿着自己和老师、家长一起制作的服装走上展示台，通过各种方式演绎他们对民族文化的认识和理解。有的学生和家长穿着民族服装宣讲这一民族的历史和习俗，通过一个个生动的故事带领听众走进各民族的生活。有的同学穿着民族服装载歌载舞，用音乐和舞蹈秀出少数民族的风采与魅力。还有的同学干脆进行一场服装秀，他们穿着用环保材料制作的民族服装，每一个动作和眼神都传递着民族的特色……学生和家长们尽情地展示着各民族的特色文化，可以看得出他们已经理解了少数民族服装背后的文化内涵，很好地理解了各少数民族文化的特点。

通过这一课程，学生们深入学习了各民族传统与习俗，学会了如何尊重理解少数民族的习惯，真正落实学校所提倡的"知晓少数民族文化，铸和气"，促成民族团结一家亲。

职业体验促成长

学校以培养全面发展的人为核心，通过各学科的有机融合，知行合一地开展职业体验教育活动，引导学生体验职业乐趣、展望职业前景、树立职业理想。学生通过真实的情境，感受生活中的场景，参与父母的劳动，学会理解父母，感恩父母。同时，拓展教育资源，让家长参与学校教育活动，更有效地发挥家校共育的作用。

活动开展之前，根据家长资源以及一年级孩子的年龄特点，确定了相应的职业体验主题：医院、银行、电影院、急救中心、图书馆、面点房、快递站、餐厅、游乐场、公交车站。每个班根据现有资源选取一项适合的主题。家长们以自身职业为背景，为学生开展了系统可行的培训，为他们耐心细致地讲解各个职业的工作内容和要求。

在医院工作的家长，教孩子们去医院看病的流程、交流方式，让孩子们体会到这个职业对生命的敬畏与尊重，感受到医生的无私和伟大；在影院工作的家长，给孩子们讲解电影的历史、看电影的流程以及影院文化，让孩子们懂得文明观影需要遵守的规则，了解看电影期间遇到突发事情如何应对……在培训中，孩子们感受到了不同职业的特点和对社会的贡献，增强了责任感和使命感，懂得了如何做一个守秩序、懂礼貌、有担当、有责任心的好孩子，为树立正确的职业观奠定了基础。

活动开展过程中，老师、家长齐参与，学生们文明、有序地完成各个项目的职业体验活动，不但感受到了各个学科的魅力，还丰富了自己的体验经历，多种能力得到了提升。比如，学生们可以通过拼音识字、填写单据解决看病、点餐、银行取钱等多个场景中的问题；在公交车上的站点数法、图书的分类查找、厨房的烘焙时间和影院的座次排列等一些数学知识的运用解决了生活实际中的问题，让学生们懂得了学习数学的意义；餐厅中的英文歌曲、中英文菜单、面包房的单词拼读，给学生们创设了英语实践的语言环境；游乐场的户外小游戏、民族服装 T 台秀也完美地融合了音、体、美等学科领域的知识，让学生们体会到了不一样的文化世界。学生们在守秩序、有礼貌的体验活动中培养了规则意识、强化了文明礼仪。

这样的活动让不仅能让学生们把自己所学知识运用到生活中，体验到各类职业的乐趣，还能让他们切身感悟到各个行业的辛劳，更体会到了父母上班的辛苦，体会到父母用自己的劳动去温暖他人的无私奉献，让学生们懂得每一个平凡的岗位都有着不平凡的贡献。学生们在参与劳动的同时，更懂得珍惜别人的劳动成果，尊重每一位劳动者。

小小的职业体验活动，融合了多学科知识，取得了多元的教育成果，让德育之花盛开在民小校园。花朵的芬芳滋养着学生们美好的心灵，让他们茁壮成长为未来社会合格的幸福公民。

/五/ 一份好担当

民乐团的酸甜苦辣

2007 年的时候，民族小学的在校生有三四百人，附近有些家庭的孩子都去其他学校上学了。马校长想，一定要把这所小学办好，给附近的孩子提供优质的教育。学校向好的方向发展离不开家长的支持和帮助，那么就要先请家长走进学校，了解学校，这样才能得到家长的理解和支持。于是学校决定举办一次家长开放日。

马校长希望在家长开放日当天有一些学生的才艺展示，可是问遍了全校学生竟然没有一个学生可以登台展示，其中一个一年级的小男孩悄悄地问老师："老师，我姥姥会吹口琴，请她来给咱们表演一下行吗？"

马校长既被孩子的天真感动，又被现实情况泼了冷水。在当时，北京好多学校的乐团水平已经很高了，有些已经被评为金帆乐团，艺术教育全面开花。而民族小学的艺术教育竟然还是一片荒漠。教育应该是多元的，美育是教育不可或缺的一部分，孩子们如果缺失了美的培养，就犹如一幅漂亮的画作失去了明媚的色彩一样。马校长决定要让这片荒漠开出艺术之花。

有趣的是，民族小学与民族文化似乎有绕不开的情缘，马校长决定发展艺术教育之后，就立刻与许多艺术团体进行沟通，包括西洋管弦乐、吹奏行进乐等，但是由于各种原因都没有达成合作。一筹莫展的时候，曾任海淀区政协委员的吴景馨女士给学校捐赠了一批民族乐器。于是，民族小学的民乐团就应运而生了。

从《两只老虎》到走进音乐厅

乐团刚成立的时候，许多家长都不支持自己的孩子报民乐团。有的家长觉得吹吹打打太闹腾了，而且在家练习也有困难，担心声音太大被邻居投诉；还有的觉得民乐没有西洋乐高雅有档次，难登大雅之堂。所以报名的孩子很少，整个乐团只有三四十人，而且孩子们都是零基础，每次排练的时候只是集体认识五线谱、吹吹音

和而不同，快乐成长

阶、打打节奏等简单的基本功训练。在老师和同学们的坚持下，经过一段时间的训练，同学们终于可以吹奏简单的小曲子了。

花园路社区知道民族小学成立了民乐团，想请乐团到社区里来演出，给学生们提供一次展示的机会。这是乐团第一次登台演出，学校领导和乐团的老师都很重视，指挥老师做了漂亮的礼服，学生们也都买了漂亮的演出服装。

师生盛装登台后，舞台效果特别好。演出开始了，乐团齐奏出《两只老虎》。那一刻，台下的观众哄堂大笑，没想到看起来这么正规的民乐团竟然演奏了一首简单的儿歌。

马校长知道后温暖地对乐团赵老师和同学们说："你们已经很棒了，万事开头难，第一次登台虽然演奏了儿歌，但你们已经迈出了第一步。不要气馁，鼓起勇气，相信有一天一定会奏响美妙的乐曲。"从那之后，提升乐团水平，让学生们走进音乐厅，感受美的音乐，成了乐团的第一目标。

民乐团克服各种困难坚持排练。当时学校教室比较少，民乐团没有固定的排练厅，有时在操场练，有时在四合院练，有时在食堂练，有时在库房练，搬家成了民乐团的家常便饭。有时候，会有周围的居民忍受不了民乐团排练的声音去报警，甚至带着上年纪的老人来学校阻止排练。大家想方设法降低音量也要坚持排练。

有的学生因为课业原因被老师留在班级里补课，马校长会亲自到教室里找学生来排练，后来甚至成立了专门的民乐团班，帮助学生有更好的交流和学习机会。学校为乐团聘请了专家来指导，也给学生们请来特别优秀的专业课老师，辅导学各种乐器的孩子。乐团要买乐器和设备，马校长从没有犹豫过，宁可在其他方面节俭一些，也要满足乐团的要求。

经过两年多艰苦的训练，乐团的演奏水平有了飞跃性的提高。2010年在学校庆祝成立120周年时，民乐团在北京音乐厅进行了首场演出。乐团精彩的演出得到了社会各界的好评，从此在海淀区的校乐团里占有了一席之地，再也不是那个只会演奏简单儿歌的乐团！

音乐会背后的故事

民乐团的首场音乐会，地点定在北京音乐厅，以此献礼建校120周年，更是给学生们一次登台展示的机会，让这两年多辛苦努力得来的成果绽放光彩。

说起民乐团举办音乐会，赵老师既高兴又担心，高兴的是学校给学生们提供了这么好的展示锻炼的机会，终于可以把学生们带进大雅之堂了，担心的是自己从来没有办过音乐会，其中的很多事情不知道该怎么办，真是摸着石头过河，心里很没底。

就在这时候，乐团内部也出现了问题，学生们都特别重视这次演出机会，都想展示最好的自己，争着要演各声部的首席，家长也给赵老师打电话帮孩子争取机会。赵老师既不想打击学生们的积极性又想展示出乐团的最好水平，真是左右为难。前期还有许多宣传工作也要去做，比如设计演出的大海报、踩场地、邀请专家来宾、落实演出服装、演员化妆等，音乐会前一些琐碎的工作，让乐团的老师忙得焦头烂额。

有一天晚上，踩场结束后已经很晚了，赵老师终于忍不住给正在外地培训的马校长打去了电话，电话刚接通赵老师就忍不住哭了，这些难题她有点应付不了。电话里马校长听了情况后，针对每一个问题都给出了具体的处理办法，让赵老师紧绷的心放了下来。

克服重重困难后，音乐会如期举行，演出非常成功，得到了家长、专家和教委领导的一致好评，赵老师也非常高兴，终于实现了自己当初的愿望，民乐团步入正轨，向着越来越好的方向发展。

从"小魔王"到乐团"一哥"

"老师，冠颐这孩子最近有点浮躁，不好好练习，还跟专业老师顶嘴，您有时间跟他聊聊吧，您说话他听。"这是冠颐在初中的老师打来的求助电话，赵老师爽快地答应了。赵老师对冠颐太了解了，没用几句话便疏解了他心中的困惑。

冠颐曾经是民族小学民乐团的唢呐手，不仅唢呐吹得响，他那调皮捣蛋的名声在学校也是响当当的，让班主任和各科老师很是头疼。马校长说："这样的孩子我

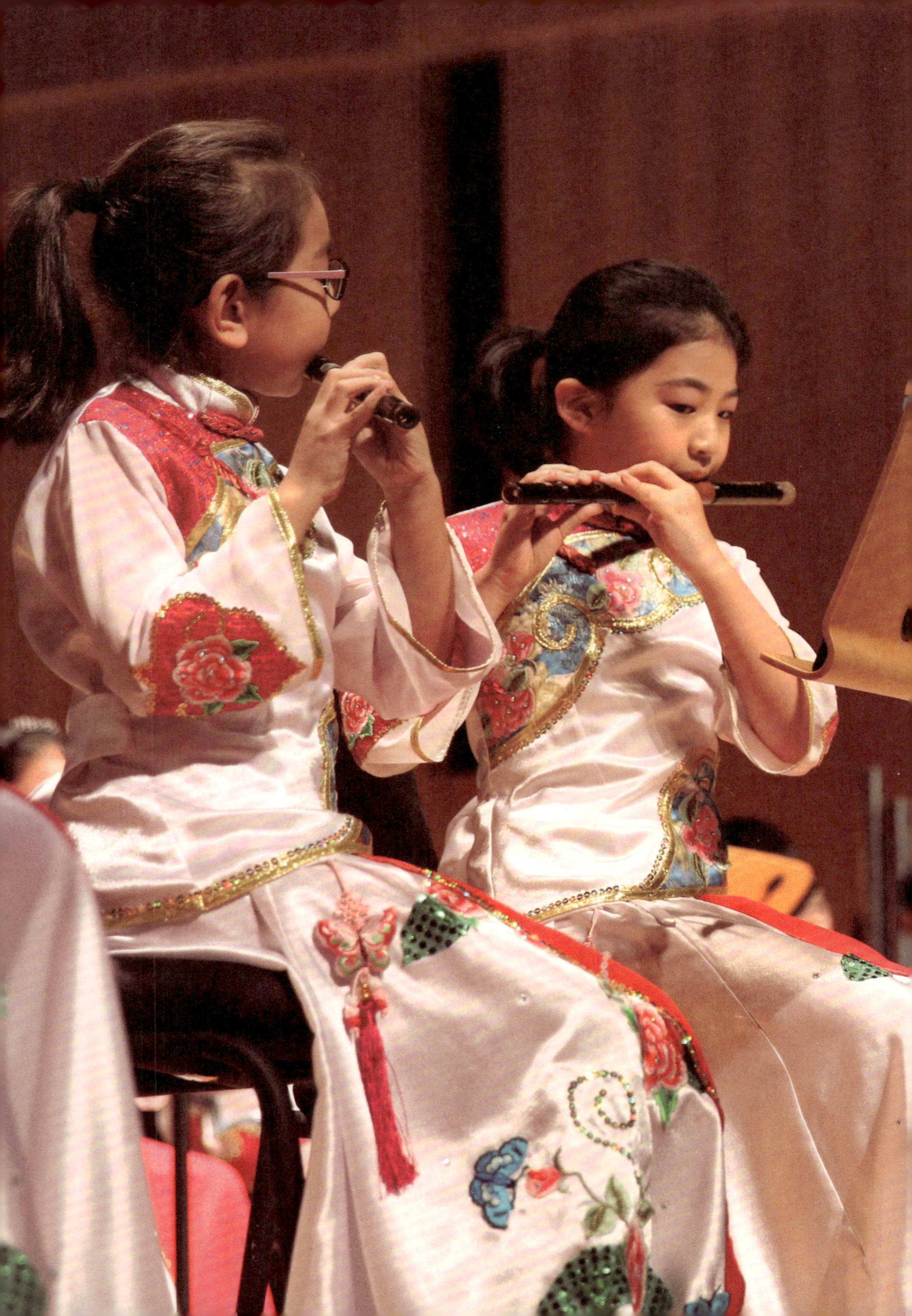

们不能放任自流。人无完人，谁都有缺点和优点，我们要发现他的优点并正面引导，让他在自己最好的方面做最好的自己。"

冠颐报了学校的好几个社团，但不是他坚持不了，就是上课调皮被叫家长，没有真正学到知识。后来爸爸给冠颐报了民乐团，没想到他对唢呐很感兴趣，老师们看到了教育契机，便对他格外用心辅导，对他的点滴进步都及时给予肯定和鼓励。冠颐学习唢呐越来越专注，越来越投入。

唢呐的声音很大，在家练习怕影响到周围的邻居，爸爸就用被子捂住衣柜，让他钻到衣柜里对着衣服吹，或者把他带到外面的公园去练习。不管严寒还是酷暑，冠颐都在坚持练习。

经过一年多的学习，冠颐的唢呐有了很大的进步，可以登台演出了。有一次演出，他出现了一点小错误，结束后，他找到赵老师说："老师，您看我行吗？是不是影响了咱乐团的演奏效果？"赵老师听了他的话特别感动："这点小瑕疵对整首乐曲影响不大，但是你这种认真负责、一丝不苟的精神很棒，更难能可贵的是你长大了，知道自己的行为会给别人带来影响，有集体意识了，这比你正确演奏曲子都值得高兴。"

从此以后，他在乐团里再也没有调皮捣乱，而且还给团里的小弟弟小妹妹们做榜样，帮他们调乐器、拿谱架、带他们练习基本功。由于他坚持刻苦训练，自己的吹奏水平也提高得很快，坐到了乐团首席的位置，成了乐团里名副其实的"一哥"。

马校长看到冠颐有这么大的变化，高兴地说："我们发现了孩子的天赋，并引领他找到了自己的闪光点，也许这就给孩子打开了通向美好世界的另一扇大门。如果我们只以纪律和学习成绩来判定这个孩子，那他肯定不是一个好学生，但是他在自己擅长的领域做到了最好，就是一名优秀的学生。我们要善于发现和挖掘孩子更多的闪光点，让越来越多的优点覆盖缺点，这样孩子也会越来越优秀。"

不知不觉六年过去了，在毕业典礼的演出上，冠颐演奏了唢呐协奏曲《黄土情》，全体民乐团的同学为他伴奏。演出结束后，冠颐给老师们深深地鞠了一躬，感谢老师把他引上了艺术这条道路，让他看到了自己光明的未来！

这里的候场静悄悄

随着民乐团快捷发展，原来的吹打乐发展成了现在的全建制乐队，规模由原来的三四十人到现在的二三百人。乐团的学生们经常参加大大小小的演出和比赛，拿遍了各种奖项，在各个学校中享有盛誉。乐团的指挥兼团长赵老师，也由以前一到演出就急得满场飞，到现在不管比赛还是演出都能游刃有余。乐团成员越来越多，演出越来越多，赵老师也并没有因此而忙乱。这是因为马校长一直强调，作为教师，关注点不能只是乐器的演奏等专业问题，应更多地培养学生良好的社会品质，要注重从生活点滴培养学生的习惯，做一个高素养的人。

艺术育人不仅体现在艺术层面，更应该渗透到社会层面，培养学生良好的社会品质，为学生以后更好地融入社会做准备，这是学校一直以来所倡导的理念。

在日常排练时，乐团的老师注重从小事上培养学生的品质，如来排练时书包要整齐摆放好、衣服要叠好放在自己的书包上、水杯要排列好、离开排练厅时要把自己的座椅摆放整齐、维护好自己周边的地面卫生、不在排练厅追逐打闹、不大声喧哗等。学生们还结成了师徒，以大带小，高年级学生不仅帮助低年级学生练习乐器，还教他们整理物品。每次排练结束，排练厅都是干干净净，井然有序。

有一次去比赛，学生们都在场外候场，但是没有一个乐器发出声音，没有一个人说话，都在安静地看书，保洁员阿姨走过来想清扫一下垃圾，却被这安静整洁的场面给惊呆了，一直夸赞这个学校的学生素质高。

乐队成员不仅要专业素养高，还要有好的艺术修养，观看演出时不说话，不乱鼓掌，不随意走动，不接打电话，民乐团的同学们不仅做到了，而且把这种礼仪也普及给了自己的爸爸妈妈。

有一次，学生们要去中山音乐堂演出，由于交通管制，孩子和家长们在离音乐厅大概一公里的地方下车了，需要带着乐器步行到音乐厅，这么多家长和孩子都安安静静，没有打扰到行进的路人，没有人随手扔垃圾。井然有序的队伍，又一次展示了民小艺术教育的成果。

我们的合唱团：唱响民小好声音

民族小学阳光合唱团于2014年年初成立，经过两年专业的视唱练耳训练，孩子们排练了第一首合唱作品《自由飞翔》。正值"高参小"项目入驻，中国音乐学院为合唱团派来了授课专家，也为同学们带来了第一个登台演出的机会。为了更好地配合训练，汪老师让自己的儿子担任合唱团的钢琴伴奏，在2015年年底的海淀区中小学合唱展演中，学生们第一次收获了一等奖的好成绩。

为了尽快提高合唱团的演唱能力，学校先后引进了三位专家对合唱团进行辅导。2015年，学校请来了国家一级指挥王瑞璞老师到团授课，这是一位谦和的专家，第一次的专家课就给了同学们不一样的感受。在听了同学们演唱的作品之后，他进行了个别位置的调整，当再次歌唱的时候，声音的表现力有了质的飞跃。这让汪老师深深意识到：合唱教学博大精深，对于合唱团来说，专家引领太重要了！从那时开始，每周的专家课上，学生队伍里增加了一位"大学生"，她经常用本子、手机记录下专家的讲解。回到家里自己整理、练习，帮助学生们在平时训练中理解、表现音乐作品。

2017年，合唱团以海淀区一等奖第三名的好成绩登上了北京市合唱展演的舞台，收获金奖的同时，现场专家的点评更是让人振奋，作曲家甘霖老师说："这才是最美的童声，童声合唱团就应该是用心歌唱的，这个学校的校长一定是个特别有爱的人，孩子们才会唱出这么幸福的歌声。"

合唱团经历了六年的成长与历练，从专心练基本功，到区市级比赛一鸣惊人，再到2020年中国国际合唱节一举夺得金奖，并被评为一类合唱团，这期间合唱团的老师和孩子们付出了太多太多，领导的支持、专家的引领、团队的协作，共同帮助合唱团努力前行！

师徒结对，携手走过流声岁月

从2016年起，在校领导的帮助下，合唱团进入梯队建设，从小苗队到演出团，学生们从基础的视唱练耳合唱课学起，一学就是三年，直到考进B团进行作品排练，达到更高水平后，再进入A团。每个学生都用尽全部力量在合唱团这片沃土

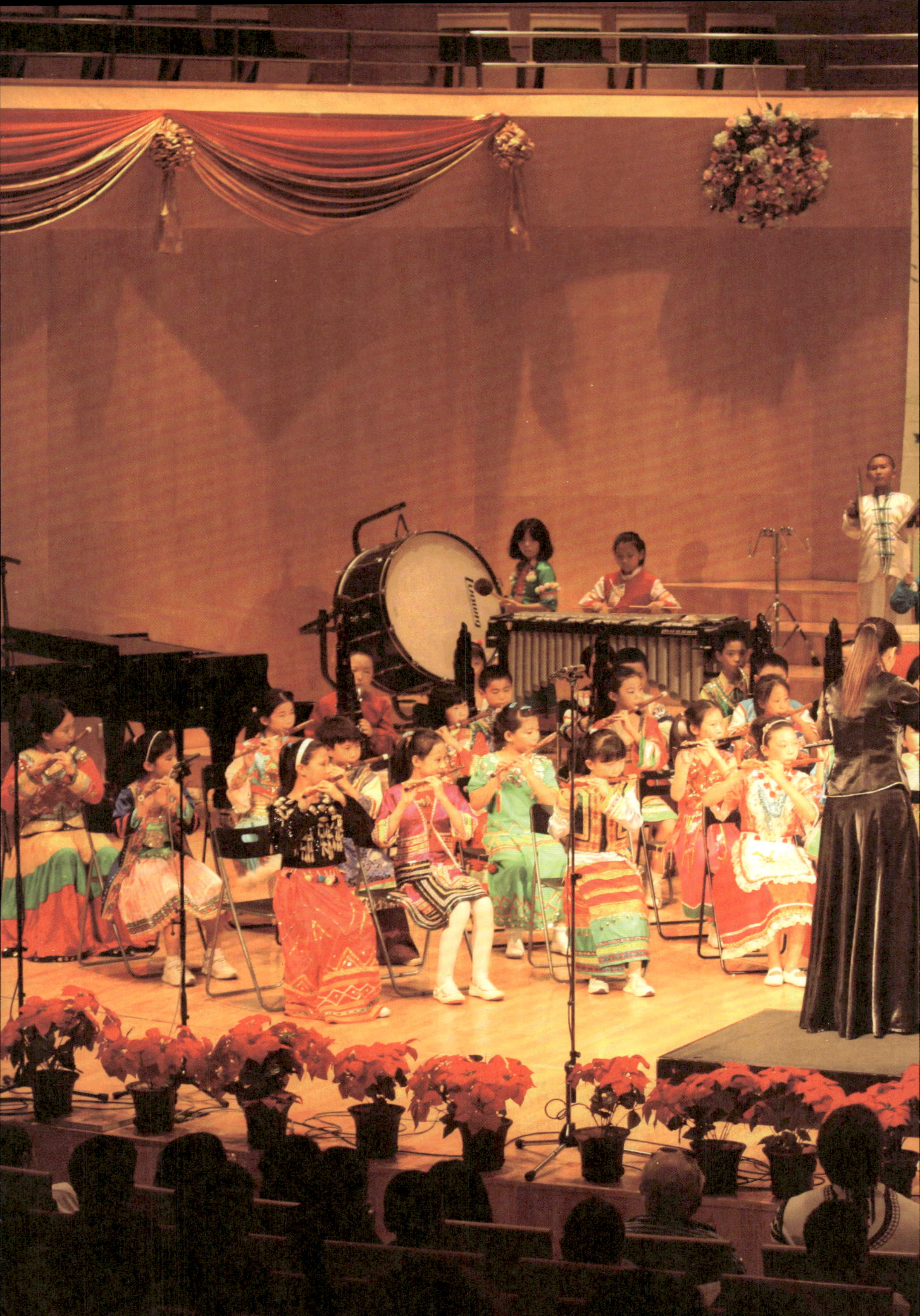

tutti
world youth music · beijing

tutti world youth music
Beijing   6 - 13 July 2013

和而不同，快乐成长

努力成长。为了更快提高学生们的演唱水平，每年会有固定的一些时间让B团跟着A团训练，师徒结对是学生们最期待的事情，直到徒弟进A团之前，师傅都要承担起相应的责任。

训练中，A团的哥哥姐姐要给B团的弟弟妹妹指着谱子，手把手教授知识。课间休息的时候，很少有A团的孩子离开，他们主动拉着自己的徒弟帮忙指导刚才演唱中出现的问题，细致到一个节奏、一个呼吸。在A团的带动下，B团提高得很快。

团长和声部长也采用师带徒制，在长期的训练中，汪老师和刘老师会根据每个学生的特点加以培养。为了保证团队建设的良性发展，她们会选拔团长和声部长为大家服务。比如上课前点名记录考勤、把所有老师用的合唱作品提前架好，有时候遇到老师开会，合唱团团长和声部长就会自发带着同学们练习发声、作品识唱，等老师来了再开始排练作品。团长和声部长在为大家付出的过程中，组织能力更强了，性格变得更温和了，责任意识也增强了。

社团也会偶尔启用小老师，有良好音乐基础的学生，合唱团就会聘任他作为全团的小师傅。小贾的妈妈是音乐学院的老师，从小耳濡目染打下了坚实的音乐底子，作为中央少年合唱团的领唱，她是全团小朋友的偶像。对于这样的学生，当然要发挥她的引领示范作用。每到寒暑假集训时，合唱团就聘请她担任"小专家"，请她把好的训练方法在团里推广，从声音训练、气息调整，到作品排练，一气呵成，同学们总是亲切地叫她"贾团"。

正因为有了这样的管理模式，合唱团的孩子们形成了一种良性循环，无论老师在与不在，都保持高质量的训练效果。互敬互爱，珍惜时间，专注、认真是他们的一贯表现。徒弟是师傅的一面镜子，师傅是徒弟前进的榜样，每个人都为着共同的目标努力前行。在这个集体中，没有你和我，只有我们！

无微不至，家委会给我们力量

合唱团汪老师一周要从北校区跑到南校区3次，再加上一周16节课，工作量很大。这样的状态持续4年，但从没有影响社团的工作。不管多累，汪老师风雨无阻，从来不停训。她给家长的承诺就是请按时送孩子参加训练，周末的时间绝对不占用。哪怕有重大比赛，汪老师都是坚持在平时完成训练任务。

随着团队的不断壮大，管理需要占用大量精力，为了有更多的时间投入训练中，在2017年，合唱团成立了家委会，在A团、B团、预备队、小苗队4个梯队中分别选出三四位热心为孩子们服务的家长组成家委会。合唱团有任何活动，汪老师会先通知到家委会负责人，由他们来把这个消息继续传达，学生家长有什么情况也会先跟家委会沟通，先内部消化解决，家委会解决不了但又是当下紧急的事情就反馈给汪老师和刘老师，由两位老师再去解决。这样就相当于把问题缩小了、集中了，提升了沟通效率，家委会的帮助让两位老师集中精力投入到学生日常的排练中。

合唱的学习不仅仅是歌曲演唱，它还涉及一些跟音乐相关的其他知识。学习这些知识对学生们理解歌曲和表现歌曲有着举足轻重的作用。一首音乐作品的创作背景、音乐家的故事、音乐文化等这些都需要从书籍当中习得，如果依靠老师一个一个查询会非常困难。合唱团天惠的妈妈了解到这种情况，就自发购买了300多本音乐类书籍提供给合唱团的团员们阅读。她带着孩子将书籍全部列出书号和书名，整理出一个漂亮的书单。书单发到群里，哪个孩子想看哪本书，就可以直接报给天惠，在下一次训练的时候，天惠就会将同学们想看的书带来，大家流动查阅。现在虽然天惠已经毕业了，但是这个流动书库依然在延续，成了大家的知识宝库。

家委会给了合唱团很大的助力，委员们事事都尽责尽力。只要接到演出任务通知，家委会就会主动开展工作，分工协作：安排化妆、摄像，组织学生，照看东西，陪伴替补的孩子……一切事情家委会都会安排得井井有条。

有了家委会的大力支持，合唱团各项工作的开展也越来越顺畅了，老师和同学们更加专注于平时的训练和比赛当中，全力唱响民小好声音。

有规矩才能成方圆

随着合唱团的不断发展，良好的团规团建就显得尤为重要，它能够帮助合唱团保持良性循环，督促学生们在合唱团专注训练。学生们在合唱团学会的不仅仅是歌唱技巧，更学会了如何做人。现在如果合唱团的学生在班里表现不是很好，班主任就会跟汪老师联系，让汪老师帮忙解决问题。

小奇是一个好吃爱玩的小男孩，经常在上课的时候跑神，班主任找到汪老师："汪老师，您看这个孩子的问题怎么解决？"汪老师笑着说："放心吧，您交给我吧！"

汪老师接下来就会在训练中很集中地去关注小奇的专注力，然后她还会很刻意地鼓励小奇自己整理自己的东西。

因为小奇非常爱吃零食，汪老师就想了一个"演出服瘦身计"的妙招。汪老师给了小奇一套演出服，让他在家里挂着，什么时候他能够穿上，身体锻炼就合格了。直到有一天，小奇开心地给汪老师发了一张照片，激动地说："老师，你看，我系上扣子了！"原来汪老师故意给了一套不符合小奇身材的演出服，小奇太胖了，一开始都扣不上扣子，经过一个学期的锻炼，他的体重减了不少，现在终于能扣上扣子了。妈妈说："小奇现在很少贪吃了，汪老师的妙招太管用了！"

"无规矩不成方圆"，在日常的训练当中，汪老师和刘老师非常注重培养学生们的好习惯。训练前的书包、服装都要码放整齐，每次的训前跑步要自觉有序；演出、比赛时要求人走屋净，备场前后要保持绝对安静，人手一本书是合唱团的传统；每次训练结束，同学们都会主动起立，向授课专家、训练老师鞠躬表示感谢。

汪老师经常对同学们说："我们走出去，代表的是学校，我们的一言一行都展示着学校的形象。在这个团里，你代表你的声部，走出学校，你代表的是海淀区民族小学。合唱团里没有你和我，只有我们，你好了，这个团就好了，团好了，我们的学校就好了。"

现在的阳光合唱团就是民小一张闪亮的名片，一张张精神饱满的脸庞、一次次行有规矩的演出，让大家认识了阳光合唱团，认识了海淀区民族小学。合唱团更是一片滋养学生们特长发展的沃土，学生们在这里得到了心灵的净化、知识的增长、技能的长进，扎深扎牢了成长的根基。

艺和工作坊描绘多彩未来

大槐树下，有这样一间四面通透的阳光房，里面可真热闹呀！走进去，扑面而

第三章 孕育希望的沃土

来的多宝阁上陈列着一件件精美绝伦的非遗手工艺作品，看罩子里面惟妙惟肖的面塑作品，那是纪念反法西斯战争胜利70周年学生们品读英雄故事后制作的抗战英雄人物面塑；再凑过去听一听，"大国小工匠"手拿景泰蓝盘讲解着一个个心路历程；再瞧瞧"小小艺术家们"在教参访团的外校学生们画什么呢，一个个赋予想象和夸张的彩塑京剧脸谱，真是五色油彩绘人生呀……

这里就是民小人人知晓、校外参访团必来打卡的艺术殿堂——"艺和工作坊"。这里不仅是一间美术教室，更是一间展室，还是一间图书馆，也是一个创作空间。师生、家长在这里传习非遗，体味优秀传统文化的魅力，乐享大国小工匠之责任担当。那么，为何会有这样一个地方呢？

民族小学是百年学府，积淀着深厚的文化底蕴。秉承学校"和而不同，快乐成长"的办学理念，基于学校"学习中华优秀传统文化，蕴底气；知晓各民族文化，铸和气；了解世界多元文化，成大气"的三气精神，艺术学科的教师们想将学校美术工作根植于中华优秀传统文化，开设并组织非遗社团和实践活动，积极创建大艺术家牵手小艺术家的文化品牌，打造民族小学艺术特色。

就这样，艺和工作坊诞生了。最开始的时候，工作坊利用学校的两间美术教室，开设了面塑和脸谱两个社团，这些学生后来都成为艺和工作坊小干事，除了平时的非遗学习，他们还专门开展一些弘扬优秀传统文化的主题活动。比如在学校传统文化日、画展等活动中，小干事们就做一些宣传、布展和交流活动。渐渐地，艺和工作坊就开启了这种任务驱动式的传习模式。

工作坊的师生学习热情高涨，屡获佳绩，规模逐渐扩大。从最初的两个非遗社团，增加到现今的12个非遗社团，仅书法就8个社团，涵盖不同书体，总人数达200余人。

随着规模不断壮大，艺术学科的负责人傅老师发现，仅是社团活动还不够，要进一步扩大美育功能，深入挖掘工作坊的育人价值。

于是，美术、书法团队开启了立足于探索指向学生核心素养的非遗传承模式的校本研究，在国家课程框架下开发民族小学的美育相关特色校本课程——"我是小小艺术家"。校本课程将校园文化融入其中，将艺术和生活联动起来，激发学生们对艺术的兴趣，引领学生走进美、体验美、创造美，形成充满活力、多方协作、开放高效的美育格局，在提高学生审美和人文素养的同时促进学生综合能力提升。同时，将核心素养研究植根于中华民族的文化历史土壤，强化民族性，推动立德树人在学校的践行。

就这样，艺和工作坊将非遗带入课堂，邀请非遗艺术家亲临学校进行授课，将非遗传承从一对一的口授发展到课堂的普及教育，让更多的学生了解非遗，激发他们对非遗的喜爱。为了给学生更多的展示空间，借助中国文联、北京市文旅局、海淀非遗办、首师大等单位资源，工作坊多次举办师生家长共同参与的开放型文化体验活动：京津冀、北京市的大型文化展演，"翰墨薪传"书法工作者进校园，中华世纪坛艺术展，国家大剧院非遗展……在丰富学生课外生活的同时，又能增强学生综合素质，为学生搭建了一个展示自我风采的舞台，更培植了学生从小热爱中华优秀传统文化、弘扬传承民族艺术的素养，积极引导学生践行社会主义核心价值观。

艺和工作坊从一开始的定位就不是简单的一个社团，而是一种传承模式、一种研究模式，通过这种模式将非遗和艺术教育做精做细。学校还和市文联建立了小小艺术家档案追踪，学生们升入初中以后，在非遗方面有什么成长和进步都会备案，以此来跟踪艺术教育对学生成长的影响。

小小艺术家们也是学校的文化大使，当国内外参访团到访民小，他们会将自己亲手制作的非遗创意作品当作礼品赠送给客人，还会像小老师一样手把手地教客人制作。学生们的书法作品连续参展于各大活动，还把中国的非遗文化传播到了国外。学生们觉得，自己学习的不仅仅是非遗技艺，更是一种对人类精神家园的守护。自己不是一名艺术社团的学习者，而是一名有责任担当的非遗小艺术家。

我与景泰蓝有个约定

2016年，学校作为非遗传承示范校要开展一次大型景泰蓝非遗展览活动。学校将这个任务交给了傅老师和她的艺和工作坊。经过老师们的推荐和傅老师的亲自考察，十名学生从零开始跟着景泰蓝艺术家学习景泰蓝制作。

每次学习都要去北京市珐琅厂，为了不耽误学生们平时上课，这项学习任务都是利用课外时间进行的。景泰蓝是北京著名的汉族传统手工艺品，距今已有600多年的历史，又称"铜胎掐丝珐琅"，是一种在铜质的胎型上，用柔软的扁铜丝掐成各种花纹焊上，然后把珐琅质的色釉填充在花纹内，烧制而成的器物。因其在明朝景泰年间盛行且制作技艺比较成熟，使用的珐琅釉多以蓝色为主，故而得名"景泰蓝"。可以说景泰蓝是一种皇家的技艺，后来逐渐没落，一度濒临失传。

傅老师先给学生们讲了很多景泰蓝的发展历史和相关背景知识，让他们了解这种文化。通过学习，学生们自觉地萌发出传承和保护这种技艺的热情。他们意识到学习景泰蓝技艺，不是为了个人，而是为了国家能够保护和传承这种文化。傅老师听了很感动。

景泰蓝的工艺很复杂，有很多道工序，学生们都很认真热情地参与到技艺的学习当中。每次上完课他们都会向父母反馈，父母听了也很高兴，老师也加强与家长的交流，沟通心灵，共同助力学生的成长。

从零开始学习，学生们克服了很多的困难。一点一滴，从做简单的圆盘开始，从最基础的掐丝做起。学生们用稚嫩的双手拿着钳子、剪子一次次地尝试，失败了再来。一朵牡丹花，一节课下来可能只能做一个花瓣。

这么难，怎么克服呢？傅老师想了一个好办法，让学生们把克服困难学习景泰蓝制作的感受写下来，然后转发成公众号文章，家长和老师们读后都积极给予他们鼓励，让他们能够更有力量坚持下去。

技艺学习完成之后，要开始制作自己的作品了。傅老师给了学生们大量的参考图，让他们认识圆盘的构图，也从中了解了很多传统的纹样，比如年年有余等一些传统的谐音寓意，学生们都将这些转化吸收用在盘子的设计稿上了。

有的学生设计了两只蝴蝶，寓意中国梦。有的学生根据"和而不同，快乐成长"的校训，设计了一个四合院图样，图样里还有立人书院的垂花门、各民族的孩子、牡丹花、云纹、凤凰。大家都认为这个图样太难了，到时候怎么掐丝呀？但是这名同学很坚持，他说："设计别的图案我没感觉，我就要做这个。"还有一个学生设计了一个龙凤呈祥的图案，龙和凤的纹理画得密密麻麻，掐丝难度也很大，但是他想要试一下。

开始掐丝了，傅老师负责统筹工作，学生们为掐丝付出了很多心血，有的家长也学着帮孩子一起做，有时候做到晚上 10 点多。学生们听说作品在国家大剧院展出，代表着学校和自己的学习成果，觉得很光荣，所以克服重重困难也要全力做好。

掐丝做好后送去和盘子一起烧制成品。结果盘子出来后，发现丝和盘子是不固定的，散成了一堆，这下怎么办？大家开始了拼图大作战，把散乱的丝按照图样一点点拼起来，再跟盘子固定在一起。

有些图案实在是太难了，中途有一个学生想要退出，老师和同学们纷纷鼓励他一定不能放弃。然后大家利用午休时间、课余时间一起帮助他，最后终于完成了作品。

2016 年，六一儿童节正逢中国第十一个文化遗产日，由北京市文化局、北京市教育委员会、国家大剧院联合主办，北京非物质文化遗产保护中心、北京市珐琅厂承办的"童趣景泰蓝——儿童非遗作品专题展"在当天隆重开幕。此次活动旨在推动中华优秀传统文化传承创新、振兴传统手工艺、引导少年儿童增强民族文化自豪感和爱国主义热情。

民族小学来自五、六年级的 10 名学生历时两个半月的辛苦付出，亲手设计、制作的景泰蓝作品终于华丽转身为一件件精美、端庄的景泰蓝工艺品，展示于大剧院展厅中。当天这些学生还作为学生代表进行了景泰蓝制作工艺的现场演示，与观众互动交流。此次对优秀传统文化的了解和实践，很好地提高了学生们的艺术修养和创新能力。学生们从眼到手、从手到心的互动体验，更加深刻地领略了中华传统手工技艺的魅力。当他们拿起工具认真地掐丝、粘丝、点蓝时，专注细致、有条不紊的态度，以及精雕细琢、精益求精的精神便自然表露出来。这些 10 岁左右的孩子用自己的方式，为振兴传统手工艺付出努力，诠释着世代相传的"工匠精神"，以及对非物质文化遗产的热爱。

让书法成为民小每个人的必修课

来到民族小学，首先感受到的是翰墨书香的校园环境，餐厅里、教学楼、四合院……到处都有师生的书法作品及书法文创。民小师生不只爱书法、写书法、用书法，更将书法作为弘扬中华优秀传统文化的载体研习、传承。

这一切主要得益于马校长的大力倡导。他认为书法能涵养人格，陶冶情操，在立德树人方面有特殊的作用。他提出"让书法成为民小每个人的必修课"，要求每位老师每周都要写一幅书法作品，并在全校推广全员书法。

2013年，学校开始实施全员书法，一、二年级开设硬笔书法课，三到六年级开设软笔书法课。

习近平总书记2014年来到民族小学，在墨韵堂观看同学们的书法展示，并说道："中国字是中国文化传承的标志。殷墟甲骨文距离现在3000多年，3000多年来，汉字结构没有变，这种传承是真正的中华基因。书法课必须坚持。"六年级学生净梵写了"中国梦"三个字，并留着"梦"字的最后一笔请总书记来点，习近平总书记说，中国梦要靠你们来实现。"两个一百年"要靠你们接力奋斗，还是你们来点这一笔吧。

平时除了每个人自己练习书法外，每周三下午有一小时的全员书法课。各年级都有项目负责人，负责协助大家进行书法练习，并做出指导和评价。老师会在教室墙面上挂上学生的字，看一看、比一比谁的字红圈最多（字写得越好红圈批注就越多）。还有小小书法志愿者，负责帮同学挂字，和书法老师沟通，带动家长一起参与到社团活动当中。民小书法社团从最初的一个社团现在扩展为各种书体的9个分社团。

近些年，学生们在每年举办的北京市中小学生书法节、海淀区艺术节、"兰亭杯"等比赛中都有不俗的表现。

2020年疫情期间，书法郑老师在线上指导习字，拍摄示范视频、讲解字义，忙得不亦乐乎。老师们还积极指导家长，当孩子们参加书法比赛时，给家长讲解折纸选纸知识，普及书法章法形式，调动家长的力量共同培养学生，形成家校共同助力孩子成长的氛围。

时光如梭，如今小小艺术家们的艺术品遍布在校园各处，校园内就像一个凝聚着静态与动态的美育时空。当你穿过静心阁，会驻足那幅学生笔下描绘的校园石榴的水墨丹青，体味那句"各民族要像石榴籽一样紧紧抱在一起"的落款；橱窗中展示的拓有瓦当扇面和校园古建、碑帖的文创作品，承载着墨香韵千年的《民小诗画》

长卷,都和橱窗外崇和馆须弥座上的螭首相得益彰;四合院内墨韵堂一篇篇师生共写的书法作品翰墨飘香……这一切更为直观地展示了师生通过艺术课堂而习得的书画、非遗作品等美育实践成果。静心阁定期更换主题与内容,比如"美美与共快乐成长"书画展,"我笔下的美丽校园"书画展,"大国小工匠"童趣景泰蓝作品展,"匠心筑梦,砥砺传承"非遗主题作品展,教师或"小达人"书画作品展……不仅营造了浓厚的校园文化氛围,更搭建起一个师生自我展示和相互学习的平台。经过此处的师生、家长、访客等都会被这里的艺术氛围所吸引,他们愿意在这片展示师生共生共长的沃土上驻足片刻。美育浸润的时光,被赋予了一种流动的美感,所凝结的更是一种和谐美好的校园精神文化。

同溯艺术之源,共塑和谐之美。不用教师讲什么,学生们自然而然地沉浸在校园之中,就感知到了什么是美,只有感受到、欣赏到美,才能用心创造出更多的美。这也是民族小学将办学思想、理念与审美实践充分结合,有力保证学生生活的每一个角落都可以起到美育的熏陶作用,使美育无处不在。

小研究 大梦想

科技创新关乎国家民族的未来,肩负着中华民族伟大复兴的重要使命。教师如何激发学生们对科学的兴趣,提升创新的能力?

"像办大学那样办小学"是民族小学的一个教育理念。大学生开展课题研究,小学生能不能也做小课题?大学有导师制,小学是不是也可以尝试呢?如果能把课堂常见的被动接受式学习转变为一种突破时空限制的自主发现、研究性学习,让学生围绕某个生活中的问题边研究、边学习,那么他们发现问题、提出问题、解决问题的能力自然而然就能获得提升。2017年,学校成立金鹏社团,作为个性拓展课程中的重要组成部分,为学生成长发展再添一份丰厚的沃土。

社团成立初期,没有固定的学生也没有固定的时间,教师缺乏指导经验,只能摸着石头过河,学生的课题研究方法不规范,选题的范围也比较局限。一年以后,在反复的实践探索中,社团慢慢成型并稳步发展起来,逐步引入家长资源,让学生的选题范围更为广泛,研究方法更为科学。学生经历实践考察、制作、访谈、调查这一系列的活动,让学习过程走出课堂,走向社会,走向自然,能够突破时空的界限,

打破学科限制，进行一种综合性的学习。

脚踏实地的耕耘转变为春华秋实的收获，金鹏社团逐渐发展壮大了，近年来获得了突出的成绩。

2018年，21名同学参加海淀区金鹏科技论坛活动，14名同学获得了一等奖；2019年，42名同学参加海淀区比赛，共有13个项目27名同学获一等奖，其中北京市一等奖两名，北京市二等奖6名；2020年共有55名同学参加海淀区比赛，17名同学获得一等奖，10名同学还将代表海淀区参加2021年北京市级比赛。在整个过程中，学生、家长与老师形成了一个共同体。老师从家长那里学到了很多，家长从老师这边也获得了一些专业的指引，而最终受益的是学生。

如今的社团，依然在不断地调整和改变。以前的社团学生以高年级为主，现在又拓展到了二年级以上的中低学段学生。社团组织形式分为A、B两个梯队，A梯队同学是有过参赛经历，能较好地自主开展研究的学生；B梯队学生没有参加过比赛，但是具备研究潜力与兴趣，他们在A团同学的带领下，跃跃欲试，对科学研究充满向往并且做好了开展研究的准备。社团总人数从原来的十几个人，到现在100多人。为了开阔学生的视野，除了老师和家长携手外，社团还陆续引入专家、评委开展模拟答辩，让学生们接受质疑，调整思路。在多方支持下，学生们经历了一个个完整的科学研究过程，从发现问题到解决问题再到撰写报告进行答辩，综合能力得到全面的提升，很多原本不够自信的学生在社团中收获了成长，变得更加自信、从容。

腼腆的小姑娘

社团里有一些学生性格内向，非常腼腆。但金鹏社团对学生的基本素养有一定的要求，不但要有严谨认真的钻研态度、强烈的探究求知欲望，还要有良好的语言表达能力和思维能力。社团是学生们发展特长的平台，更是为他们弥补短板、提升能力提供教育良机。金鹏社团正是在这样的理念下，带领着学生们一次次突破自己，

和而不同，快乐成长

完善自己，收获成长。

社团里有一个小姑娘叫越越，平时做事情非常认真，各方面素质都特别好，但就是与老师说话的时候表现得非常不自信，大大的眼睛里透露出的眼神是闪烁游离的。如此优秀的孩子也会不自信，着实惹人心疼又令人费解。

金鹏社团的于老师特别留意观察了越越一段时间，并与其父母沟通了解孩子的成长情况。原来，她有一个要求严格的妈妈，这位妈妈在与老师的沟通中经常问的是："我的孩子哪里做得不够好？"这真是一个善于自省又令人同情的妈妈，她总是关注孩子身上的问题，缺少对孩子的鼓励和欣赏。知道了问题所在，就能有的放矢。于老师与这位妈妈进行了多次有计划、分步骤的沟通。

首先，于老师在这位妈妈面前对孩子给予了充分的认可及肯定："越越各方面素质都很好，收集数据特别认真，老师很看好她。"

过一段时间，再告知妈妈孩子不自信的现状并指出妈妈过于严苛的问题，反复渗透要多鼓励孩子的思想。于老师耐心地说道："越越在班里话不多，是比较内向的一个姑娘。建议您平时不要过于严格要求孩子，如果孩子在家长这里都找不到自信，那她在外面怎么会自信起来呢？建议您跟孩子交流的时候多注意保护孩子的自信心，多鼓励她，让她变得开放、自信起来。"

出乎意料，孩子的妈妈没有因为老师指出了她的问题而不高兴，也许是感受到了老师的真诚，她把老师的话真的听到了心里去，并进行了认真的反思。之后，她无比真诚地告诉于老师："您说的话对我特别有启发，我要反思对孩子的态度。我总是对她要求特别严格，导致孩子不自信。真是感谢您指出我的问题。"

之后的相处中，于老师也在不断地创造机会表扬越越。在学校推荐社团明星成员时，于老师毫不犹豫地推荐了越越。与此同时，于老师还持续地向妈妈渗透多鼓励孩子的思想。

到了社团每年的模拟答辩环节，于老师专门抽出大量时间训练越越。她声音小，于老师就告诉她："你的声音要大一点，声音太小观众会听不到，你要考虑观众的感受。"看到越越站在台上眼神不聚焦，四处游离，于老师及时引导："眼睛是心灵的窗户，你的眼神要看到观众，才能跟观众产生心灵的沟通。"越越表达的时候语气语调很平，没有起伏，于老师会反复示范这句话应该怎么去说。如果她进步了，于老师会及时肯定"很棒，就应该这样"。

最终，越越在比赛中表现得落落大方并获得了二等奖，站在领奖台上的越越无比喜悦。越越的妈妈每次来学校看到于老师都特别热情，都会主动询问："于老师，您对孩子的鼓励和肯定让我们收获特别大，非常感谢您，我能帮您做点什么？"

如今的越越像一只快乐的小鸟一样，眼神里充满了自信的光芒。

坚持到底的男子汉

有一天，社团里小姜的妈妈找到老师说："于老师，这个项目我们不想继续做下去了。因为孩子还有其他课程，时间不够用。"

社团项目很多，小姜中途放弃并不会影响社团整体的成绩。但是，对于一个男孩子来说，从小培养持之以恒、坚忍不拔的品格尤为重要。

"能不能让孩子坚持一下？坚持做完这个项目，一定会有很大的收获。"孩子和家长默不作声。于老师猜测，可能孩子是有一些难处。

"你有什么困难可以告诉我，我们可以一起想办法解决。"于老师耐心地询问。

"我们要研究家校合作项目，但是发放问卷环节遇到了问题。问卷调查需要家长填写，但是家长太分散了，我们又不能挨个去人家家里。"小姜很是沮丧地讲述着他的困境。

"那你们可以通过电子问卷的形式发放啊，这样只需要各班老师帮忙发到微信群就好啦。"

"可是，我们怎么才能找到老师们呢？而且，他们很忙，时间也太紧张。"小姜依然困惑着。

"于老师可以透露给你一个消息，本周老师们有一个看电影的主题活动，你们可以埋伏在这个电影院，拜托老师在班级群里发一下。"

"好嘞，谢谢老师！"小姜飞快地跑了出去。

那天在去观影的路上，于老师看到了两个孩子，特别用心地准备了一些小零食和小礼物，准备了做问卷的二维码。到了电影院，两个孩子特别主动地发给老师们，请老师帮忙。老师和家长看到孩子这份劲头都非常感动，认真地配合发放和回收问卷。

又过了一段时间，小姜的合作伙伴退出了项目，在老师的再次鼓励下，他坚持了下去并且找到了新的合作伙伴。合作伙伴是个女孩,小姜对她特别包容,总是主动承担较重的任务。比如,两人要分析开放性问题的题目,小姜会说:"我来分析501个,你分析499个。"这时,于老师就会及时夸赞:"你每次都会给自己多分几个,虽然数量差异不大,但是你有这个意识,说明你是个有担当的男子汉!"

最终,小姜的项目获得了一等奖。但对小姜来说,坚持与担当才是最大的收获。

小研究,大梦想;小课题,大收获。民族小学的金鹏社团,作为学生成长的一亩方田,从各个方面给予他们所需要的营养成分,帮助他们茁壮成长。

爱心义卖意味深

号外!号外!爱心义卖活动又开始啦!

什么是爱心义卖活动?这可不是普通的义卖活动!它起源于二年级数学课中"认识人民币"这一单元的学习。学生通过义卖中的买卖环节,巩固人民币"元、角、分"不同单位之间的转化,掌握人民币的有关知识,体会人民币在生活中的实际应用,感受数学与生活的紧密联系。学生通过实践活动,能与他人合作交流,获得积极的数学学习情感。爱心义卖成为一项多元融合的综合实践活动,给学生带来丰富的体验和成长。

学生在参与活动的过程中融合运用了各个学科的知识。班主任指导学生们利用表格分类整理物品;语文老师指导学生们为爱心义卖活动写倡议书;美术老师指导学生们画海报、做书签;英语老师指导学生们学习与购物相关的英文对话,还制作了英文的标牌,甚至用英语交流购物还可以打折!爱心义卖款项会捐给少数民族地区的同学们,凝聚着同学们的颗颗爱心!

正如马校长提出的:把有意义的事情做得有意思,把有意思的事情变得有意义!

为了能举办好爱心义卖活动,同学、家长、老师做了充分的准备工作。同学们捐出闲置物品,并在老师的指导下学习分类、整理;家长们和班主任老师们一起整理商品,设计展板,策划销售方案等。

活动前同学们争当小售货员、收银员、银行工作人员,都愿意为集体出一份力;活动时同学们学习在公共场所排队、不大声喧哗等基本礼仪,践行公正、诚信、友

善等社会主义核心价值观；活动后，同学们都希望赶紧把义卖款捐赠给有需要的小伙伴们。从小热衷公益，责任感油然而生。

义卖活动当天，每个小商铺的商品都是琳琅满目：有玩具、书籍、手工艺品、文具等。最初，同学们仅靠售卖闲置的学习用品和玩具"赚钱"，后来为了增加"营业额"，各种促销手段不断翻新，"打折、满减、买赠"都是招揽顾客的好方法。现在，同学们还能用专业特长——一段歌舞、一盘象棋——募集爱心善款；还有的用讲数学知识、诗词对答、英语对话等来招揽顾客！

献出爱心的同学们个个笑逐颜开，幸福满满，每个班级的摊位都被同学们围得水泄不通，"交易额"一再冲上新高，直到所有的货品被抢购一空，同学们还意犹未尽，流连忘返。

活动中还有这样一群学生，他们脖子上挂个小牌牌：小记者、市场管理员。他们可是提前经过培训才上岗的：市场管理员明确职责，既要监管商品摆放，还要巡视文明购物；小记者提前就写好采访提纲，采访过程也是有模有样。在小记者的采访中，崔主任谈道："点滴爱心汇聚成大海。我们会尽自己所能帮助越来越多的孩子。"

孩子们通过爱心义卖活动，掌握并应用有关人民币的知识解决实际问题；学会与人交流和沟通；经历奉献爱心的过程，培养社会责任感，践行学校的育人理念，在活动中养成为合格小公民。

义卖年年开展，创意年年升级，爱心代代相传！爱心义卖活动俨然已经成为民小的经典活动项目。最值得自豪的是：2014年5月30日，习近平总书记还参加了民小的爱心义卖活动。当时，习近平总书记认真挑选了一个日记本、一套铅笔直尺和一个小订书器，合计10元。他亲手把爱心款投进捐款箱，还在留言薄上签名。

和而不同，快乐成长

商品有价，爱心无价。每年学校都会将这些款项悉数捐赠给需要帮助的同学。2018年的爱心义卖活动，学校迎来了远道而来的客人——内蒙古兴安盟科右前旗哈拉黑小学的德育主任王老师。之前，高年级的同学们就用爱心义卖款为哈拉黑的小伙伴们购买了图书；现在，远道而来的王老师又给大家带来了哈拉黑小学同学们的感谢之情！民小的学生们听着远方小伙伴们一句句感谢的话语，看到他们也能坐在明亮的教室里畅快地阅读，责任感和自豪感油然而生！爱心无价，大爱无疆！少先队员代表向全体少先队员发出倡议："用我们的热心、诚心与爱心来帮助少数民族地区的小伙伴们！"

现场售卖活动结束后，家长们也纷纷激动地反馈：有的说孩子为妈妈买了一朵花以感谢妈妈的养育之恩，有的说孩子为兄弟姐妹挑选了适合的礼物，最后才想到自己。是啊！爱就是要从爱自己身边最亲近的人开始，将每一个小小的感恩之心、小小的善举汇聚成爱的河流，奔向需要的人。

同学们一直很好奇：这些爱心是如何传递给那些需要帮助的同学们的呢？原来，是老师带领了6位同学代表来到邮局，大家一起见证了爱心文具邮寄他乡的全过程。打包、填邮寄单、称重、量体积、计算邮费、收件，真是一个奇妙之旅。礼物虽小，但同学们的爱心已随之飞向远方！

"涓涓溪流入心扉，暖暖真情传千里。"民小的校歌中，大家常常唱道："爱同学，爱老师，爱学校。"今天，我们的爱已经启航，传递他乡。明天，我们就是祖国的接班人，爱祖国，爱人民，做祖国的栋梁。"爱"将伴民小娃一路成长！

在思维的疆域尽情奔跑

"做最好的我，在我最好的方面。"学校充分鼓励每个学生在自己最好的方面做最好的我，同时也要求老师们努力挖掘学生的特长与闪光点，为他们提供更加自由宽广的发展空间，让他们在各自的优势领域尽情奔跑。

数学研究院的诞生

老师们发现每个年级都有一些数学天赋突出的学生。这些学生思维敏捷、接受能力强，课内的数学知识对他们来说只是小菜一碟，有的甚至已经在自学初中或者高中课本，演算着那些同龄人看不懂的数学符号和公式。数学课上，他们往往不满足于课堂，而是更喜欢沉浸在自己的数学世界里。面对这样的情况，老师们开展了深入探讨。这些优势突出的学生不能被束缚在日常数学课堂有限的空间内，要给他们创造成才的空间和发挥特长的平台。于是，数学研究院应运而生。

数学研究院的活动内容大致分为四类：第一类为数学知识分享，学生提前申报分享主题并提供分享资料，上课时由申报主讲的学生组织交流，从而得到知识上的提升和能力上的锻炼；第二类为器具活动课，依托数学游戏教室，调动学生把游戏器具玩起来，锻炼学生思维，增加学习乐趣；第三类为外出实践，由老师和家长共同组织，去周边科技单位参观学习或者参观科技展，拓展学生眼界，激发远大理想；第四类为数学小课题研究，讨论自己关心的数学问题，尝试做研究报告，拓展思维宽度，挖掘思维深度。数学研究院的学生们成为一个个小小研究员，在老师、专家和家长们的共同引领下，尽情享受着数学的乐趣，收获着成长的快乐。

游戏室里的思维力量

数学研究院的游戏室里陈列和收藏着很多种类的游戏器具，每一种游戏器具都让学生们乐此不疲，数学游戏课已经不能满足他们的求知欲了，所以这里就成为数学研究院小专家们的活动基地了。

有一次，学生们对汉诺塔产生了兴趣，并展开了激烈的讨论。当只有1个圆盘的时候，操作1次就可以把圆盘从A柱移到C柱；当有2个圆盘的时候，把圆盘从A柱移到C柱需要操作3次；当有3个圆盘的时候，把圆盘从A柱移到C柱需要操作7次；当有4个圆盘的时候，总共需要操作15次。学生们把数据记录到黑板上，马上就有学生灵光闪现。"大家看！"靖峰同学激动地说，"大家看出什么规律来了吗？我发现这四个数，除了第一个是1的平方之外，其他的三个是2的次方减1，7是2的3次方减1，15是2的4次方减1，大家看看是不是这样？"大家纷纷点头表示赞同。这时皓轩接着说道："也可以看成除了第一个数之外，每一个数都是前一个数的2倍加1。3是1的2倍加1,7是3的2倍加1,15是7的2倍加1。以此类推，下一个数就应该是15的2倍加1，是31！"

大家听了这两个同学的发言，纷纷表示赞同，同时又都想到了一个问题。雨田有点疑惑地说："我在心里面算了一下，用靖峰发现的规律推第5个数，应该是2的5次方减1，也就是32减1，也是31……"说到这里，他顿了一顿，"为什么会是相同的呢？为什么汉诺塔会有这样的规律呢？"大家听了雨田的质疑，都陷入了沉思。

之后有的同学说是巧合；有的同学说本来就是这样，没有为什么，这是事实；也有同学说，这可能和图形有关联；还有的同学说，汉诺塔的规律有点像递推……不论最终这几位小小数学家讨论的结果如何，是否找到终极答案，他们思考的原动力都得到了进一步加强，他们对用数学解释世界这件事更加执着了。这就是思维的力量，思维的魅力之处。

拓宽思维视野

数学研究院的学生们还会开展课外参观学习，拓展学习渠道，开阔视野。老师带领学生们走进中国科学院大气物理研究所。他们看到了一组南极冰芯取到的地球84万年前的数据，对全球变暖的影响有了更深的感受；在现场亲自体会信风、气旋、漩涡等产生的原因——地球自转；通过AR技术直观地了解了飓风、冰雹等极端可怕的天气；观看了太空无人机、气象探测气球、自动气象站、大气污染防控一体机等设备。老师们还带领学生们来到北京市古代钱币展览馆参观学习，了解中华钱币4000年的发展史，亲自体验钱币制作的过程。学生们为参观学习做了充分准备，从出行路线规划，到查

阅钱币知识的相关资料，他们都是带着问题来参观学习，在参观过程中主动向讲解老师提问，针对感兴趣的问题开展热烈讨论，不时拿出笔记本进行记录。

自主、兴趣、综合能力、视野，是学生们在数学研究院学习的关键词。只要给学生们创设适合的学习活动，他们就能主动地建构学习方法和模式。他们通过游戏与实践，自主学习，共同交流碰撞，激发了学习数学的兴趣，锻炼了各种能力，体验到了能力提升的快乐，同时拓展了眼界和见识，而且还感悟出了"坚持就会有收获""困难只是暂时的"这些宝贵的精神！

学生们经过一段时间的学习积累，接下来教师要带着他们向更高的目标去努力，那就是找到自己感兴趣的研究课题，通过小组合作规划研究方案，开展小课题研究，最终形成研究报告。学生们要在挑战中学习、成长，尽可能地发挥潜能，收获更大的成就感。

第四章

播撒一颗种子

　　一所学校能够给学生们提供的教育是什么？就是为了给学生们播下一颗幸福的种子，让他们在未来社会能够成为合格公民，并拥有幸福人生。开辟晨间小秀场、举行不一样的升旗仪式、师生共度难忘的校园24小时、设立民族服装日……在学生们心中种下一颗颗培育特长、彰显个性、懂得感恩、勇于创新、开放包容的种子；教师们对每个天性不同的学生都给予最大的关爱、理解与尊重，善待每一个差异，助力每一种成长，在学生们心中种下了一颗颗爱与尊重的种子；树立榜样，设立"够得着"的努力目标，引导学生们善于发现和欣赏身边、他人以及自己的美，勇于通过自己的努力去创造美，教师在学生们心中种下了一颗颗发现美、追求美、创造美的种子……在"和而不同，快乐成长"的办学理念下，遵循自然的规律、教育的规律、社会发展的规律以及孩子成长的规律，培养学生们拥有健康之体、关爱之心、规范之行、聪慧之脑和多才之身，在面向未来的社会中，他们满怀信心，胸有成竹。

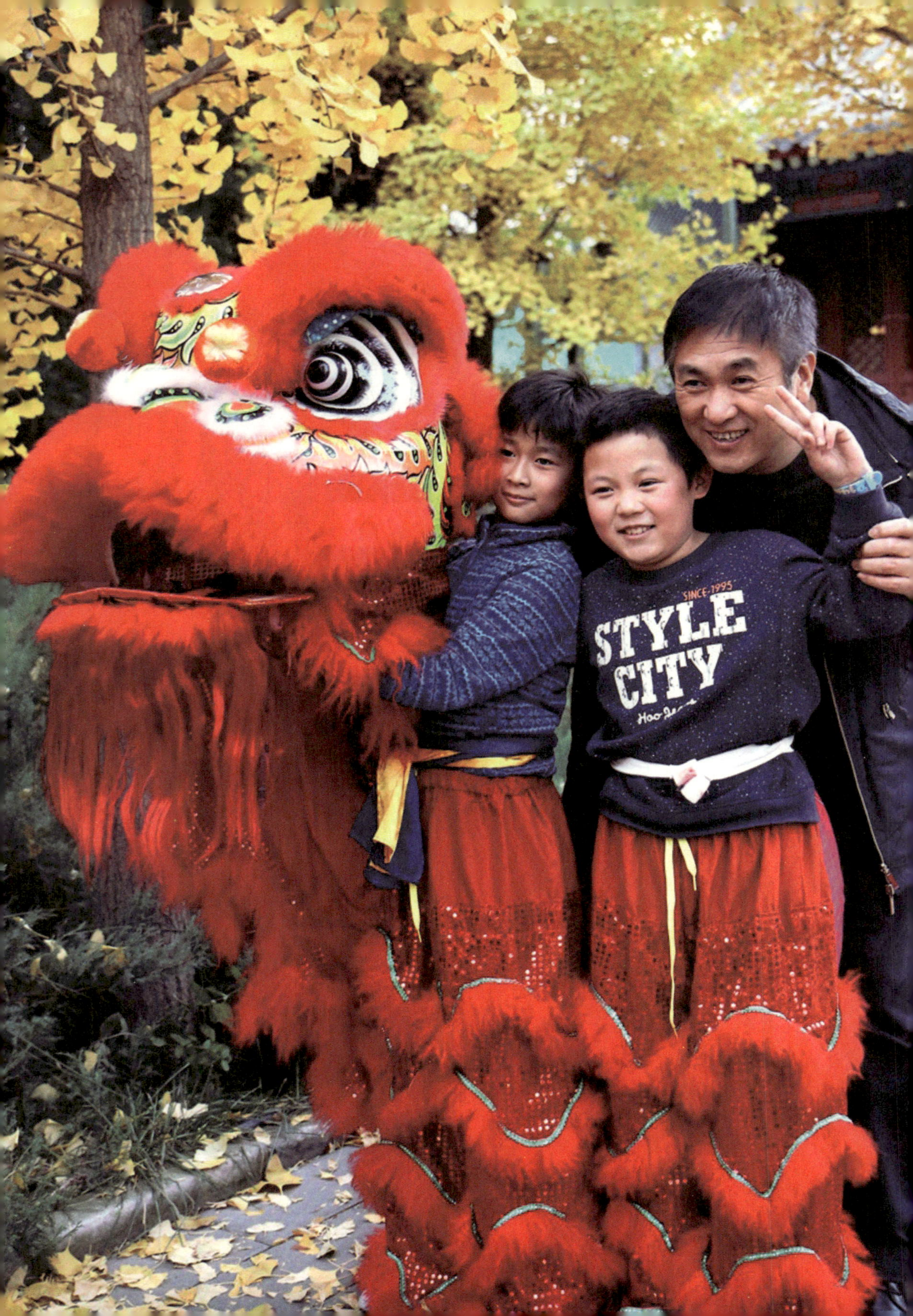
SINCE-1995
STYLE
CITY

/ 一 / 让生命精彩绽放

晨间小秀场

民族小学北校区，有很多音乐小使者。之所以这么说，是因为每天清晨都会有几个小音乐家在教学楼大厅优雅地用钢琴或其他乐器为大家演奏美妙的乐曲，也为大家带来一天的好心情。

汪老师是学校的音乐老师，自从担任了北校区音乐沙龙的项目负责人，她就开始冥思苦想：相比于南校区，北校区一、二年级的学生年龄小，也没有那么多的活动和场地能够让他们展示，怎么能利用有限的场地和时间为低年级的学生搭建更多的展示舞台，让他们得到锻炼和展示的机会呢？

看着北校区空间不大的门廊大厅，汪老师灵机一动，利用这个地方开办一个小秀场，让学生展示自己的才艺，同时也能欣赏他人表演。

想到就干，汪老师立即进行策划，很快就面向全体学生发出招募启事，同时建了一个大微信群，向老师和家长们发出了活动倡议，凡是会演奏乐器的、会唱歌的、会京剧的、会舞蹈的学生都可以自愿扫码进群报名参加小秀场展示。家长们要先把学生在家里练习的视频发到群里，老师们一一进行指导，最后有序安排展示。

不久之后，每天早上的北校区，门廊大厅便有了一道亮丽的风景。每天三个学生轮流表演他们的才艺。从刚开始只有钢琴展示，到后来还有小提琴、大提琴、古筝、二胡、歌曲演唱、京剧表演、舞蹈等。学生们走进校园，踏入大厅，都有同学在表演，大家可以随时驻足欣赏。整个校园的清晨萦绕着乐曲声、学生们清脆的歌声和掌声。

随着活动的开展，老师们又发现了新问题。也许是表演太过于精彩，大多数路过小秀场的学生都会停下来欣赏，结果通道就被堵住了，影响了大家进出。项目组的老师们马上开会讨论研究对策，经过商议他们准备开展一次"音乐会的礼仪"主题升旗仪式。在这次升旗仪式中，老师们通过图片、视频为学生们讲解音乐会的着装、音乐会上怎样鼓掌、音乐会中的要求等。老师们还建议学生们，每天早上的小秀场其实就是一次小小的音乐会，所以听的时候要保持安静、听完之后要有掌声，因为地方小所以每位同学进门后停下脚步欣赏一曲就可以鼓掌离开……升旗仪式讲得正

和而不同，快乐成长

是发生在身边的故事，同学们听得很认真。并且，非常欣慰的是，在之后的日子里以往热闹混乱的场面不见了，小小秀场充满了彬彬有礼的和谐气氛。

项目组的老师们还把学生当天表演、观看的情景拍成视频、照片，发到群里分享，大群里200多位家长纷纷为孩子们点赞，也特别感谢学校为孩子们搭建展示的舞台。因为有了这样展示的舞台，家长们发现孩子的变化可大了。原来家长催着都不练习的孩子现在竟然主动要求练琴，心里铆着劲儿，一定要练习好！孩子的进步家长看在眼里，也更加欢迎和支持这项活动。洋洋要表演京剧，妈妈大清早带着孩子提前到学校帮忙穿上行头；小雅要表演古筝，爸爸妈妈一起抬着乐器到学校早早为孩子摆放好，直到表演结束再把乐器搬走；看到秀场里没有扩音设备，小美的妈妈主动拿来了音响和麦克风……

虽然学生们的表演稍显生涩稚嫩，但所有的人都把晨间小秀场看作一个隆重而神圣的舞台。他们精心准备、认真观看和欣赏。以往普通的20分钟的进校时间，现在成了学生们展示自我，驻足欣赏，走近艺术的美好时光，这是多么神奇而有意义的时光！

不一样的升旗仪式

升旗仪式是庄严而隆重的，可以教育学生维护国旗的尊严，引导他们爱护和尊重国旗，激发爱国情感。以往学校的升旗仪式形式单一、模式化，领导和教师发言多，学生发言机会少，很多主题的确定是由学校德育处老师们完成的，有些主题内容远离学生的生活，不能很好地引起共鸣。

针对这样的问题，学校德育团队着手对升旗仪式进行改革，由原来的大队部承办改变为各班承办，以践行社会主义核心价值观为核心，结合班级的特色、日常生活和各类节日活动等自行确定主题内容，撰写讲话材料，编排节目，上台表演。集体的创意和智慧是无穷的，由于学生的加入，升旗仪式变成了内容丰富的"万花筒"，同学们各显才艺，讲故事、诗朗诵、情景剧表演等各种活泼的形式都融入其中，内容涉及红十字爱心服务活动、走近长城实践探究，还有爱国主题的话剧表演……这样的改变让民族小学的升旗仪式灵动了起来，学生们在国旗下的精神成长让他们更加深刻地体会到五星红旗的含义，对祖国的热爱之情更加深厚。升旗仪式成为全校同学每周一的一份美好期待。

从小立大志，赤诚爱国心

2019年12月，四（3）中队的队员们在班主任薛老师的带领下开展了军事强国学习实践活动。随着活动的深入，他们的小小少年爱国情快"爆棚"了。

12月13日，在隆重的升旗仪式上，他们首先通过视频的形式向大家展示了令人赞叹的中国科技军事装备。为了制作这个视频，薛老师带队员们提前做了大量的功课：他们观看了国庆70周年阅兵，欣赏了纪录电影《厉害了，我的国》，参观了中国人民革命军事博物馆，聆听了家长大讲堂科技军事讲座……

一系列的主题活动让同学们了解了丰富的军事知识，他们跃跃欲试，尝试动手制作和收集军事装备模型。升旗仪式现场，他们模拟了一场军事装备小小阅兵式，这一环节将现场气氛推向高潮。同学们英姿飒爽地展示了各自亲手收集和制作的装备模型，有长征七号火箭模型、"陆战之王"99A主战坦克模型，还有我国当时最先进的歼-20隐形战斗机和东风系列导弹东风-41和东风-17导弹模型。为了让台下的同学们更好地了解这些模型，他们还对这些先进武器的特性进行了专业解说，震撼的现场让台下响起来一阵阵热烈的掌声。

一位同学在升旗仪式上动情的发言感

染了全校师生："学习历史让我们清醒，让我们更加坚信，今天我们能在宽敞的教室里安心读书，离不开一代又一代人的默默奉献，离不开我们强大的国防。"同学们展示了新中国70年军事科技历史发展的视频，其中一段是采访一位光荣的革命老兵。老爷爷动情地讲述了当年的奋斗历程，带着大家一起重温了那段艰难而光辉的岁月。同学们都深深地被感动，向老前辈致敬，表示要努力把革命奋斗精神继承和发扬下去。

升旗仪式最后，同学们一起朗诵了《少年中国说》，炽热的中国心随之点燃。他们还向全校同学倡议：多做实一分学问，多强健一分体魄，重温老传统，学习新形势，从小立大志，让坚持与奋斗成为我们的一种习惯，成为实现梦想的动力之源；让我们不负好时光，勇敢担当起实现中华民族伟大复兴的光荣使命，携手共进！

情景剧助力"校园随手捡"活动

六年级的小畅等几位同学细心观察，发现学校虽然一直在倡导同学们爱护周围环境、随手捡垃圾，并且也有专门的值日生，但校园的角落里还是会发现不少垃圾。能不能研究一下问题出在哪儿，能不能想办法针对性地解决这些问题呢？

说干就干。几位同学分别对学校各处的卫生情况进行了调查，他们发现校园的楼门口、垃圾箱前和操场这三处是垃圾最多的地方，于是就商量着利用升旗仪式的主题展示，把他们的发现告诉全校同学，并号召大家在这几处最容易出现垃圾的地方注意爱护环境卫生，主动捡起垃圾。为了让形式更活泼一些，他们采用校园短剧的方式，分别扮演不同的角色还原他们在校园里所观察到的场景。

升旗仪式上，他们生动形象、略带幽默的表演引起了台下老师和同学们阵阵笑声，笑声中大家也在反省自己平时的行为。这次的升旗仪式活动效果出奇地好，因为在后续的日子里学校的保洁阿姨们发现校园里乱扔垃圾的现象明显减少了。

大队辅导员也没想到简单的一个改变会让升旗仪式发挥这样大的作用，这不仅使得升旗仪式本身更加有意义有意思，而且锻炼培养了同学们的策划能力、组织能力、分析问题和解决问题的能力。更可贵的是通过活动，同学们把自己当成学校的主人、国家的主人，从小有一份好担当。

如今民族小学的升旗仪式，已经成为学校精神文明建设的一个重要窗口。学校德育积极落实"全员育人、全程育人、全方位育人"要求的同时，用心唤醒了教育中的一个个宝贵的契机。

校园 24 小时

我的毕业回忆

　　小学生活对孩子们的成长来说，是极为重要的阶段。六年的时间，使一个懵懂的学龄前儿童逐渐成长为一个具备一定基础知识和综合能力的翩翩少年。六年的时间，学生之间、师生之间培养了深厚的情感，同学们学会了与人相处、养成了真善美的优秀品格。六年的时间转瞬即过，为了让同学们能够更加深刻地体会到人生之路上的第一个里程碑，给小学生活画上一个圆满的句号，同时也使这份师生情、同窗情进一步升华，让六年时光成为孩子们心中最珍贵的回忆，老师们集体教研、精心设计策划了"校园 24 小时"毕业活动。学校邀请所有六年级同学及家长参与，毕业班的孩子们会在校园里度过 24 小时，跨越白天和夜晚，将民小最后的记忆在心中装满。

毕业晚宴品味成果

　　孩子的成长离不开父母的陪伴与呵护，孩子们的毕业活动当然也不能少了父母的参与。为了给孩子们准备一场隆重、热闹、温情满满的晚宴，老师们特意邀请了家长和孩子们一起"包饺子"。

　　夜幕降临、华灯初上，活动当天，学校为孩子和家长们准备好了馅料、饺子皮，大家其乐融融地围坐在一起，包着饺子，唠着家常，浓浓的幸福感萦绕在每一位家长、老师和孩子的心头。

　　煮好的饺子端上了桌。现场的师生家长们就如同一家人一样，品尝着美味的饺子，笑谈着美好的民小生活，对未来充满了欢欣鼓舞，更铭记着身为民小学子的那

份精神力量和永不停歇的目标追求。这不仅仅是一场毕业晚宴，更是一场胜利果实的品鉴宴，美味的饺子如同经过努力拼搏收获的果实，孩子们品尝着，思考着，期待着……

毕业典礼见证成长

毕业典礼的意义，对于学生们来说深远而重大。从懵懂无知，到顺利完成人生的第一段学业，是学生们收获巨大成长的见证。学校历来对毕业典礼非常重视，为学生们搭好最后一次舞台，铺好通向美好人生的红毯，向学生们宣告，这既是一个终点，更是一个起点。

毕业典礼上，除了学生们自创自演的歌曲、舞蹈，改编的诗歌、沙画等节目演出，还有庄重的授毕业证书环节。

与学生们朝夕相伴六年的老师，口中念出一个个熟悉的名字，这些名字都贴上了一个前缀：民族小学毕业生。学生们最后一次穿着整齐的校服，佩戴着神圣的红领巾，排着整齐的队伍，走上舞台，从校长和老师们的手中郑重地接过红色的毕业证书。他们一个个端正地敬礼，诚挚地鞠躬。这神圣的时刻虽然短暂，但对学生们来说却意义非凡。它既宣告着小学生活的结束，又意味着新的征程起点，每一个学生心中既装满了自豪感，又充满了对未来的梦想。成长的丰碑，那一刻，在舞台上矗立，在学生们心中矗立。

夜游校园忆满民小

民族小学的夜晚是灯火的海洋，如果能在晚上找寻自己在校园中的点滴回忆，一定非常浪漫。那就让我们一起夜游民小吧！

毕业那天晚上，校园灯火通明，前院的小花园还开起了音乐喷泉，同学们三三两两漫步于校园的操场、四合院、长廊，共同找寻曾经的自己，找寻曾经的校园记忆。有的男孩子喜欢足球，那就踢上一场夜间球赛；有的女孩子喜欢散步，那就听着音乐，牵着同伴的手，把民小的美再次记入心间……

夜宿校园再启程

校园24小时，顾名思义，就是要在校园度过24小时，这其中当然有夜宿的环节。这个环节也是毕业班同学们非常期待的环节。每个毕业生都会清晰地记着夜宿校园的感受，无论和谁说起都流露着满满的自豪感。晚上，同学们在老师的统一指挥下，分组有序地在指定夜宿地点——崇和馆开始搭建帐篷。同学们带来了事先准备好的帐篷，4人一组并且共同研究、学习搭好帐篷。虽然他们大多有过搭帐篷、住帐篷的体验，但是在自己学习了六年的校园里搭建帐篷夜宿还是第一次。新鲜感、兴奋感、成就感……一拥而上，即便钻进了帐篷，躺在了舒服的枕头上，也还是无法入眠。在这个自己亲手搭建的"小家"里，和小伙伴们说说知心话，聊聊美好的未来，望着馆外的繁星，倾听校园的虫鸣，伴着轻柔的音乐，梦乡这才姗姗而来。老师们看着熟睡的学生，如同看着自己的孩子，心中的疼爱与不舍涌上心头，彻夜难眠。

从香甜的梦乡醒来，校园24小时即将结束。学生们带着不舍，带着留恋，带着对未来的憧憬离开校园，更带着"做最好的我，在我最好的方面"的铮铮誓言奔向美好未来。

校园24小时，虽然是一个活动，但体现了学校以生为本、尊重生命的理念。送学生们踏上逐梦未来的征程，让学生们在感恩中、在晨曦中，迎接一段即将到来的崭新旅程。

一节难忘的队会

2014年5月30日上午，习近平总书记来到民族小学，参加庆祝六一国际儿童节活动。习近平总书记向全国少年儿童提出了践行社会主义核心价值观的十六字要求：记住要求，心有榜样，从小做起，接受帮助。这十六个字引领和带动着更多的少年儿童见贤思齐、向上向善。"心有榜样"就是要求青少年学习英雄人物、先进人物、美好事物，在学习中养成好的思想品德追求。

民族小学2015级六（8）中队的全体队员始终牢记习近平总书记的要求，他

和而不同，快乐成长

们自发组织了"学榜样、立志向，争做新时代好少年"的队会活动。活动通过"习爷爷嘱托记心间""百名榜样征集""榜样力量照进现实""心里话说给榜样听"等环节，引导队员向榜样学习。

"我们是共产主义接班人……"敬和堂内响起嘹亮有力的队歌，队会活动课拉开了帷幕。六（8）中队的40名队员英姿勃发地端坐在座位上，聆听着中队长的发言。这时，屏幕上出现了习近平总书记2014年来到学校，向全国少年儿童提出践行社会主义核心价值观要求的画面。队员们心潮澎湃，掌声四起，仿佛身临其境聆听教诲。

在"百名榜样征集"活动环节，队员们再次回顾了面向师生、家长征集中华百名榜样的全过程。在"榜样力量照进现实"环节，队员们一起学习和讲述了国家榜样、家长榜样和校园榜样的故事。

2020年，面对突如其来的新冠肺炎疫情，涌现出了很多国家抗疫英雄。他们有获得共和国勋章的钟南山爷爷，获得"人民英雄"国家荣誉称号的张伯礼爷爷、张定宇伯伯以及陈薇阿姨。正是他们这些抗疫英雄舍身忘我，奋斗在抗疫前线，才为全国人民筑起了一道道生命的防线，保卫了全国人民的生命安全与健康。

除了国家英雄，放眼身边，同学们的家长中也有很多令人钦佩的榜样。他们不仅在工作岗位上尽职尽责，而且在培养子女和家校共育方面也堪称楷模。三年级学生的家长马骏阿姨，逆行武汉、坚守岗位，为疫情防控做出了自己的贡献；四年级学生家长王自发叔叔是中国大气物理研究所的一位科学家，他与团队创新构建了空气质量预报系统，让北京的蓝天多了起来……像他们一样的家长还有很多很多，队员们在讲述榜样故事的同时，也深受感染，立下志向，要用实际行动报效祖国！

民小校园里更有可亲可敬的老师榜样和活泼可爱的同学榜样，他们像家人一样与队员们朝夕相处。马校长经过十几年的努力，带领师生把曾经破败不堪的学校建设得美丽如画、古色古香；学校足球队的邢老师，一年四季为球队训练忙个不停，带领民小足球队屡创佳绩；参与庆祝中华人民共和国成立70周年群众游行和首都国庆联欢活动的民小师生们，他们牺牲了整个暑假和休息时间参与集体排练，用辛勤的汗水和不懈的努力为祖国献上自己的祝福。同学们身边还有默默无闻、尽职尽责的工人师傅们，他们起早贪黑，辛勤工作……他们都是民小校园里当之无愧的榜样。

"心里话说给榜样听"环节把队会推向了高潮。队员们拿出了心愿卡，写出了自己心中的榜样，并写下了对榜样的敬意。40张心愿卡组成了心形图案呈现在黑板中间，让每个人心里都暖暖的。随着悠扬的乐曲响起，队员们缓缓走到会场中间，声情并茂地演唱歌曲《红领巾相约中国梦》："心中的梦想绽放光芒，在祖国的怀抱快乐成长……"

辅导员赵老师总结了六（8）中队几年来的进步和发展，他们在各级部门和领导们的关心和帮助下，不断成长。队员们参加了国庆70周年群众庆祝活动，参加了第八次全国少代会，这些荣誉都不开团中央、少工委、学校对中队的帮助和培养。全体队员表示会牢记习近平总书记的嘱托，为实现中华民族伟大复兴的中国梦，努力前行。

队会结束后，每个队员都深有感触。队员冉笑瞳说："千里之行，始于足下。我一定要用实际行动向榜样学习，长大后成为像他们那样对社会有用的人。"队员梁菀殊说："这节少先队队会会影响我的一生，它让我再次找到了成长的目标，不负韶华，努力前行！"

在民小这所百年老校里，所有少先队员们都会牢记习近平总书记的嘱托，传承红色基因，向榜样学习，争做新时代好队员。

满满民族范儿　浓浓中国味儿

雕梁画栋、飞檐拱顶、曲水流觞的民族小学透着浓浓的古典建筑美。每到周五，会看到学生们穿着各种漂亮的传统服装在这所典雅的校园里学习、游戏，使学校变得更加韵味十足——这就是民族小学的民族服装日。

和而不同，快乐成长

民族小学是一所重视传统文化教育的学校，不仅体现在建筑、环境创设上，更体现在对学生的常规教育中。经常举办的传统文化活动中，学生们穿着传统服装进行表演，他们对漂亮的传统服装不但喜欢，而且还充满了好奇。

有一天，一位小同学对德育主任说："老师，我特别喜欢传统服装，平时上学也能穿吗？"老师说："当然可以，多漂亮！"可这位小同学小声地说："可是只有我一个人穿传统服装，会显得怪怪的，我有点不好意思。"

学生喜欢穿传统服装是件好事。服饰是民俗的一种符号，更是文化传承的一种媒介，简单的一件衣服还承载了人们对美的追求以及美好的愿景。在比较大型、隆重的活动和仪式中，国家领导人穿有中国特色的服装，相比西装更能体现中国风范。民族服装、中式服装背后有着浓厚的文化底蕴，大家在穿着的同时又对各民族文化及传统文化进行了解和学习。学生在穿着、欣赏民族服装、中式服装的过程中，渐渐增强对中国文化的认同与爱国之情。

既然学生们喜欢穿传统民族服装，并且也有着深刻的教育含义，学校就搭建平台，将每周五作为学校的民族服装日，学生们可以穿着传统汉服或者本民族服装来上学。

于是，每到周五，在民族小学的校园里就会看到有如孔雀般优雅的傣族服装、有着长水袖的藏族服装、颜色鲜艳的维吾尔族服装，还有民国时期素雅的学生装、精神奕奕的中山装以及美丽的汉服……配上民小古香古色的垂花门、四合院以及绽放的花卉，愈发显得美丽动人。雕花回廊中一位满族"格格"在安静地看书，玉兰树下一群中华少年正在诵读诗词……穿梭在穿着不同朝代、不同民族服装的学生们中间，仿佛穿越了时代与空间，看到了多姿多彩的美好时光。

穿上民族服装，同学们还要学习相应

的礼仪，学习不同的问好方式，大家也变得更加彬彬有礼了。穿汉服的同学问好时会拱手，穿格格装的小女孩会行优雅的半蹲礼，有些身着少数民族服装的同学还会说几句少数民族的语言。走在操场上，可以不时地听到有同学询问："这是哪个民族的服装？"

民族服装穿在身上，民族文化、传统文化更是深深地印在了民小师生的心中，它让大家更加深刻地体会到了中国之大、民族之美、历史之广。

/二/ 静待花开，播下爱的种子

阳阳喜欢上学了

在孩子的成长时期，教师和家长所给予的信任与鼓励，可以帮助孩子产生一种向上的力量。同时教师和家长也是他们的一面镜子，孩子从镜子中观照自己，调整自己，慢慢成长为更加优秀的自己。

阳阳又没来学校

"卢老师，阳阳昨天跟我出去参加活动，回来太晚了。今天他起不来床，我想让他睡醒再说，所以今天就不去上学了！"放下阳阳妈妈的电话，班主任卢老师无奈地摇了摇头："唉，阳阳又没来学校！"

阳阳是二年级下学期转来的学生。他经常在课堂上睡觉，对班级里的任何事情都提不起兴趣，还常会有各种原因请假不上学。因为缺课太多，班级科任教师有时见到他，会疑惑地问："卢老师，这个学生叫什么？我怎么没有印象，好像没见过他呀！"每当这个时候，作为阳阳的班主任，卢老师心里就不是滋味儿。

阳阳为什么会这样呢？通过家校沟通，卢老师了解到，阳阳从小身体弱，家里

和而不同，快乐成长

人对孩子格外溺爱。孩子提出的任何要求，合理的、不怎么合理的，家长都不忍心拒绝，久而久之就成了现在的样子。阳阳妈妈在沟通时也向卢老师表示，以后会积极督促阳阳按时到校。在妈妈的要求下，阳阳来上学的次数有所增加，但仍缺勤严重，而且各科学习也明显落后。怎样才能更好地帮助阳阳呢？

一次令人难忘的交谈

卢老师找到了马校长。详细了解情况后，马校长说："这样的孩子，咱们学校要承担起教育的责任来。不仅要教育孩子，更要引导家长，同时也让孩子看到家长和老师对他的期许。"马校长与阳阳和妈妈进行了一次深入的交谈。一开始，阳阳和妈妈还有点拘谨，没想到，马校长笑容可掬地先和他们唠起了家常。

了解到阳阳的家庭和家长工作情况后，马校长没有单纯地说孩子不来上学的事，而是将关注点放在孩子的长远发展上。"看来您和家人对孩子未来的期望很高。我了解到，阳阳这个孩子特别聪明，爱读书。好好培养，未来肯定错不了。但小学阶段是为人一生打基础的重要阶段，培养良好的习惯是最重要的。孩子拥有了好习惯，未来的学习和生活才会更加游刃有余。现在，孩子不想来上课就请假，作业也不写，您想过未来怎么办了吗？"听了马校长语重心长的一番话，阳阳妈妈不好意思地说："您说得太对了，学习习惯和学习态度非常重要。但是，每当他早晨起不来床的时候，我就心疼，想着不去就不去吧！我心硬不起来。"校长点头表示理解，但继续说道："没有一个家长不心疼孩子，但也没有一个家长不希望孩子长大了能独立，能很好地适应这个社会，过得幸福。想在未来的社会中立足，规则意识、与人交往的能力、自律的能力就非常重要。孩子的未来必须依靠他自己。现在您是心疼孩子，可实际上却没有真正帮助孩子。"

阳阳妈妈被校长一番在情在理的话深深地打动了，下定决心一定会配合学校对孩子进行正确的教育引导。随后，马校长又和蔼亲切地和阳阳聊起了天，关切地询问阳阳今后的理想，给出很多好的建议，还提醒他要早睡早起养成良好的生活习惯，让自己每天都充满能量。阳阳听到校长亲自给他出的主意，兴奋地使劲点头，表示再也不迟到了。校长笑着鼓励道："好孩子，男子汉说到就得做到。我相信你！我也特别理解你，有的时候难免身体不舒服或确实起不来床。从现在到期末考试还有一个月，我允许你再有两次请假的机会！"阳阳简直不敢相信自己的耳朵。他没想到，校长竟然这么理解他，从他的角度考虑，还允许他再有两次请假的机会。阳阳赶忙向马校长保证一定会努力，绝不让马校长和老师们失望。

阳阳变了

从那天起，阳阳像变了一个人似的。带着马校长的鼓励和信任，他不再迟到，每天上课认真听讲，努力把每一项作业做好。有一天他发烧了，还依然坚持来到学校，因为他不想失信。卢老师连哄带劝地才让他安心回家休息。就这样，很快就到了期末。阳阳没再请过一次假，期末考试成绩也有了明显的进步。

结业式上，校长专门为阳阳颁发了一个奖，授予他"守信自律小榜样"的荣誉称号。校长向大家讲了他的故事，阳阳伴着全校师生热烈的掌声走上了领奖台。从校长手中接过奖状和奖品后，他挺拔站好，向校长敬了一个大大的队礼，他没有让马校长失望，也没让自己失望。

从那以后，阳阳变得越来越自信阳光，主动承担班级任务，逐渐成为同学们学

习的榜样。在家里也变得懂事又孝顺，还时常跟妈妈去参加一些公益活动。因为校长和老师对他的信任与期待，阳阳彻底改变了，这就是教育的力量。

毕业时，阳阳妈妈这样写道："民族小学的老师就是孩子们人生中的光，用耐心和包容陪伴着阳阳度过了人生中最关键的六年。如果没有老师们的期待与鼓励，我无法想象现在的阳阳是否会如此乐观，如此阳光，如此自信、自律。未来孩子终会因这份温暖的光让自己的人生更幸福，更完整！真心感恩民小，感恩老师们！"

"小魔女"蜕变记

民族小学一直倡导以"和"为魂的校园文化，秉持着"和而不同，快乐成长"的办学理念。将全部的热情和智慧投入教育事业之中，倾注爱心，善待差异，做一名家长满意、孩子喜欢的好老师是每一位民小教师的追求。马校长也经常说："一个不懂得爱学生的老师做不了好老师，你们要学会尊重和理解每个孩子的差异，用包容和欣赏的态度去爱每一个孩子，让每一个孩子在民族小学这个和谐的环境中健康成长。"

做老师最大的幸福莫过于亲眼见证一个个生命的成长，一个个孩子的蜕变。每个孩子都有自己的成长节奏，过程中表现出不同的成长样态，正是这些鲜活而有个性的生命成就了教育中的一个个美好。

让人头疼的"小魔女"

一年级有一个名叫北北的小女孩儿，她的淘气可是颇有些名气。她经常在课堂上演随意下座位、在地上爬来爬去、做搞笑动作、扰乱其他同学等影响教学的"奇葩"行为。

北北坐在班级的第一排，初次见面，就给班主任党老师留下了深刻的印象。她长得眉目清秀，鼻梁上架着一副小眼镜，身材娇小。那时，她正靠在椅背上，两腿在凳面上盘坐，看起来很惬意。党老师刚做完自我介绍，这个女孩就打断了老师的话，大声说："老师，你凶不凶？会不会骂人？但是你长得还挺漂亮的，我喜欢漂亮的老师。"惊诧之余，党老师的脑海中就闪现出了"小魔女"的印象，这也是北北跟党老师之间一个特别的照面。

为了快速了解学生们，课间的时候，党老师总会在班里观察每个学生，她发现同学们都是结伴玩耍，只有北北独自一人，看上去百无聊赖。细心的党老师把几个学生叫到身边了解情况，孩子们七嘴八舌地控诉着她的种种"不是"。原来，她每次和同学发生矛盾都必须占上风，否则就会动手打人，有时甚至向同学身上吐口水。所以，同学们渐渐开始疏远她，不愿意和她做朋友。北北变得越来越孤僻、易怒而敏感，像是一只小刺猬，让人不易接近。

用心倾听，用爱搭桥

了解情况后，党老师私下问她："你为什么不和同学一起玩？"她无辜地望着党老师说："她们都不愿意和我玩。"当党老师拉着她的小手表明要和她做好朋友时，她的眼睛一亮，开心地频频点头。接着党老师在她耳边低声说："小眼睛看老师，小嘴巴闭紧，小腰板挺直了。上课按照这三点去做，你就能交到更多朋友。"她半信半疑地问道："老师，做到这几点就真的能有许多好朋友吗？"党老师肯定地点了点头，她如获至宝似的冲党老师一笑，闭起小嘴，也点了点头。

当天晚上党老师联系了北北的妈妈，通过深入的交谈了解到很多关于北北的故事。北北从小是爷爷奶奶带大的，老人对孩子十分溺爱，从小到大吃饭都是奶奶喂，更别说立规矩了。爸爸经营一家公司，平时忙于工作，很少关注孩子的成长，妈妈在教育孩子的理念上一直坚信孩子快乐就好。因此，发生在北北身上的一些问题大家都不重视，全家人都认为孩子还小，长大自然就好了。党老师把北北在学校的表现告诉了妈妈，并强调了好习惯要从小养成的重要性，妈妈表示一定配合老师帮助北北进步。

因势利导，静待花开

为了帮助北北在同学面前树立"光辉形象"，党老师安排她做班级代表，在新

和而不同，快乐成长

学期开学典礼上向全校同学分享逛春节庙会的故事。在老师和同学的鼓励下，她出色地完成了这次展示。北北是一个"爱管闲事"的孩子，利用这一特点党老师让她担任班级小药箱的负责人，当有同学生病或受伤时，她负责第一时间告诉老师并负责陪伴这位同学，直到老师到场。

经过一段时间，北北在纪律方面、时间观念方面都有了很大的改观。为了帮助北北改掉做事磨蹭的毛病，党老师和妈妈商量在家里给北北制定一个奖励积分表。妈妈反馈说，孩子为了得到积分，做事情时动作明显快了起来，并且也开始催促妈妈早点送她去学校，不能迟到。

一个学期下来，北北像变了一个人似的，各科老师经常表扬她，身边也多了许多朋友。有一天课间操结束，北北突然跑到党老师身边讲了一个小秘密，她认真地说："老师，我爱您，您就像我的妈妈一样。"听到这句话，党老师的眼眶湿润了。孩子是最纯真、最简单的，她能感受到老师对她的爱。教师要用爱浸润孩子的心灵，让她们在爱中成长，将爱传递。

高尔基曾经说："谁不爱孩子，孩子就不爱他，只有爱孩子的人，才能教育孩子。"爱是教育的前提，没有爱就没有教育。教师要用爱去包容、接纳学生的差异，这种爱必须是发自内心的真情流露。

教育需要耐心和智慧。用心倾听学生内心的声音，尊重学生的人格，耐心守候，静待花开。用智慧的眼睛去发现和挖掘学生的闪光点，因材施教，因势利导，用智慧引导学生成长。

老师，我不参加社团了

每年的教师节，关老师总会收到许多毕业生的祝福短信，还有一些同学会亲自回到母校，和老师分享着自己在机器人、科学学习上的心得和趣事。这是关老师最幸福的时刻。

这些学生以前都是民族小学机器人社团里的孩子，虽然已经毕业多年，但始终记得在机器人社团里探索研究的快乐时光，心里牵挂着那个曾经给予自己鼓励、支持和帮助的老师。

机器人社团是在学校的支持下于2003年组建起来的，最初只有四、五年级的

13名学生，后来队伍不断发展壮大。关老师带领学生们参加了多项海淀区、北京市的机器人比赛，同学们也在这个过程中收获了许多。

一次区级比赛训练中，大家都刻苦地投入其中，尤其是比赛前的两周时间里，关老师对每一个小细节都抓得很严。有一天，一个学生在训练的时候情绪不好，看得出来她很累，训练不太专心，关老师就提醒了几句。女孩沉下脸，生气地说："老师，我不参加比赛了。"说完背着书包就要走。关老师当时也很生气，就通知家长把她接走了。

第二天，关老师心里仍然惦记着这个学生，但又不知怎么去解决这个问题，于是，便和马校长聊起了这件事。马校长听后思考了一会儿，语重心长地说："你们这个社团，不仅仅要对孩子在知识技能上进行培养，在意志品质、团队精神上更要下功夫。团队当中老师应该是什么样的角色，应该怎么去培养这个团队，你都要再好好地思考。"听完校长的话，关老师陷入了沉思。

距比赛还有一周的时间，女孩的妈妈打电话给关老师，说孩子还想参加社团。于是，关老师和女孩家长、女孩进行了一次深入沟通。关老师强调了机器人制作很有意思，但同时也充满挑战，能够进入机器人社团不容易，无论训练过程中多苦多累都不应该轻易放弃。最终三人达成共识，女孩重返社团参加培训，但是要接受一段时间的考察，如果情绪和态度稳定才能参加正式比赛。在接下来几天的配合训练中，女孩表现很认真，态度也很好。后来，她和伙伴配合顺利地完成了比赛，并且再也没有出现之前的状况。

这件事情之后，关老师也开始转变自己的一些想法。之后的社团活动中，关老师不会像以前那样着急，而是温和地引导学生，不但注重培养学生知识技能，也特别关注激发学生对科学的兴趣，关注团队意识、凝聚力的培养，关注学生心理情感状态。社团活动不仅仅是为了取得成绩和荣誉，更重要的是激发学生的热爱，社团应该成为立德树人的摇篮。

如今，学校的机器人社团已经培养了几百名学生，他们多次在海淀区、北京市的重要比赛中取得好成绩，也曾经到国外参加国际比赛。很多同学到了初中、高中，甚至大学还一直在参与机器人社团活动，更重要的是他们保持着对科学研究探索的热情，这让关老师十分欣慰。关老师也一直希望，机器人社团能够给学生们心里种下一颗种子，一颗热爱科学的种子，并在成长的过程中继续呵护它、滋养它。一份真挚的热爱，或许可以帮学生们开启一段更好的人生。

瑞瑞得了"100分"

世界是五彩缤纷的，人也是各不相同的，每个孩子更是独一无二的。面对不同的生命个体，教师应当尊重、理解、宽容、欣赏，并努力为每个学生创建和谐的成长环境。

9月，校园里来了一群活泼可爱的新同学，毛老师观察着班里的一张张新面孔，听着他们的欢声笑语，自己也格外开心。不久，毛老师便发现班上的瑞瑞有点特别，他不像其他同学那样喜欢和老师同学交流，如果有人和他说话，他也是低着头，眼神总是闪躲，不愿直视对方。

通过和家长沟通，毛老师了解到，瑞瑞在入学前识字量比较少，读的书也不多。入学后，虽然老师会帮助读题，但他有时还是理解不了题目的意思，和班上的同学有很大的差距。可能正是因为如此，瑞瑞才会表现得比较内向，甚至有点胆怯。毛老师很担心，长此以往，瑞瑞的自信心会受到一定的影响。想着不久前开学典礼上的重温教师誓言"让每一个孩子都健康成长，让每一个家庭都充满希望！"毛老师下定决心要帮助瑞瑞，绝不能看着他掉队。

经过一阵思考之后，毛老师决定先从课堂提问入手。上课时，毛老师尽量多给瑞瑞发言的机会，叫他回答一些简单的问题，读一读题或是写一写简单算式。只要他发言，就会鼓励同学们一起肯定他、表扬他。慢慢地，瑞瑞有了自信。有一次，他居然主动举手回答问题，而且回答得很完整。毛老师感到很惊喜，和全班同学一起为他鼓掌，瑞瑞的脸上也扬起羞涩的一笑。

从那天开始，毛老师发现瑞瑞变了，他上课不再发呆、愣神，眼睛中还时常闪出好奇的光，发言的次数越来越多，手举得越来越高，声音越来越洪亮，字写得更工整了，作业完成得也越来越好。

虽然瑞瑞在数学学习上有明显的进步，但学业表现仍然不理想。别人三五分钟就能做完的题，他要半小时才能做出来，而且做过的题目稍微变换一下，就又不会了。为了帮助他，毛老师经常站在瑞瑞的座位前陪着他做题，一边用手指瑞瑞的书，一边为大家读题,这样他就能跟上了。看到老师这么努力地帮助自己,瑞瑞学得很认真,家长也特别支持。渐渐地,他学会了认真审题,好好检查,只要做过的题,再检测时,就不会再做错。

在接下来的一次模拟测试中,瑞瑞认真作答,虽然做题速度比较慢,但是他特别认真,做完之后仔细检查,最后这次数学测验竟然得了 100 分。瑞瑞高兴得手舞足蹈,毛老师在班上特别表扬了他,全班同学都为他鼓掌。

那天晚上,瑞瑞妈妈给毛老师发了好长一段信息:"我一直知道自己的孩子和别人相比有些特殊,与人交流沟通的能力比较弱,学习上也很吃力,我和瑞瑞爸爸也感到非常焦虑,但又不知道怎样才能帮助到孩子。刚入学的时候,我们担心孩子在新环境里不适应,会因为和同学之间的差距而变得更自卑、更封闭。没想到,瑞瑞在学校里不仅交到了朋友,学习上还有了这么大的进步。当看到孩子得了 100 分的时候,我激动得都哭了,这些日子的努力没有白费。我和家人特别感谢您在孩子成绩不好的时候,没有嫌弃他,出现问题的时候,也不指责他,而是想各种办法帮助他。正是因为老师和学校的不放弃,瑞瑞才有了今天的成绩。"

毛老师对瑞瑞妈妈说:"只要努力就会有收获,瑞瑞其实很优秀。每个孩子都像是一朵花,只是花期不同。有的小花,他到春天、夏天就绽放了,有的小花要等到秋天、冬天,还有的孩子可能就不开花,因为他是一棵树,要经历风雨,长成一棵参天大树。每个孩子都是不一样的,只要我们用爱、用心去教育,最后每个孩子都能成才。"毛老师还为瑞瑞妈妈提供了一些具体的建议:如何帮助孩子学习,错题要怎么整理……这些具体的方法给了家长一个抓手,让家长在帮助孩子的时候更有的放矢。有了老师和家长的鼓励、帮助,瑞瑞的学习成绩进步了,更让人欣慰的是,瑞瑞也变得开朗了许多,他的嘴角总会扬起幸福的笑容。

现在瑞瑞已经五年级了,他的数学成绩一直很不错。在他心里,一年级的那个100分,就像是一个礼物,让他感受到成功的喜悦;也是那个100分,在他的心里埋下了一颗种子,学习不是什么可怕的事情,勇敢地面对成长中的挫折与困难,就是在做"最好的我"!

小胡变形记

现在的学生和以前的学生已经大不相同了。他们的信息来源多,自我意识强,受传统观念的影响小,所以教师要继续维持以前的"师道尊严"不是那么容易了,学生更多地把自己放在一个与教师平等的位置上。

因此,教师们在工作中要学会换位思考,把学生放在平等的地位上,走进学生内心。学生虽然聪明,但是教师要"更胜一筹"!碰到问题,不是埋怨,不是发火,而是动脑筋,想办法,随机应变,想出最佳的方法来,争取圆满解决。

李老师班里有这样一名学生。他每天一早到校,未见其人,先闻其声:"我去上学校,背着炸药包……"据了解,小胡的童年是在父母经常吵架及大量阅读有关第二次世界大战的图画书中长大的。除了有关第二次世界大战的书籍,他最爱看的书就是《福尔摩斯探案集》。每天在学校里,小胡要不拿着一本《福尔摩斯探案集》高喊"换书吗,谁换书"到处找同学换书,要不就往桌子上一趴,画战争小人,而且是随处画,桌子上、书上、纸上、墙上、窗台上……他的桌面上、桌斗里、柜子里永远是一堆纸。课上如果不画画了,就会随便接老师下茬儿,跟老师唱反调。听到同学的问题,他会马上非常夸张地笑出来。

面对小胡,李老师又生气又着急。一开始也没有多少高明的方法能一下子改变他,而且改变他不是一蹴而就的。作为班主任,多年的工作经验让李老师非常了解学生,越是批评挑毛病,就越会让他们远离你,教师的教育引导会事与愿违。在没有找到恰当的教育方法前,要耐心观察学生,了解他的喜怒哀乐,寻找适合的教育时机。

从画画入手,找到沟通话题

小胡总是趴在桌子上到处画小人,桌上桌下乱哄哄的,所以李老师决定先解决他的卫生问题。一次课间,老师提醒小胡整理东西,还动手帮他整理起来。老师随手拿起他的大作，仔细看了看说："这一张又一张画……哎，你别说，画得还真挺传神的……"老师一边收拾一边跟小胡说话，他也不理老师，就趴那儿接着画。嘿！速度还真快，唰唰几笔，一个个穿着制服，手拿机枪，头戴军帽，准备向敌人射击的士兵就画出来了。李老师禁不住夸奖他："你这小人画得还真传神，你学过画漫画吗？""没有啊，都是我自己怎么想就怎么画的。""哇！那你可真厉害，比我儿子画得好多了，看这小眼神。嘀！还有情节呢，这两边准备打起来了，谁和谁打呢……"就这样，李老师和小胡第一次愉快地聊了起来。"你这画画得多好啊！但就是画得到处都是，扔了多可惜啊？！不如你把画都画在一个本子上，按照漫画的形式，编成故事，一个情节一个情节连续地画，以你这能力，以后就能出本漫画书了！怎么样，考虑一下，到时候出书了我给你在班级里做漫画展……"

中午，李老师在班里跟所有同学说起了这件事："同学们，我发现咱们班真是人才济济，卧虎藏龙。看小胡的漫画画得多好啊，你们发现了吗？那一个个小人画得很传神，还有故事情节一气呵成，从来不需要打草稿，自成风格。以后小胡说不定能成个漫画家呢！"同学们纷纷投去羡慕的目光，趴在桌子上的小胡也自觉地坐直了。

放大闪光点，寻找积极因素

从这以后，小胡上语文课的态度发生了些许变化，课上渐渐地开始主动发言了。与此同时，李老师在班里开展了日常优秀表现赢取印章换奖励的活动，在全班面前强调，每个人都有自己的优点和不足，大家要学习别人的长处，把别人的优点大声说出来，看到别人的问题就在他耳边轻声说。能够实现自我超越的同学是最棒的，

和而不同，快乐成长

老师会奖励印章，肯定他的积极进取。

在日常，李老师会特别关注小胡，发现进步就及时鼓励。"小胡现在进步最大了，课上能跟着大家一起看语文书并积极发言了。""现在小胡能把自己的东西收拾整齐一些了，小胡真棒！""小胡课上能够不随便出声音了，自我修炼就是这样一点点改变。""如果做眼保健操时不乱动，跟着一起做就更好啦！"……就这样，小胡每天得到的印章总是最多的，一下课就会拿着奖章本到处炫耀。有时候语文课上他没记笔记，为了得到奖章下了课就会跑到李老师办公桌前补笔记。

看到他身上发生的变化，高兴的同时李老师也知道，学生的问题有时会反复出现。果然好景不长，没过一个月，小胡原有的问题又逐一出现了。尤其是到处画画的问题，他把班里的作文稿纸拿来画，酸奶箱的硬纸板拿来画，去教师办公室拿A4打印纸来画。

随便拿东西肯定是不可以的，但不能直接去批评，而且小胡这么做的背后可能有他的原因。有时孩子的理由很幼稚、无厘头，但这就是孩子的世界。

一次，李老师又发现小胡拿了办公室里的A4纸，于是就从办公室追了出来，询问他拿白纸的原因，而且告诉他如果真有需要，可以跟老师要，如果理由合理老师肯定会拿给他，但是不能随便拿，这个行为不好。小胡一听，很不好意思地低着头，主动说："老师，我错了，但是我想做我的漫画书。""这个怎么做书呢？""能做，我都快做完一本了，我还打算出第二本。""是吗？快拿来我看看……哇，不再是战争小人了，是上学的故事，很贴近你自己的生活，这不就是你吗？还有语文课的内容呢，真有意思……小麻雀是老麻雀的元首，你还挺幽默的。我说你有当漫画家的潜质吧，很多漫画家的作品都是以自己的生活为创作基础，等你长大真出书了一定要给老师寄一本啊！"小胡虽然没说话，但他的眼神里有了一丝丝信任。后来，李老师在班里对小胡行为习惯上的提醒，他都能听进去了，并落实到了自己的行为中。虽然还存在这样那样的问题，但这就是好的开始。每个妈妈对自己的孩子都会说，妈妈会陪着你慢慢长大！作为班主任，对于班里比较特别的学生，也要能像妈妈一样慢慢陪着孩子，鼓励孩子慢慢长大，慢慢改变，寻找他们每个行为背后的积极意图。这才能让学生们觉得受到了认可并感觉到自己的价值，这是学生发生改变的重要前提。

规范严要求，做好家校沟通

看到小胡的积极变化后，李老师便开始对他的其他不当行为逐一严格要求，比如未及时清理垃圾。有一次放学后，老师进行教室消杀，看到小胡的桌子下有纸屑，走近细看，暖气片下面、桌斗里、柜子里全是各种纸屑。热心的同学们看到后要帮忙清理，但李老师没有让其他同学帮忙。自己的行为后果应该由自己承担，自己要对自己负责，要让小胡自己经历清理的过程。于是，第二天李老师便和小胡说："请你把桌斗里、柜子里、暖气片下面的垃圾清理干净，放学的时候我来检查，不合格不能走哦。"小胡一听就炸了，说："这不是我扔的。""这个我还要呢,我不想扔。"……一直到放学，也没有清理。"小胡清理完垃圾再放学啊！"李老师提醒他。可是过了一会儿发现小胡不见了，垃圾也没有清理。但既然已经跟他明确了要求，那就必须要落实，不然就成了说一套做一套，执行中打折扣，学生就容易钻空子，不能及时意识到问题所在并做出改变。于是，李老师联系了小胡的妈妈，跟她说明了孩子的问题，以及让孩子回来清理垃圾的必要性。老师的意见得到了家长的理解与支持，他们把孩子从家里送了回来（家离学校也较近）。小胡带着怨气与怒气，李老师虽然也有点生气，但内心不停地告诫自己，谁先急谁就"输"了。李老师递给小胡一个垃圾袋，让他把垃圾放进垃圾袋里。他一边收拾一边唠叨，还把垃圾气愤地往楼道里一踢，李老师见状笑着说："这下你清理的范围又扩大了。"这时正在做楼道保洁的师傅看见了，递过来一个黑色大垃圾袋，问道："要帮忙吗？"李老师马上回应："不用啦！孩子可以自己整理的，您辛苦啦！"小胡见状默不作声地把地上的垃圾收拾干净了。

当晚回到家后，小胡妈妈发来短信，说小胡知道自己做错了，更不应该跟老师顶嘴。第二天，小胡还特意写了一封道歉信交给了老师，内容很简单，但能看到真情实意。在之后的日子里，小胡的桌斗里、柜子里的垃圾越来越少了。在这次与小胡的"较量"中,老师"赢"了,赢在看到学生的问题不急不躁,赢在有要求能落实,赢在微笑中的严格要求。

类似的"较量"不只在卫生方面，还有科任课不随便下座位、做眼操时不出教室跟着大家一起做、课间操跑步不掉队等。在一次次的"较量"中，老师一方面严格要求、检查、反馈，另一方面表扬肯定他的点滴进步。每一次"较量"的结果，

和而不同，快乐成长

一定是在班中表扬他的进步，给他不断前进的动力。

树立自信心，刷出班级存在感

在班里，不管看到小胡在哪方面取得了进步或者哪科取得了好成绩，李老师都会在班里对他大力夸赞，有时还开玩笑地说："如果你纪律能再好一点，你就是咱班的学霸啦！"给他树立自信心与目标的同时，李老师还会不断地找机会让小胡来为全班帮忙，做他力所能及的工作："帮老师个忙好吗？帮忙把垃圾倒一下呗！""小胡，帮忙把作业发一下。""小胡字词掌握还挺好，你来帮我给同学听写吧！""小胡的电脑用得不错，你来负责管理咱班的电脑吧！""每天同学脱口秀前，小胡来帮同学把演示文档（PPT）拷入电脑。"……

如今，虽然小胡还会出现一些违反纪律的现象，但是他与同学的矛盾越来越少了，集体荣誉感越来越强了，在班级没有获得流动红旗的时候，他会在黑板上写"下周要加油了"。小胡越来越愿意为班集体做事了。他每天中午吃饭后，便拿着垃圾袋安静地收走所有同学的餐后垃圾，每天早晨走进教室就会亲切地喊一声"老师好"，而不是"炸药包"了……

/三/ 善待差异，百花齐放

志愿服务小榜样

近年来，民族小学在学生的习惯养成教育方面，十分重视培养责任担当的意识以及劳动能力。每个学生不仅要管理好自己，还应该心怀一颗火热的心，在各种劳动实践中，体验劳动的快乐、增长技能，学会关爱他人、热心服务、帮助他人，在一点一滴的小事中懂得担当与责任，逐渐养成为一生的好习惯。

为此，学校设立了红领巾志愿岗，每个学生可通过自主申报，自愿承担集体中人、事、物的管理任务。从一年级开始，每班就设有分餐员、黑板美容师、窗台清洁员、节能小卫士、图书管理员、作业管理员、营养快递员、课前提醒员、桌椅小管家等数十个岗位。学生选择想要负责的一个岗位，佩戴工作标牌，坚持每天为大家服务。

从二年级起，小璟琦就承担了班级的图书管理员工作。民族小学是一个书香校园，学校为每个班级设立图书角，配备大量适合学生年龄段阅读的图书。每天放学前，

图书管理员都要将班级图书角里被同学们翻乱的图书按照编号摆放整齐。小璟琦很热爱这项工作，并且感到非常自豪。虽然这让他每天都比别人晚半小时回家，但他从没怨言。他常说："看书可以长知识，图书角乱了说明同学们都爱看书，这是好事，我愿意收拾。"同学们也很受感动，经常来帮他一起整理。在整理的过程中，小璟琦发现班级中的图书由于经常被翻看出现了不同程度的破损，有的书折角了，有的书撕了小口，有的书甚至直接散架了。看到这些破损的图书，小璟琦非常着急，他既担心第二天同学们无法阅读这些书，更认为自己作为图书管理员没有尽到保管好班级书籍的责任。于是，他就把"受伤"的图书全部带回家，用胶条、贴纸修补破损的图书。有的图书封面已经完全掉下来了，他怎么也弄不好，情急之下只好拿来一个大夹子把书夹起来，可是这样会影响同学们翻看啊。正当小璟琦一筹莫展之时，他想起姥姥退休前在单位图书馆工作，一定有修补图书的好办法，就赶快请姥姥来帮忙。

　　姥姥看了看"受伤"的图书，马上带小璟琦去市场上购买了一些502胶水。回到家后，祖孙俩开始了热火朝天的修复工作。姥姥戴好老花镜，让小璟琦先将图书封面展开，整理平整，再将封面和书芯对齐。姥姥一只手捏好整本书，另一只手将胶水一点点地涂抹在书脊处，然后使劲压住，再用大夹子夹牢，就这样夹一整晚，第二天封面和书芯就完全贴合在一起了，受伤的图书摇身一变成了"新书"，小璟琦心中别提有多高兴了。在姥姥的指导下，小璟琦也慢慢学会了穿线、补书皮、抹糨糊、贴标签等工作，在他看来，修补图书好像在进行艺术创作，把"受伤"的图书尽可能美观地恢复成原来的样貌，是一件很有成就感的事情。小璟琦将修补好的书籍带回班里，同学们看到完好的图书非常高兴，觉得小璟琦和姥姥棒极了，七嘴八舌地问他用了什么"魔法"！

和而不同，快乐成长

后来，小璟琦还利用暑假时间报名参与了国家图书馆青少年志愿活动，从中学习了分类号和索书号等大型图书馆中书籍排列顺序和分类知识。在民族小学，像小璟琦这样有责任心的红领巾志愿者还有很多，有每日准时升降旗，从未迟到过的光荣升旗手；还有每日为同学们精心备稿、认真播音的广播员……这些尽职尽责的小志愿者们为小伙伴们树立了学习的榜样。

每学期，学校还组织全校学生在志愿者旗帜下进行宣誓，通过庄严、隆重的仪式，让学生懂得自己肩上的一份责任是神圣的。学生们通过做好一点一滴的小事，在服务他人的同时获得了精神上的愉悦和满足。学校组织学生投票评选出自己身边的优秀小志愿者，进行全校表彰。同学们把这些尽职尽责的小志愿者们树立为学习的榜样，向他们看齐，小志愿者们在民小校园中大放异彩。

在志愿服务岗的教育实践活动中，"向小榜样学习"的氛围已经充盈到校园的每一个角落，校园中人人有事做，事事有人管，学生们在自我管理和相互服务的过程中，培育了责任感，增强了劳动观念。在"向小榜样学习"的氛围中，学生们养成了正确的价值取向和行为准则，在向同伴学习的过程中，形成良好的思想品德，潜移默化地把社会主义核心价值观的种子播撒在心中，并融入他们的梦想中去。

从不迟到的泽雨

2020年1月17日，是让泽雨终生难忘的日子。这一天，学校在体育馆举行了盛大的结业式。同学们静静地肃立着，目不转睛地望向主席台。结业式之后将开启盼望已久的寒假生活，这是多么令人兴奋的事啊。更重要的是，结业式上按照惯例会表彰这一学期在学业、体育、科技等各种活动中取得优异成绩的同学以及"最美少年"。此时此刻，每个同学的心里都是七上八下，盼望着主持人叫到自己的名字。

泽雨也是他们中的一个。在民小的六年，每一个清晨，当很多同学还沉浸在梦乡中的时候，她的生物钟却牢牢定格在5∶10，在民小的11个学期，只要上学就从没迟到过一次。从家到学校，穿过几个城区，她从没诉过苦；从一年级时的小豆包到六年级时的翩翩少女，她岁岁年年、日复一日，从没喊过累。

民小榜样的颁奖词让大家再次聚焦到那个漂亮但是看上去有些纤弱的小姑娘身上。泽雨被评为了民小榜样，她用自己顽强的毅力和不屈的精神赢得了大家的赞誉。要知道这是一年一度民小最具影响力的表彰，获此殊荣的学生必须是某一方面非常优异，能够成为全校同学学习的榜样。敬爱的马校长亲自给她颁奖，这是多么令人激动的事啊！

在热烈的掌声中，泽雨迈着坚定的步伐走向领奖台。6年前，民族小学的一次开放日发生的故事让她记忆犹新。那一天，小泽雨跟随家长驱车40多公里慕名来到民族小学，她一下子便被学校古色古香的校园环境吸引了。学校有鸡兔同笼的小动物园、充满童趣的儿童乐园、配着音乐变幻多姿的喷泉，还有小池塘里自由嬉戏的各种鱼儿……这一切都深深地吸引了她。"妈妈，我喜欢民族小学，我就想来这里上学！在这里学习和生活一定非常快乐！"小泽雨大声地告诉父母自己的想法。"泽雨，我和爸爸也喜欢这里，你看'和而不同，快乐成长'的理念正是我们所希望的。可是咱们家住南城，距离这儿实在是太远了，你还小，每天天不亮就要起床，真的太辛苦了！"妈妈耐心地跟她解释着。"不，我就要来这儿上学！呜——"小泽雨的哭声越来越大，引来马校长的注意。"小朋友，怎么了？能跟我说说吗？"马校长弯下腰，抚摸着小泽雨的头，小声地问道。"马校长，我们都很喜欢这所学校，刚才又听了您的讲座，非常欣赏学校的教育理念，和我们的想法很契合。可就是我们住得太远了……"泽雨妈妈抢过话，无奈地叹口气。"哦，原来是这样。"马校长一边回应家长，一边抚摸着泽雨的头，继续说道："孩子，人生路很长很长，在这条路上行走会遇到很多困难。如果来到民族小学上学，你面对的困难会比别人多很多，家距离学校很远，路上会很辛苦，冬天冷得刺骨，夏天热得汗流浃背，别人每天7点起床，你得5点起床，别人放学5点到家，你得7点到家，面对这些，你怕不怕？""我不怕！"小泽雨擦干眼泪，坚定地说。"那就好！我们做个约定，你能保证6年在民小上学不迟到，我就在毕业前夕给你亲自颁奖！敢和我拉钩吗？""敢！"就这样，大手小手拉在了一起，小泽雨立下不迟到的誓言。

和而不同，快乐成长

承诺容易，做到很难。小泽雨妈妈告诉班主任，泽雨一直记着对马校长的承诺，无论多大困难绝不迟到。有一天，天气很冷，早上6：20泽雨爸爸一如既往地开着车向学校的方向穿城向北。但前方突发的连环追尾事故，导致堵车非常严重，1分钟、2分钟、10分钟……小泽雨急得直喊："怎么办？我可不能迟到！我必须履行诺言！""堵得不算太远，大概两站地，再等等！"爸爸一边听着交通广播一边安慰泽雨。"爸爸，我和妈妈走这两站地吧！"说完，便推开车门背起大大的书包不顾一切地向前跑。妈妈赶紧跟下来，抢过书包跟着女儿一起往前跑。就这样，一大一小两个身影在寒冷的冬日清晨一路向前，20分钟后母女俩跑过了堵车点。妈妈招手拦下一辆出租车，小泽雨坐上车，用柔嫩的小手擦着满头的汗水，如释重负地说："妈妈，早读我不是第一名了，以后咱们把闹钟再调前一会儿吧，以防万一再堵车。""嗯，听你的！"此时妈妈心中涌起的是心疼，更是感动、骄傲。

随着年龄的增长，小泽雨的作业量渐渐多起来。每天到家已是晚上7点左右，除去吃饭洗漱，她还要练琴、写书法、做作业。完成一天的任务后时针往往已经指向11点了。如何提高效率、和时间赛跑成了小泽雨新的课题。"泽雨，我听你们班主任说，这几天上课你总是犯困，能跟我说说原因吗？"一向关心泽雨的马校长在校园里特意找到她关切地询问着。"我就是每天睡觉有点晚，老是困。"泽雨不好意思地低着头。"孩子，时间对每个人都是公平的，跑赢时间的人才能成为时间的主人。你好好想想，你的时间都去哪儿了？"校长向小泽雨提出了一个问题。"跑赢时间？对。我们刚学完一篇课文，叫《和时间赛跑》。林海音和时间赛跑，就是在有限的时间里多做有益的事。嗯，马校长，我知道了，我知道怎么跑赢时间了。"小泽雨用力点点头，坚定地说，"谢谢马校长的启发！"之后的日子里，小泽雨变了。她把看名著的时间放在回家的路上，

172

把写家庭作业的时间挤在午间，背诵课文的时间是从每天洗漱、上卫生间的时间抢来的……这样，她的时间真的多了起来，晚上能够提早到10点前准时休息。效率高了，瞌睡虫被赶走了，上课时，小泽雨再没犯困。

转眼6年时间过去了，如今的小泽雨站在了高高的颁奖台上，马校长笑吟吟地把奖状送到泽雨手中，并向全体师生讲述了6年前那个发誓永不迟到的小姑娘的故事。小姑娘的执着和勇气、马校长的鼓励和支持感染着在场的每一个人。

泽雨的故事随着她的毕业画上句号，但她不屈不挠、勇于挑战自我、持之以恒的精神却定格在民小每个孩子的心里。

见识比知识更重要

今日学校培养的学生，明日走向社会，是要成为国家栋梁的。他们是否具备面向未来的素养和能力？他们是否拥有开放的胸怀与高远的格局？学校如何为他们的成长与成才奠基？面向未来社会，不仅仅需要知识技能，更需要开阔的眼界、广博的见识。

小文是民族小学培养出来的优秀毕业生之一。党老师是他小学六年的英语老师，见证了他六年的成长历程，也见证了广博的见识对他的成长所发挥的重要作用。

家长大讲堂，打开面向社会的一扇窗

学校一直重视开放办学，为学生创造更开阔的教育环境，提倡将学生的课堂拓展到学校外更大的空间。党老师率先响应发起了家长大讲堂，将各行各业的家长邀请到班级给学生们做专题讲座，拓宽孩子们的视野，增长孩子们的见识。家长资源非常丰富：有研究航天飞行器的国防研究员，有知识产权方面的专家，有水利运输方面的专家，有医生，有银行金融专家，有美食营养专家……小文的爸爸也多次走进班级，为同学们以系列讲座的形式介绍航天知识和国防知识。丰富多彩的讲堂内容令所有的孩子兴奋不已，家长大讲堂成了最受学生欢迎的课堂！整整六年，小文和同学们在其中吸收到了丰富的课本外知识，极大地拓展了视野，增长了见识。

多彩社团活动，增长多方面见识

为了增长学生们的见识，学校还成立了丰富多样的社团：有弘扬传统文化的国学社、书法社、国画社、京剧社；有增强体魄的篮球社、足球社、网球社、跆拳道社；

和而不同，快乐成长

有单片机编程、计算机等前沿科技社团；有学习多元文化的英语阅读社团和英语戏剧社……在民小，每个学生都能根据自己的兴趣爱好参与到适合的社团中。

小文热爱科学，喜欢单片机编程。他从一年级开始就是民小单片机社团的成员。在老师们的培养下，小文六年来获得了"蓝桥杯"单片机全国以及北京市一等奖、"蓝桥杯"C++市赛一等奖、CSP二等奖等，硕果累累。

在学校传统文化的熏陶下，小文还爱上了国学经典，并成了国学社的成员。六年来，小文通读了《论语》《道德经》和《孟子》，并在各项学校活动中主动运用、加深感悟。二年级时，小文在体育馆带领全体师生诵读《论语》。他说："通过诵读《论语》，我知道了学校的校训'和而不同'来自论语。子曰，'君子和而不同，小人同而不和'，意思是说君子可以与他周围保持和谐而融洽的氛围，但他对任何事物都有自己的独立见解。从中我明白了学校是要把我们培养成为君子。"三年级时，来自新疆的小朋友和国外的小朋友到学校参观，在多元文化的交流碰撞中，小文明白了"和而不同"还是多个民族多种文化的和谐共存与相互融合。四年级时，党老师在课堂上和学生一起学习"和而不同，快乐成长"的英文"Keep Harmonious in Diversity, and Grow Up Happily"。"harmonious"就是和谐，"diversity"就是多样化，"Harmonious in Diversity"就是多样化中有和谐。小文更加深刻地理解了校训的含义。学习并运用传统文化，中西贯通融合，小文感受到了语言和文化的魅力。

小文还是英语戏剧社的一员。他参演的英语戏剧《罗宾汉》《雅各布叔叔》(*Uncle Jacob*) 被搬上了学校舞台，主演的百校百剧《我的脾气不好惹》成为全国校园安全宣传节目。

科学、国学、戏剧……正是在丰富多彩的社团活动中，小文收获了多才多艺，获得了丰富的学习资源与平台，增长了见识，打开了眼界，取得了一个个优异的成绩。

"六个一"育人工程夯实成长根基

民族小学为落实"六个一"（一手好字、一副好口才、一笔好文章、一个好身体、一份好担当、一生好习惯）育人工程，搭建了多级平台并引入各种资源。小文的好口才就是在其中练就的。他用英语主持学校英文节目，用英语向来宾介绍校园。作为一名学校红通社的成员，小文利用业余时间写稿、训练和练习，每周二、周四都为全校师生广播；他主持了多场学校及校级以上的大型活动，包括"民小英语戏剧之夜""北外阅读风采全国总决赛颁奖活动""全国中小学校园双语标志活动""垃圾分好类、环境更优美"升旗仪式等。

特别是五年级时,学校开展全国校园双语标志活动,小文作为主持人在更大的舞台上得到了锻炼。当面对镁光灯和电视台记者时,他毫不怯场,落落大方,灵活机动,展现了民小学子的优良素质。

五年级下学期,他还代表学校参加北京市海淀区"一带一路"演讲比赛,获得了优秀的成绩。在主持完"北外阅读风采全国总决赛颁奖活动"后的现场采访中,小文感慨地说:"今天能顺利圆满地完成主持任务,要感谢民族小学和老师们的培养,学校为我们提供了这么好这么多的学习和锻炼机会,锻炼了我们的能力,增长了我们的见识!"

志愿服务,走向社会大课堂

社会是大课堂,为了让学生们更多地走向社会、了解社会,增加他们的社会责任感和担当意识,学校还提供了各种志愿服务的机会。小文担任了世界锦标赛闭幕式志愿者、国庆70周年大型活动志愿者、中国文化宣传志愿者、北京爱心斑马线文明引导志愿者以及世界清洁日北京志愿者。如今,小文已经是北京市注册志愿者。即便升入初中后,他还利用周末的空余时间定期参加北京志愿者服务活动。

全面成长结硕果

在学校全方位育人的教育理念下,小文六年来全面发展,处处开花,取得了多项优异成绩和荣誉称号。民族小学在他心中播种下一个精神内核,见识比学识更重要,学习的课堂永远不拘泥于课堂和课本。带着这种开放多元的求知态度,现在的他依然优秀,受到老师和同学们的喜爱与认可。

小文是民族小学众多学生中的一员,这片沃土已经滋养出一批又一批像小文这样"既有学识又有见识"的优秀学子。

我和我骄傲的倔强

美国心理学家罗杰斯曾这样说道:"人的先天潜能是无比优秀的,后天的教育就需要创造一种适宜的环境和条件,使之得以实现。"在课程改革的今天,学校一直在努力创设一种适合学生学习和成长的教育环境。我们都知道,宽松和谐的学习

和而不同，快乐成长

氛围对孩子的成长十分有益，不仅让孩子更有安全感，有利于孩子们形成良好的性格，而且也有利于培养孩子的责任心和爱心。

于学生而言，在快乐轻松的学习环境中自由生长是莫大的幸福。于学校而言，看到每一个独特的小幼苗茁壮成长也是最幸福的事情。正是秉持这种独特的育人理念，民族小学师生都沉浸在教育的魅力与甜蜜中，这种幸福感在每年教师节都显得尤为深刻，因为这一天是阔别已久的毕业生们与老师们重逢相聚的时刻。

久别的小蒋

在久别重逢的孩子们中，老师们总能看到小蒋那熟悉的身影。在唐老师的记忆中，小蒋是个聪明、爱思考、追求完美的孩子，只要是他认准的事情便会做到极致。正因小蒋身上这些优秀的品质，他不但学习成绩名列前茅，而且在机器人、天文学方面也有突出的表现。他设计的作品总令人赞不绝口。如今，小蒋不仅是一名成绩优异的高三学生，还是国家天文队的队员之一。

但在小蒋两岁的时候，他被诊断患有孤独症和强迫症。在唐老师的记忆里，他是一个苛求完美的孩子，只要他认为自己做不好或者不认同的事情就坚决拒绝去做。如果考试的作文题目是他不认可的观点，他就会一字不写；如果手机斜着放在桌子上，他会立刻摆正。

班里的同学经过几年的相处，渐渐地接受了这样的他，从来不强迫他的参与，也不会排斥他，对他非常包容。但是，有些活动是需要全员参与的，这种时候往往很让人发愁。

小螃蟹参与歌咏比赛

小蒋拒绝开口唱歌，因为他认为自己五音不全，包括音乐课上都不会开口。有一次，全校进行歌咏比赛，要求所有学生必须参与，否则会影响班级的成绩。唐老师班级合唱的歌曲是《外婆的澎湖湾》，小蒋坚决不参加。唐老师便慢慢开导他："你觉得自己唱歌跑调，影响班级水平，那你上台后站着就行，不张嘴或张嘴不出声都可以。"

小蒋却说："老师，这样不行。只要我上台了就必须得出声，但是我要是出声了又不好听，我不能接受，我不能做那样的人。"

唐老师只能继续去找音乐老师和小蒋的家长共同商量解决办法，这个苛求完美的孩子，别人不能强迫他去做任何他不想做的事。

"这个节目除了唱歌之外，是不是还能加点其他的？比如一些舞蹈啊，配乐啊，或者其他什么东西？"

"我们的歌曲是大海边的场景，那么可以添加一些道具，比如小贝壳、小螃蟹这类的东西，或者在台上画画也可以。"

正好这个时候，小蒋在机器人社团设计了一个作品，作品是一个遥控小汽车。唐老师顿时想到了一个好主意——可以让小蒋遥控小螃蟹啊。

没想到，小蒋欣然应允了，他觉得这个角色比较适合他，他也愿意去做。但是，这个苛求完美的孩子，又给老师出了一个新难题：必须提前提供精确的路线、尺寸和螃蟹的行走速度。舞台上的不可控因素太多，这些数据还真不好说。不过，比起他的不参赛，这些都是可以解决的小问题。

参赛那天，同学们在前台唱歌，小蒋就在后台遥控着小螃蟹在舞台上来回"游"动。他做得很投入，也很完美。台下的同学看了之后觉得特别有意思。

这个节目获得了学校的"最佳创意奖"，这个奖项的获得与小蒋所做的贡献有很大的关系，当然也凝聚了同学们的宽容与老师的用心。颁奖的时候，唐老师让小蒋代表班级去领奖，他欣然同意，高高兴兴地站在台上，但依然用奖状遮住了自己喜笑颜开的脸。

补拍的毕业照

小蒋拒绝照相，因为他认为自己不上相，照出来的照片没有他本人好看，所以平时的镜头里永远不会有他的身影。在社团的日常活动或者集体活动中，照片里的他都是用胳膊或者课本遮挡着面部。他对这件事情拒绝而且敏感，没有人能够抓拍成功。

临近毕业，班级要照毕业照了，小蒋拒绝参加。这在大家的预料之中，学校的老师和同学们也不会去强求他，但毕业照意义非凡，同学们可能再难相见，如果少了他，一定会有些遗憾。

唐老师耐心地与他沟通说："这是班级的集体照，但现在唯独少了一个人。小蒋，你难道不愿意进入这个班级的合照里面吗？"其实她知道，小蒋非常喜欢学校，他深爱着这个班级。

"以后每个同学都很难随时见面了，想同学的时候看看毕业照也是一种很好的安慰，但你从来没有留过任何照片给大家，对吧？那大家想你的时候怎么办呢？"

"你和大家一起拍个照，大家拿着照片就能看到你，'噢，这个是小蒋'，大家不在意你好不好看，而在意你是我们班的一员。大家看着照片数一数，正好是26人，都在一起。而不是26-1，还差一个人。"

就这样，唐老师每天都拉着小蒋聊几句，一点点地开导。虽然到毕业之前，他依然没有同意，但是从他的语言里、细微的表情里都能感受到些许的变化。6月中旬，大家在校园里照了毕业合影，小蒋依然没有参与。

唐老师找到小蒋的妈妈，和她聊起了这件事情。妈妈每天回去继续和小蒋做工作，把同学们对他的珍惜和不舍、老师对他的留恋以及不希望他留有遗憾的想法传递给他。

终于，那么执拗的、追求完美的小蒋同意了。

可是，时间已是7月中旬了，同学们已经毕业各有所忙，为了小蒋，大家推掉了一切事情纷纷赶回学校，最终补拍了一张完美的集体毕业照。

小蒋如何克服内心的羞怯大家不得而知，但老师和学校愿意给每一个学生自由释放个性的空间，班里的另外25名学生及他们的家长愿意牺牲自己、孩子的时间补拍毕业照非常令人感动。学校没有因为小幼苗的独特而放弃灌溉，其他孩子也没有因为这株小幼苗的格格不入而逃避疏远。这不正是教育的本质与目的吗？允许多元化的发生与存在，让每一个孩子找到自己的价值，构筑专属于自己的世界，在自己的小空间中幸福安静地成长。小蒋在涉世之初遇到了这样开放轻松的环境是他的幸运，而学校与老师可以探索教育的真理，为每一株小幼苗提供快乐生长的环境，又何尝不是我们的幸运呢？

古诗小达人皮皮

古诗闯关活动是民族小学的传统项目，也是深受家长和同学们重视与喜爱的活动。活动开展以来，激发了学校师生读诗、诵诗、写诗的热情，一个个诗词小达人脱颖而出。留给大家印象最深的就是皮皮，他一年级时在古诗闯关中顺利通过八级，背诵了320首诗词；二年级通过10级，古诗文积累已经达到400篇，并且能够一字不差地背诵韩愈的《师说》。

古诗小达人不是一天炼成的，皮皮也是从零基础的诗词"小白"慢慢成长进步的。进入小学之前，皮皮在古诗文方面没有表现出特别的兴趣和天赋。一年级的时候，每天晨读时间，老师都会带着大家背诵《三字经》《弟子规》《乐诵经典》，皮皮非常喜欢。老师们组织开展了年级的"诗词大会"，皮皮和同学们一起玩了飞花令、诗词接龙等小游戏。在活动中，皮皮对诗词有了更深的了解，渐渐产生了浓厚的兴趣，背诵诗词的积极性越来越高。

兴趣是最好的老师，随着皮皮诵读量的增加，他试着和家长、老师一起探究诗词传达的思想感情，这也进一步激发了他的学习热情。背诵诗词已经融入皮皮的生活中，早晨起床的第一件事就是诵读诗词，晚上睡前也要读诗背诗，即使放假外出，他也书不离手，坚持天天背诵。正因如此，皮皮的诗词积累飞速。闯关成功的喜悦、老师同学的称赞都没有让皮皮感到自满，反而成为他继续学习诗词的动力，他继续保持背诗的好习惯，每天温故知新，不断拓展诗词量。

学习的过程中，皮皮也遇到过困难和瓶颈。随着诗词题材的拓展、文言文难度的提升，从朗朗上口的唐诗宋词到晦涩拗口的长篇文言文，逐字逐句弄懂含义，就像串珠子一样把知识点串联起来，皮皮所面对的挑战越来越大，压力也随之而来。在老师和家长的启发下，皮皮用心揣摩，发现背诗不能死记硬背，不能搞"车轮战"，不能用"填鸭式"记忆，他开始由被动记忆转化为主动思考，也逐渐掌握了一些诗词简单的规律。

和而不同，快乐成长

随着积累的诗词越来越多，皮皮慢慢掌握了活学活用的方法，平时总能不经意间脱口而出应景切题的诗句来，而且写作质量也越来越高，还创作出了诗歌集、散文集和童话集。皮皮的习作经常出现在学校公众号上，还有两篇在首都师范大学语文报刊社组织的全国性专题征文中荣获一等奖。这都是诗词带给他潜移默化的影响。

"泰山不却微尘，积少垒成高大"，皮皮积累的诗词越来越多，引经据典、出口成章变得轻而易举。几年来，他相继参加了海淀区诗词大会、北京市诗词大会。老师们在课下辅导他进行诗词的归类，而皮皮也在努力地汲取各种养分。如今，他的诗词积累已经超越了许多人，包括他的老师们。现在，他正在积极准备参加全国诗词大会的比赛。

皮皮诵读诗词的心得体会就是："背诗没有什么捷径，靠的是日复一日的不懈怠、不放弃。只要功夫下到了，基础打牢了，自然水到渠成。"诗词已经成为皮皮生活中不可或缺的一部分，在传承中华优秀传统文化的同时，也在不断锤炼坚韧不拔、迎难而上的意志品质。诗词成为一颗神奇的种子，在他幼小的心田生根发芽，未来有朝一日，必定长成参天大树，成为伴随一生的宝贵财富！

/四/ 向善向上，让美的种子萌芽

今日争当"小博士" 明日心怀天下

"今日的学生，就是将来的公民；将来所需要的公民，即今天所应当养成的学生。"这是80多年前大教育家陶行知说过的一句经典之言。新时代教育的重任就是要努力培养社会主义建设者和接班人。

民族小学始终坚持立德树人，培养学生的综合素质，促进全面发展，将"为未来社会培养合格公民，为学生幸福的人生奠基"作为学校的育人目标。未来社会的人才应具有哪些素质？怎样才能拥有幸福的人生？在学科学习方面，学校倡导学生广泛阅读、善于思考、乐于探究、关注生活、学会学习，鼓励学生争做知识渊博、热爱学习的"小博士"。

应运而生的"小博士杯"活动，以竞赛为载体，为学生搭建增长知识、激发兴趣、培养能力和展示自我的平台。竞赛内容不拘泥于教材的内容，而是更关注学科的拓展内容,与社会相结合,与生活相结合,体现了综合、开放、灵活、有趣的特点,并做到五育并举。

"小博士杯"活动鼓励一至六年级学生全员参与,统一时间,统一评判。通过比赛结果评选出的"小博士",以及单科优胜者会在学校隆重的颁奖仪式上,身穿"小博士"服,头戴"小博士"帽,接过校长亲自颁发的证书。熠熠生辉的"小博士"们成为大家学习的榜样。

处处留心皆知识

学习知识、学习本领的途径有很多。"小博士"东东就是这样,善于发现学习的机会,更善于抓住学习的机会。

东东是贾老师的小粉丝。贾老师很爱阅读,也会带领学生们一起广泛阅读。所以东东就在贾老师的影响和带动之下,读了很多课外书。他还经常和贾老师去探讨、交流自己对这些书的理解和看法。有了这个过程,东东对书的理解就更加深入了,阅读的欲望不断被激发,由一本拓展至多本相关话题的书,再拓展至多类相关话题的书。东东的阅读范围很广,种类也非常丰富,比如历史类的《史记》《上下五千年》,地理类的《希利尔讲世界地理》,文学类的《沈石溪动物小说》《丁丁当当》,科学类的《科学探索者》,百科类的《大英百科全书》……不知不觉,他的小书架成了大书柜,摆满了各种书籍,他的小脑瓜也成了一座巨大的知识宝库。在知识的海洋里遨游,让东东感受到了巨大的成就感。

而在数学学习中,东东则从课堂的交流和讨论中学习到了很多,既包括知识,也包括思维方法。东东和同学们在相互启发中,积极思考、探究,在学会数学知识的同时,还掌握了数学学习的方法,更激发了他不断深入研究的兴趣,思维的灵光在数学学习中照亮了一个个难关。就是这样,抓住每一次讨论研究的机会,深入学习,为课下自学拓展、

和而不同，快乐成长

开阔思路和视野奠定了坚实的基础。

在英语学习方面，东东更是抓住身边的机会，在潜移默化中学习。他非常喜欢看动画片和电影，于是就让爸爸妈妈找来英文原版的动画和电影看。在满足兴趣的同时，还进行了英文学习。东东认为多听和多说很重要。他尽量每天都听一听、说一说英文，有时10分钟，有时20分钟，就像是做"口腔体操"。

遇到不懂的地方，东东会询问老师、家长和同学们，也会利用互联网搜索想要的知识和答案。处处留心皆学问，知识无处不在，只要善于观察和发现。

自理自律的"小博士"

子涵是个特别自立又非常自律的孩子，这为他的成长奠定了坚实的基础。首先，要学会合理规划安排时间。子涵的学习、兴趣爱好、日常生活，都由他自己合理规划安排，自己取舍，很少需要家长督促。父母不能一辈子监督，所以要学会为自己的人生负责。比如，每天晚上没有特殊情况的话9点准时睡觉，那么就需要自己安排利用好时间，提高效率，既保证高效完成学习任务，又能够做自己想做的事。如果不能学会自律会怎么样呢？子涵妈妈给他讲过这样的故事，子涵的表哥在某大学读大四，他们专业现有80个人，可最初入学的时候有120个人，40个人中途流失了。这些流失的人除了出国的学生以外，其余大部分是上了大学后，没有老师家长监督就放飞自我，结果跟不上进度，不得不退学或转为专科生。

子涵认识到自律的重要性，努力克服自己的惰性，树立积极的心态。子涵常说，每个人身体里都有一个积极的我，一个消极的我。当积极的我要奋发向上，好好学习，做完难题时，消极的我可能会跳出来说：不如去玩吧，难题以后再做吧！不仅学生会这样，大人有时候也会这样。所以

就要努力克服自己的惰性，让积极的我多赢几次。每天睡觉前，子涵都会总结一下：今天，是积极的我占了上风，还是消极的我占了上风？如果总是积极的我赢的话，那么今天就表现很好，非常有自控力，能够掌控自己的生活和命运。如果抵制不住诱惑的时候，子涵就会请求爸爸妈妈、老师同学一起帮助他努力克服。

民族小学的校歌唱道："小孩子也有大志向。"对于每一名小学生来说，只有从小树立大志向，才会有源源不断的学习动力。周恩来小时候说的那句"为中华之崛起而读书"，子涵时刻铭记在心。子涵身上坚韧不拔的毅力和深厚的精神动力，正是民族小学培养的学生应有的模样。树立家国情怀，培养优秀的道德品质，树立远大的理想信念，在今日争做"小博士"，在明日才能成为真正的博学之士！

让我感动的两个小目标

临近期末的一天，马校长到二年级的一个班，准备听一位新教师的试讲。

课前，他习惯性地把班里的环境、卫生及板报仔细看了一遍。学校的校训是"做最好的我，在我最好的方面"，这要求每个学生包括老师都要了解自己、把握自己，并且努力做到更为出色。落实到班级管理方面，就要求每个学生根据自己的情况制定切实可行的目标。这个班级的学生们也不例外，他们把自己的小目标工整地抄写在设计精美的卡片上，还贴上自己的小照片，展示在了班级的板报区域。其中两个同学的话深深地吸引了马校长，一个是雨霏："我的目标是好好学习，专心听讲，我要像天上的星星一样给班集体争光。"另一个是宇佳："这学期，我一定成为班里的优秀学生，让我的妈妈也成为幸福的妈妈。"多朴实的语言，多可爱的孩子啊！听课的时候，马校长在想，下课一定要和老师、同学们说点什么。

下课铃声响了，马校长招呼同学们来到班级板报前，班主任老师闻讯也靠拢过来。"我看到你们都有自己的目标特别开心，有两个同学的小目标让我印象特别深刻。"马校长一边指着一边读了出来。读完后对同学们说："雨霏的目标定得很具体、很小、很实在，而且语言也非常美，更让我感动的是她心中有大家、有集体。她要像天上的星星一样给班集体争光。你们想象一下，夜晚的天空，小星星一闪一闪地向我们眨着眼睛，给我们带来了无限的遐想，多美呀！她真是个关心集体的孩子！相信她平时也是这么做的，对吗？"学生们纷纷点头，都说她做得也特别好。

"校长,那宇佳的好在哪儿呢?"一个胖乎乎的小男孩有些着急了。马校长说:"宇佳同学的小目标最让我感动。可以看得出她是一个非常有孝心的孩子。父母照顾我们的生活,陪伴我们一起学习,为我们操了很多心,付出了很多心血,而且他们还要上班,多不容易啊!宇佳自己要做个好孩子,这样妈妈就会很开心,因为这是妈妈所期望的。自己做个优秀的学生,妈妈也就成了幸福的妈妈!"同学们纷纷点头,赞同马校长的看法。

看到同学们认真的样子,马校长说:"希望其他同学下学期也把自己的小目标定得更实在、更具体,好吗?"大家欢呼雀跃,相约下学期再让校长看他们的小目标。

校长回办公室,拿回两个漂亮的小本子,作为奖品送给了她们,引来了同学们羡慕的目光。这份经历在孩子们内心深处会点亮一盏灯,提醒他们在漫长的人生路途上,永远不忘为一个个小而具体的目标脚踏实地,稳步前进。

每个学生都是一粒种子,蕴藏着巨大的能量。民族小学就是这样一个孕育希望的地方。在"做最好的我,在我最好的方面"这句校训的激励下,每个阶段的学生都有自己的方向,一步一个脚印地走向美好的未来。

特殊的"考试"

很多人都听过这样一个小故事:福特捡起地上的一张纸扔进纸篓里,从而超过其他有竞争力的应聘者获得董事长的青睐,从此开始了他的辉煌之路,直到把公司改为自己的名字。这个故事说明一个小细节就体现着一个人的素质、一个人做人做事的态度。学校也希望学生们从小就做到:眼中有事,眼中有人,不忽视平时的身边小事。

在心中种下一颗爱校园、爱环境、讲卫生的种子,不随手乱扔纸屑,看见地上的纸屑、垃圾,即使不是自己扔的,也要主动弯腰捡起

来。看似简单的一个随手动作，要每个人都做到并不容易，这需要一份责任心和自觉性。

虽然老师们一再强调要主动捡起脚下的纸屑、垃圾，并随之开展了校园"随手捡"活动，但仍然有一些同学还是对垃圾视而不见，不愿意去捡。于是，学校安排了一次特殊的"考试"。

老师们在隐蔽的地方架起一台摄像机，然后在学生早晨进校都会经过的路上丢一个纸团。老师们想要看一看，在没有人监督的情况下，谁会停下匆忙的脚步弯腰捡起这个纸团。有的学生没有低头，直接进入了教学楼；有的学生看见了，不经意地踢了一脚；有的学生三五成群匆忙地跑进教学楼……终于，一个低年级的男孩儿注意到了那个纸团，二话没说就捡了起来；后来又有一个高年级的男生，站在纸团前看了一会儿，随后弯腰捡了起来。令人意外的是，30分钟的测试时间，仅仅有9个同学主动捡起纸团。虽然这个数字与老师的预期有一定差距，但老师们也很开心，有9个同学能够热爱校园，主动爱护环境，捡起校园的垃圾，他们是大家的好榜样。

在全校升旗仪式上，老师把这次特殊考试当作故事讲给了全校同学听。在观看视频的时候，没有捡起纸团的学生惭愧地低下了头。9位捡纸团的学生被邀请上了主席台，并分享了他们的想法。台下的每一名学生都认真地倾听，老师们还为这9名同学颁发奖励，授予他们"最美环保少年"的荣誉称号。

全校学生经历了这次特殊的"考试"，内心都受到了触动。升旗仪式后，同学们有了不小的变化，看到校园任何角落有垃圾，都会随手捡起来。有的学生还说："原来我觉得不是我扔的，不捡也可以；现在，我看见垃圾不捡起来，就觉得校园会因这一块垃圾变得不美了。"

对生活中一些很不起眼的小事或细节的处理方式，可以反映一个人做人做事的态度，反映一个人的素质，会对他的一生产生影响。民族小学正是从做好这些身边小事开始，完善与健全每一个学生的人格。

在一次次校园随手捡的实践体验中，学生们培养了主人翁意识和担当精神，校园也变得干净整洁多了。来学校参观的客人们经常满腹疑惑地问道："为什么在你们学校看不见垃圾？是你们聘了很多工人吗？"这时老师总会笑着说："如果发现有掉落的垃圾，学生们都会主动捡起，是不会抬腿迈过去的！他们已经养成了良好的习惯。"

好的习惯具有延续性和辐射作用，民族小学的学生不仅在校园里开展"随手捡"活动，当他们走在大街上，走到任何地方，都能做到讲卫生、不乱扔垃圾、爱护环境。这种卫生习惯和环保意识在行动中也会感染其他人，久而久之，会形成推动社会文明的力量。

我有特权，可以提前进入校园

针对现在很多孩子体质弱、体能差的现状，民族小学提出一个口号："让跑步成为每一名民小人的必修课。"每名学生和老师每天必须要坚持跑步。

宾琦是五年级的一个孩子，长得胖乎乎的，很可爱。可是他的体能不太好，走快了甚至会喘气，更别说跑步了。老师们想出了一个办法——给宾琦特权，让他每天提前进入校园锻炼。学校每天都是7点准时开门，在这之前是不允许入校的，因为老师还没来，学生如果提前进校了，没有人看管会有一些安全隐患。

宾琦从老师口中得知自己获得了特权后，胖胖的小脸蛋上立刻绽放了天真灿烂的笑容，开心得不得了！"老师，太好了，我一定会早早进校，好好锻炼身体。"他的语气很坚定。

第一天，他兴致昂扬地提早来到学校，跟保安员说："保安叔叔，我要进校。"保安员有一些纳闷："现在没到进校的时间呢。"宾琦骄傲地拿出"许可证"，大声地说："老师给我证了，我可以和妈妈随时进校园锻炼。"保安员跟老师核实后，立刻开门让宾琦和妈妈一起进校园，他开心极了。

自从有了特权后，宾琦胖胖的身体里面像是加了一个小马达，动力十足，每天锻炼都很积极。一大早，太阳公公还没有出来，他就和妈妈来到学校，坚持跑步。刚入学时，他的体测成绩很不理想，锻炼了一段时间后效果非常显著，他的体测成绩及格了，这对宾琦来说，是一个不小的进步。宾琦的妈妈高兴地感谢老师："学校给了孩子特权，激发了孩子锻炼的主动性，才有了现在这样的成绩，您为了孩子的成长，这么用心，让我们做家长的非常感动。"

像宾琦这样的孩子还有很多，针对各具特点的学生，如何更好地激发他们的潜力，帮助他们扬长避短，激发出他们自我成长的动力，是每一位民小老师重点思考

和高度关注的问题。学校从学生成长的角度出发，打破常规，给予特权，背后体现的是学校以学生为本的育人理念和实践。教育是需要用心去做的，要关注到每个学生的特点，关注到他们的全面发展。不仅如此，还要想一些办法，遵循一些规律，巧用一些智慧，正如民小教师誓词里面提到的："善待差异、启迪智慧。"

第五章

营造一种生态

　　一个和谐的教育生态，有赖于学校、家庭、社会共同营造。教师与学生、学生与家长、家长与教师、学校与家庭、学校与社会……各个要素之间，向着同一个目标——孩子的健康成长、社会的可持续发展，达成协作、彼此信任、相互协助、共同努力。教育生态的和谐，直接影响着孩子的成长。面向未来，民族小学提出了直面社会关切，建设城市新型学校的发展目标。家校社协同育人是学校非常重要的一项工作，也是一个非常重要的办学理念。通过打开校门，聚合资源，搭建平台，重塑角色，构建家校社生命成长共同体，打造教育超级社区，学校成为学生的讲堂、教师的学堂、家长的聚智堂、社区的文化殿堂，成为学校营造和谐的育人生态的重要举措。

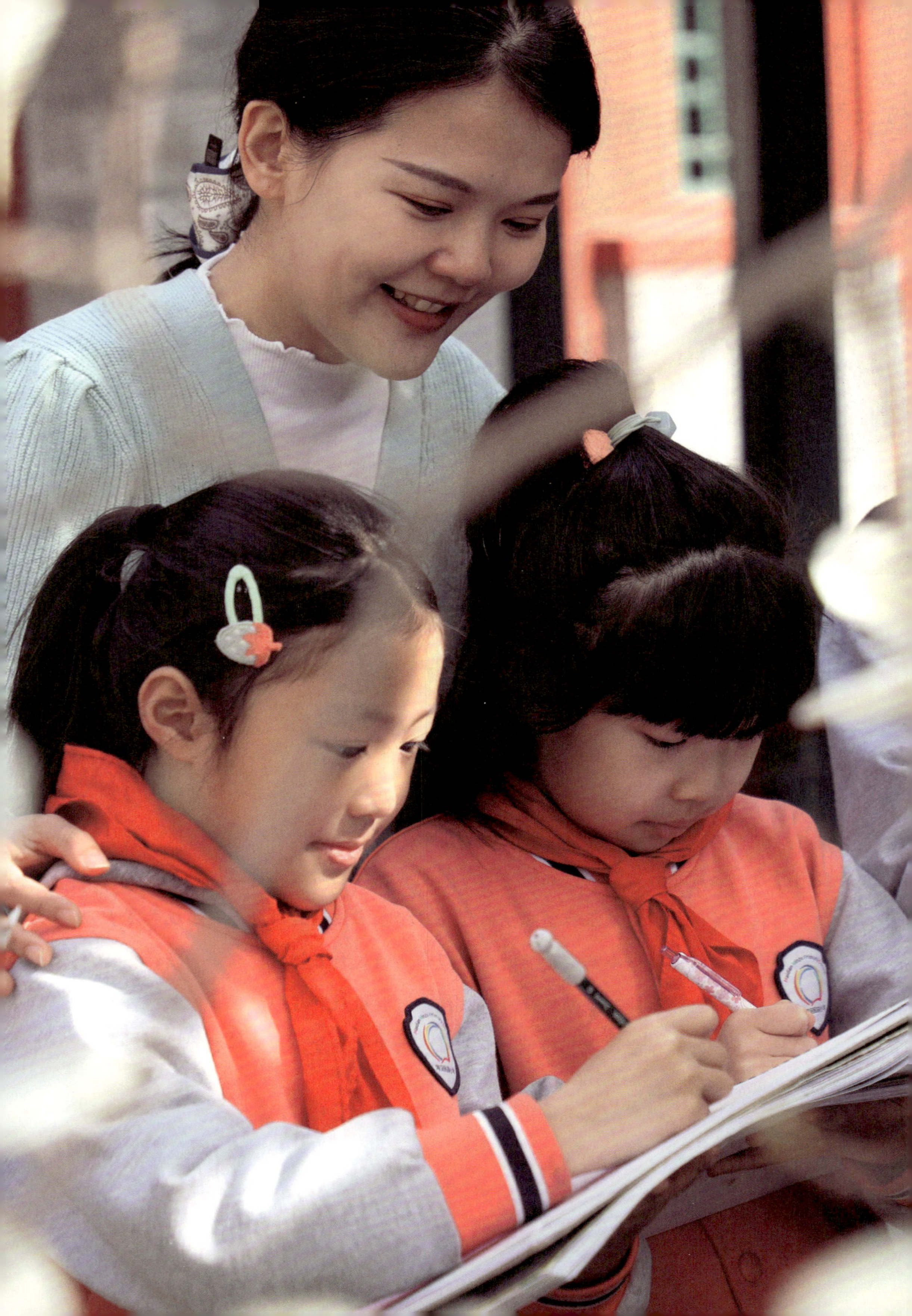

/一/ 教育合伙人

构建城市新型学校

家庭是人生的第一所学校，家长是孩子的第一任老师，家庭教育在个人的成长过程中发挥着极其重要的作用。家庭教育的使命是要给孩子讲好"人生第一课"，帮助孩子扣好人生第一粒扣子，夯实孩子成长的起点。学校教育要做好，必须和家庭携起手来，形成合力！

新时代下，随着信息化的发展和知识经济的普及，家庭教育和学校教育都面临新的课题。2017年，学校提出了"直面社会关切，构建城市新型学校"的整体设想，提出遵循"和而不同，快乐成长"的办学理念，落实"搭建平台、整合资源、重塑角色、组建圈子"四项基本策略的指导思想。在新型学校里，家庭教育和学校教育不是独立的个体，而是成长的共同体。新型的学校要充分调动教师、学生、家长及社会力量，共同促进学生的成长和进步，努力将学校构建成开放多元的"超级教育社区"。

"大受欢迎"的文化大讲堂——像办大学那样办小学

"一个人眼界的高低、境界的大小可以改变命运，对于学生来说，见识比知识更重要。"

近十年来，民族小学一直遵循"像办大学那样办小学"的理念，为给学生搭建一个更加广阔的学习舞台而不断探索。起初，学校倡议老师们每个月邀请1名专家学者到学校来给学生们开办文化讲堂，让学生们在学校就可以近距离地接触到各领域的专家学者，聆听前沿的声音。比如，邀请卢中南、爱新觉罗·启骧等多位著名的书法名家给学生们讲书法的文化；邀请蛟龙号的声学专家杨波讲前沿的科学知识；邀请校友"童话大王"郑渊洁开展创作40周年讲座；邀请歼-10飞行员讲中国的军事力量，增强学生保家卫国的意识……像这样的讲座学校至今已举办了上百场，给学生留下了难忘的记忆，在他们的心里播下了一颗"求知"的种子，学生小许就是其中的一名。

在老师和同学的眼中，五年级的小许同学是一名不太爱学习、特别内向的学生。

和而不同，快乐成长

这次学校的文化大讲堂邀请到了中国现代顶尖的科学家周琪做"神奇的干细胞"专题讲座。"我是一个科学家，今天想讲的是科学家的工作如何医治人类疾病。我和我的研究团队所做的研究就要为全人类造福，为解除人们的病痛而不断努力研究和探索……"在座的小许同学被周院士浅显易懂的话语和触目惊心的研究数字震惊到了，他第一次感受到科学离自己这么近，现在所学的知识在未来会有这样的作用，真正能够造福人类。小许同学对周院士的敬佩之情油然而生，不觉地拔起腰杆，竖起耳朵认真倾听起来。

不知不觉中讲座结束了，小许同学意犹未尽，在集合的队伍中陷入了沉思。眼看班级的队伍就要离开礼堂，他握了握拳头，鼓足勇气一路小跑追上了正和马校长一起离场的周院士。

"马校长好，周院士您好，我是民族小学五年级的学生，刚刚听了您的讲座，我能……向您提一个问题吗？"小许显得有些紧张。

"好的，孩子，你问吧。"周院士耐心地说。

"未来的人类可能会克隆人吗？"

…………

"谢谢周院士。"

站在旁边的马校长定睛一看，这不是五年级的小许同学吗？平时他可是个内向的孩子，今天却如此勇敢地向科学家提出问题！马校长暗自赞叹小许同学的表现，于是便特别自豪地向周院士介绍小许同学："周院士，这个孩子平时不爱说话，看来今天是您的讲座打动了他，您给他的心里播下了一颗种子呀！"马校长紧接着转向小许同学，拍了拍他的肩膀说："只要你心里有目标，努力学习，钻研知识，将来有一天你也可以像周院士一样在自己喜欢的领域贡献自己的力量啊！加油，孩子!"马校长亲切的鼓励让小许对自己充满了信心。在之后的日子里,小许同学仿佛变了一个人,课堂上有了他认真听讲的样子,有了他积极举手的表达,有了课间积极向老师追问的身影……功夫不负有心人,小升初时,小许同学学业表现优异。毕业离校前,马校长特地找到小许同学,将小许同学当时和周院士的合影当作毕业礼物送给了他。

学校里还有许许多多像小许一样的学生,平时表现并不出色,但在学校开设的这一堂堂讲座中被知识的魅力所触动,被科学家的精神所感染,这无疑会激发出他们无限的潜能。润物无声,文化大讲堂就是这样,不仅立足学生知识的学习,更关注如何让学生变得有理想、有动力,关注学生未来走得有多远!

打开另一扇成长之窗——家长理事会助力学生发展

家庭、学校是孩子成长的重要"摇篮",是教育的两个主阵地。民族小学的家长一直是学校教育的重要参与者。学校的家长从事各行各业的工作,他们具有各自的职业优势、性格特长,掌握着丰富的社会资源,都希望能为民小这个大家庭贡献自己的力量和智慧,助力孩子们健康快乐成长。

为了更好地开展家校互动,发挥家长的作用,经过不断探索,家长理事会应运而生。

家长理事会遵循民主监督、社会参与、平等共议、互相尊重的原则,成员以志愿者的身份主动协助学校推进教育教学工作,是代表全体家长参与学校民主管理,支持、监督学校做好教育工作的群众性自治组织,是学校联系广大学生家长的桥梁和纽带。学校家长理事会由十个专委会组成,涉及体质健康、艺术素养、科学技术、志愿服务、规划管理、阅读分享、社会实践、宣传协调、法律教育、心理健康等领域。在理事会的带动下,更多的家长参与到学校教育工作之中,他们大力支持学校开展各项工作,并积极参与、投入到班级和学校的活动中,与学校一起努力,促进学生更快、更好地发展。家长理事会为学校的发展、为孩子们健康快乐的学习成长提供了很多的优质资源。

心理健康专委会由多位经验丰富、具有心理教育经验的家长组成。一直以来,他们关心学生的心理成长和发展,积极组织开展多彩活动,注重培养学生的团队协作精神,提高学生的心理健康水平。在学校德育处统筹安排下,在心理健康专委会

和而不同，快乐成长

成员、教育心理学教授师保国老师的指导下，每学期都有来自首师大心理学院的多名研究生与民族小学老师共同开展交流活动，研究学生现状，并有针对性地制订心理教育活动计划和实施方案。通过一次次的心理团体辅导，学生们体验到了乐趣，增进了友谊，提升了协作能力，增强了班级凝聚力。体验式的团体心理辅导活动不采用刻板的说教，而是通过学生实践，让他们自己去体会、去感悟。这些活动给学生带来的不仅仅是一段难忘的体验，同时也是一笔宝贵的精神财富。

艺术素养专委会的理事们一直助力学校艺术工作的开展，为孩子们提供优质资源，寻找机会让孩子站到更高的平台锻炼、展示自己。例如，2019年8月30日晚，民族小学40余名同学参加了在水立方举行的国际篮联篮球世界杯开幕式，这就是家长理事会努力为孩子们争取到的锻炼展示的机会。孩子们在开幕式压轴出场，演唱并表演了精彩的《加油！篮球》节目，表达了对本届篮球世界杯的美好祝福。

从2019年7月底拿到歌曲demo学唱，到8月9日开始每天近12小时紧锣密鼓的现场排练，孩子们非常辛苦。他们按照老师的指导口令，跟着音乐的节奏，一边唱准歌曲，一边熟练动作，虽然汗水湿透衣襟，但小演员们都一直热情饱满地参与其中。为了保证开幕式的演出效果，在平时的训练中，老师对孩子们要求十分严格，每一个音都要唱准，每一个动作都要到位，甚至细微之处的表情、眼神都要一一过关。孩子们深知自己代表的是中国少年儿童，都力争要以最好的状态在全世界面前亮相，为篮球加油，为中国加油！训练到很晚的时候，孩子们累了就在地下停车场临时搭建的休息室里稍稍休息一会儿，然后就又立刻投入训练之中。

开幕式上有32名身着篮球服的少年儿童展现印有32个参赛国元素的篮球亮相，其中7名男生来自民族小学。他们既要参加合唱团的排练，又要参加32国篮球少年的严格训练，每天都要在群里完成跑动、出球等动作训练打卡，需要付出更多时间和精力，更加辛苦。台前幕后，他们努力奋进的身影是所有民小学子学习的标杆。最终，在万众瞩目中，在世界观众面前，民族小学的孩子们精彩绽放。这个节目深受观众喜爱，被媒体称为"开幕式上最可爱的色彩"。

民小家长理事会的成立为学校教育注入新的力量，为学生成长搭建了更高的平台，为家校合作提供了一个成功范例。

家校共育，建立超级教育社区

近年来，学校在国家教育方针的引领下，在专家领导的指导下，通过广泛搭建平台、重塑自身角色、充分整合资源、组建共同体，调动教师、学生、家长及社会力量，共同促进学生的成长和进步，努力将学校构建成为开放的"超级教育社区"。

搭建平台聚力量

在学校"和而不同，快乐成长"理念的指导下，学校积极搭建起一个以育人为核心的平台，形成以学校管理者、教师、学生和家长为主体，各界人士参与，相互作用、相互影响的育人模式。

例如，学校开展讲坛活动，邀请来自各行各业的专家、学者，为孩子举办讲堂，为孩子了解社会、拓宽视野、增长见识提供资源；成立名师工作室，各个学科聘请名师、教研员、特级教师等，每周定期开展研究和学习活动，为教师专业成长提供助力；组织成立家长理事会，在原有的家长委员会基础上，吸纳积极热心、有一定能力和资源的家长参与其中。理事会下设科技、艺术、体育、文化、法律等多个分部，参与学校的规划、管理，协助学校组织活动，共同为学生的成长和学校的发展贡献力量。

重塑角色促理解

将家长、教师、学生的角色定位多元化，重塑角色，有利于家校的相互理解与沟通，也有利于学生的全面发展。教师可以转变为家长，在学习、生活、心理等多方面关注学生，促进学生全面发展；教师可以转化为专家，丰富专业知识，深化学习，致力于教育教学研究，总结提炼教育教学经验。家长可以转化为学生，参加家长学校活动，不断学习提升，解决亲子教育中的问题与困惑；家长可以转换为老师，借助学校提供的平台，比如通过参加家长讲堂活动，参与教育教学，体验教师工作，在角色转换的过程中增加对彼此工作的理解、尊重与信任。学生也可以转变为老师，用他们独特的见解、敏锐的观察为老师提供多元的教育视角，共同促进双方进步。

调动资源谋发展

学校拥有丰富的教育资源，要将这些教育资源调动起来更好地为学生服务、为社会服务。学校的教师、学生是最基本的人力资源，周边兄弟学校、手拉手学校、幼儿园及中学等相关教育单位也是学校教育资源的组成部分；在校学生的家长为学校的发展、孩子的成长提供丰富的资源；合理调动周边社区资源、各大单位也可以为学校的发展助力。

学校在资源的使用方面整体布局，成立资源中心，建立资源库，目前已成立"高参小"项目资源库、家长资源库、学校发展智囊团等。学校要做好挖掘、转化、整合工作，结合学校育人目标和学生成长需求，规划好、使用好这些资源。

组建共同体促交流

现代社会的瞬息万变要求每个人都要树立终身学习的意识，不论是学生、家长，还是教师，都应该成为终身学习者。在学校的平台上，在校方的倡导和监管下，教师、学生、家长根据成长需要、兴趣爱好以及拥有的资源，自由组织、自发形成一个又一个学习共同体，促进家长与家长、家长与学校、学生与家长的共同学习与交流。在这些共同体中，学生们快乐游戏、相互学习；家长们相互帮助，为学生提供个性化教育及发展的机会和资源。

"超级教育社区"为学生、教师和家长提供了相互学习、相互帮助的机会，使学生丰富了知识，增长了见识，开拓了眼界，综合素养得以提升；家长能够参与教育教学，学习教育常识，展示自己，形成了和谐的家庭关系，养成良好家风；教师能够更好地投身教学，专业素养得到提升，职业幸福感得以增强。学生与教师、家长与教师、学生与家长、家长与学校的多边关系建立起来，营造了和谐共赢的氛围，学习型成长共同体初步形成。

家长们租了班车

大自然中美丽的事物往往不是独自存在的，就像生活在深邃大海中的美丽珊瑚和海藻。大大小小的珊瑚连成一片，五颜六色，像少女的裙摆在水中自由飘动，又似在水中跳着轻盈的舞蹈，向人们展现它的柔美，不时还有几条小鱼从珊瑚丛中游过，唱着自由欢快的歌，更增添几分美感。绿油油的海藻则默默地站在珊瑚的身边，它似乎爱上了珊瑚的柔美，留下来为它提供充足的氧气和"粮食"，而珊瑚为了感谢海藻的付出，便张开了自己的怀抱，给它提供最舒适的栖息之所。在大海的深处，珊瑚和海藻就这样相随相伴，互相扶持。

人类社会中也是如此，民族小学和家长就像是这大海里的珊瑚和海藻，相互感动带来双重的温暖和力量，相互支持促进双方的和谐与发展。

记得有一次，三位家长来到学校门口，手里拿着两个果篮、一面锦旗和一封手写的感谢信，保安向校长说明了他们的来意，并带着这三位家长来到了校长办公室。

这三位家长是来自北苑家园的31名学生家庭的代表。以前，这些学生都住在学校附近，由于搬迁等原因搬到了北苑家园，离学校比较远了，但是到了入学时，家长还是为孩子选择了民族小学。这些家庭为了方便孩子上下学，每家每月花400元一起拼了一个班车每天接送孩子。这个小班车准乘35人，几位家长实行排班制度，每天安排三个家长跟着班车护送这些孩子上下学，不管是哪位家长值班，他们都很负责任，在路上精心地照顾每一个孩子，保障每个孩子安全往返于家与学校。

后来，校长知道这件事之后，对班车的事情非常重视，特意向班车司机了解情况，为这些孩子提供了一些帮助和便利。有一次，这辆班车停在路边被贴了罚单，家长向校长反映这个情况之后，学校马上解决了他们停车的问题。每天放学允许班车进校等候，特意安排老师把这些孩子护送到指定位置，直到排队上车。这一切家长们看在眼里，记在心间。通过学校对北苑家园班车的重视，家长感受到了学校对孩子们的关爱，更看到了学校对每一个学生及家庭的责任与担当。

这三位家长就是为了班车的事情特意到学校来表示感谢，并且希望发挥家长团队的力量更好地协助学校开展工作。通过他们的介绍，校长了解到，这些家长平时除了接送孩子上下学，也会相互交流育儿经验、教育方法等，逐渐地形成了一个家长团队，他们关心学生成长，热心教育，表示了对学校教育的支持，希望能够为学生的教育和学校的发展贡献更大的力量。

家长们对学校工作的肯定，激励着老师们更努力地工作。像这样的家长学校还

和而不同，快乐成长

有很多，他们用自己的实际行动支持学校的教育教学工作，他们的行动一次次地温暖着学校。

学校和家长共同致力于为孩子营造更好的成长环境，共同为了孩子的快乐成长相互配合，相互支持，在这样的家校共育合力中赢得教育的成功。

/ 二 / 家校沟通有方法

家长会也是圆桌会

说到家长会，话题和目标只有一个——为了孩子的成长。以往传统的家长会，可能是老师的一言堂，家长们坐在下面紧张、激动甚至忐忑地等待老师对自己孩子的点评。

卢丹老师是一位特别有想法、敢于创新的老师，她们班的家长会经过一次次尝试和改革变得形式活泼多样、内容丰富有营养。圆桌会就是卢老师探索出来的一种轻松、有趣又有意义的形式。

家长会当天，家长们进入教室，立刻会被学生们精心布置的温馨教室所感染，他们会感受到一种颇具亲情的氛围，一种尊重、平等、合作的氛围。卢老师跟家长、孩子们一起，围坐在圆桌前，就家庭教育的一些共性问题或话题进行讨论、探索与思考。

为了让谈话更有针对性，卢老师会让家长和孩子组成一组，有父子组、父女组、母女组、母子组，形成温馨的亲情互动组。这些家长中，不乏学历层次较高者、家庭教育成功者。卢老师时常会把圆桌会交给这样的家长"主持大局"。主持人先让表现突出的孩子介绍自己的成长以及在学

校获得的成绩。比如，孩子们会介绍自己在比赛中获得了什么奖项，自己是怎么做到的，爸爸妈妈又做了哪些，之后孩子的家长再介绍自己的想法和做法。这种形式的亲子互动，对其他同学和家长都是一种启发和自省，起到很好的榜样示范作用。

卢老师班级里的每个学生都有自己的闪光点。瑶瑶是个特别有礼貌、有修养的孩子，从她的言谈举止中能看出其家风很好，在家长会上，卢老师就请她的家长来谈一谈在家是怎么培养孩子的；阳阳在班级中的阅读表现突出，圆桌会上她的家长就会跟大家传授宝贵经验。很多家长表示，这样的交流对他们的家庭教育有很大的帮助。

进入中高年级，学生已经具备了一定的总结、表达能力，卢老师还让学生成为家长会的主角，让他们来总结这一学期班级的基本情况。每次都会有三四位同学分别从学习成绩、班级管理、行为习惯等方面进行阐述。他们还会根据自己负责的内容，精心录制视频、制作卡片等。这样的家长会不仅使家长们更直观地看到了孩子们的成长，对学生们而言更是一种综合的锻炼。

对孩子的教育，学校、家长的作用都非常重要。只有将家庭和学校紧密地联系起来，让每一位家长了解教育、理解教育、支持教育，才能形成合力，让教育真正走进孩子的心灵，达到教育的目的。而对家长会形式的创新，目的也只有一个——更好地把家长和老师的力量凝聚在一起，共同促进孩子的成长。

和家长成为朋友

大学毕业后一心想成为一名小学教师的于老师带着最朴素的梦想走进了民族小学。几年时间，于老师从一个稚嫩、小心翼翼的新教师成长为如今教学水平一流、

和而不同，快乐成长

处理问题沉着、充满睿智的优秀教师。学生们对他念念不忘，家长们对他佩服得五体投地，只要是于老师组织的活动，大家都踊跃参加，只要是于老师的意见，大家都认真倾听。是什么让他拥有如此的魅力？一起来看一看于老师的成长故事。

最初的忐忑

于老师刚来学校就被安排去当三年级5班的班主任，这个班原来的班主任特别优秀，而且班级管理得也非常好。刚毕业就接手这样的一个班级，于老师心里真是压力巨大。学生们对前任班主任有着深厚的感情，新班主任和学生还需要长时间的磨合，如果班级带得好，那叫一如既往；如果管理不好，和之前就是一个鲜明的对比，责任和舆论全都聚焦到了这唯一的变量——新班主任的身上。

事实上，在民族小学，这样的顾虑完全没有必要。学校团队的密切合作和传帮带的氛围由来已久，名不虚传。考虑到于老师是新教师，所以学校和年级组都特别重视交接工作，年级组长刘老师亲自指导于老师如何给家长群发信息，搭班的田老师帮忙分析三年级5班学生的特点。同事们不但手把手地指导于老师如何和家长交往，怎么发信息、家访时说什么、怎么做等，最重要的是他们还总在一旁夸奖并给予鼓励。田老师更是在开学前就带着于老师去家访，俩人一起去了冠城园、北苑、天通苑……

于老师这样说道："初次走近家长，真的就像面试一样，我小心翼翼的，心里想的都是我能为他们做点什么，好让他们认可我。我特别想把这件事干好。"于老师是在见全体同学之前先见的家长，这样的经历让他从入职的第一天就明确了家长在教育教学中的位置。

走近家长

正式接手班级后，于老师主动向老教师及年级组其他同事学习请教，这些有经验的老师事无巨细、不厌其烦地帮助于老师分析解决了太多的问题并且给了很多很好的建议。于老师虚心学习，认真对待。

只是按部就班的工作不能让新教师快速了解并融入班级，想要被接纳，还需要主动地寻求方法并加以行动。那为何不主动与家长电话联系呢？于是，每天下班办公室没人后，于老师就坐在办公室的电话机旁，对着名单打电话，一个一个画钩。主动跟家长聊聊孩子近期的情况，说说老师的观察，问问家长的反馈等。就这样，于老师离孩子和家长更近了。

果不其然，没过多久，于老师就接到了家长的邀请，说想在班里搞个小联欢，孩子们演节目、家长们包饺子。于老师主动去跟学校申请，校长一口答应了，更惊喜的是活动当天马校长也来了，而且在学生和家长面前真诚地表扬了于老师。

家长们好像也受到鼓舞一样，三年级到四年级上学期，组织了30多次活动。师生一起走进自然、感受生命，游览百花山、七彩蝶园，组织敬老院的慰问，参加植树活动，在马甸公园进行垃圾分类等。活动的策划和组织由学生们自主进行，老师和家长只充当配合和顾问的角色，给学生们适当的指导，让他们发挥最大的潜能。在组织活动的过程中，学生们的能力得到了进一步的提升，学生、家长、老师彼此之间的关系也越来越近了。

行动的力量

参与学生们的活动只能让老师和学生更亲近，但是真正走进他们的内心，得到认可还需要做得更多。

于老师喜欢学生们，爱运动的他一有时间就和学生们一块踢球，每天早晨带着学生们在操场跑步。学生们跑步的习惯就这样被于老师培养了起来。

工作久了，于老师慢慢发现，老师对于一个孩子的影响是巨大的。特别是处于小学阶段的学生，对老师有着一种特殊的敬畏，而且这个年龄段的学生也特别善于模仿。所以，在之后的工作生活中，于老师逐渐开始有意识地规范自己的行为，在各个方面都争做学生们的榜样。

热爱运动的他，报名参加了马拉松比赛。在比赛的前几天，同学们得知消息，纷纷表示要到终点去为老师加油。对这次比赛，于老师心里完全没底，在这次比赛之前根本没有一口气跑过10公里以上，只是在报名后，一周跑几

个 5~10 公里。尽管心里没底，他还是出发了。跑到 15 公里左右时，他觉得有些吃力了，感觉跑不动了，但还能勉强坚持。真正的困难是在跑过"半马"的标志时，当时腿部肌肉又酸又疼，膝盖上方的肌肉感觉在撕裂一样。看着停在路边的救援车，看着自己疼痛的双腿和三三两两溜达的跑者们，他决定不能拿自己的健康开玩笑，下次再来。

可就在此时，传来了孩子们加油的声音，循声望去，人群中有一幅亮眼的横幅——恭喜某某小学某某老师半程马拉松顺利完赛。于老师想起了自己的学生们，想到了如果自己告诉他们这个消息时他们兴奋的表情。看着眼前这群孩子们骄傲的笑脸，他心里暗暗发誓——一定让我的学生们也拥有这样的笑容！于是，他一边喝水，一边接过加油群众递来的香蕉、巧克力，慢慢地跑了起来。

就这样走走跑跑，跑跑走走，快跑到终点时，传来了孩子们的呐喊声，他们在护栏外激动地跳着、喊着："于老师！于老师！"

经过这件事之后，于老师在学生和家长心目中的形象又有了新的变化，学生更加喜欢他、佩服他了。也许，这就是行动的力量、榜样的力量！

走"进"家长

工作逐渐得心应手之后，于老师开始试着总结之前的一些做法，在保持热情的基础上又多了些思考。从那时起，他不再是走近家长，而是走"进"家长。他不厌其烦地和家长沟通，总是思考家长需要什么，自己能做什么。

班里有个学生叫小明，上课的时候经常会因为一点小事就爬上窗台用脑袋撞窗户，还会时不时地拿着刻刀在班级里到处晃荡，言行中表现出一定的攻击性。他的妈妈非常焦虑，孩子一有情况就给于老师打电话。那段时间，于老师爱人怀孕需要照顾，而这位妈妈的电话几乎从不间断。刚开始于老师很是烦恼，长久的通话也没有实质性的交流进展。大部分时间，是这位妈妈在不停地说。从晚上 7 点多打到 10 点多，一年当中，多次这么彻夜长谈。时间长了，于老师就想：这位妈妈可能只是需要倾诉，能为她做点什么就做点吧。

还别说，就这么不断地彻夜长谈，于老师走进了她的心里，也从这位妈妈那里获取了大量关于这个家庭和孩子生活的信息，再结合老师们提供的信息和自己的观察，这个孩子个子小、说话声音小，同学总拿他开玩笑，所以，于老师判断孩子缺少关注、在班里没有成就感。

找到了问题的症结，就有了行动的方向：让小明在班级里承担一部分责任，为班级做点事。于老师立刻想到一个办法——成立班级管理部门，让他主动竞选，同时也给其他同学一个机会。一个部门五六个人，每人轮流当部长。当时这个孩子参加了卫生部，每当他当部长的时候都特别认真，甚至有时过于较真，以致和同学发生矛盾。老师私下和他沟通，告诉他一些方法。渐渐地，他越干越好，甚至被同学们评为优秀班干部。

这也是一个特别想证明自己的孩子。有一次，学校运动会组织跳绳比赛，班里要选比赛选手。于老师约定了一个时间在班里选拔，课下鼓励他坚持练习争取被选拔上。孩子的妈妈说他每天回家后都努力练习，功夫不负有心人，在选拔时得了班里的第一名。

学生的自信心培养了起来，自尊心也得到了保护，孩子身上的"问题"也就消失了，家长的彻夜长谈也就不存在了。

"我要努力为学生的未来做些准备，我想这样才能和家长产生良好的互动。"如今的于老师，激情仍在，又增添了睿智与通透。

家长的来信

在工作总结中，于老师写道："家校合作真的非常重要，工作也真的不好做，但真的应该做下去，让学生和家长看到我们的付出，看到孩子的成长，以此吸引家长们积极主动地与我们合作，让我们真心地互帮互助，让我们共同爱护的孩子们茁壮成长。"他的工作得到大家的一致认可，家长们都对他赞不绝口，学生们将他视为至宝。来听听家长们的心里话：

于老师说的，我们都愿意听

于昊老师是位有思想、心中有爱、教学水平优秀的男老师，他四年级接的我们班。开学的头几个月儿子几乎每天回来都要说说于老师："妈妈，今天我们于老师……""妈妈，于老师太厉害了……""于老师今天……"9岁的儿子说个不停。

第一次和于老师沟通，本想和老师谈谈学习问题，没想到老师和我说："孩子现在最需要的是关心，他说在家里妈妈骂他、爸爸打他，孩子心里缺少爱啊……"我当时被气得哭笑不得，孩子把我和他爸形容成什么了，怎么就缺少爱啦？于老师

和而不同，快乐成长

还当真了不成！当时我还想不明白，后来我慢慢意识到这件事的重要性：于老师说出这番话，是因为他真的站在了孩子的角度，他选择相信孩子的感受。这对成年人来说并不容易，我们已经习惯了用成熟世故的眼睛看待世界，包括孩子的世界。从此，于老师在我们一家人的心目中就变得无比高大。

于老师教的语文课有点不一样，我们有每日基本功"读、批、摘、背、写"：读——每天阅读一段文章；摘——每日摘抄一小段；批——评析摘抄的内容；背——每日背诵一首古诗或者论语；写——每天练字。猛一看，这些和教材没啥关系啊？但是，一学期下来，儿子的语文水平有了明显的提升。"不积跬步，无以至千里；不积小流，无以成江海。"于老师果然是个"深谋远虑"的老师。

五年级开始，家长们都开始考虑升学问题，家长会上，家长们也希望和老师多聊一聊这个话题。但是于老师一上来就说："大家先把学习问题放一放，我们要好好考虑一下，希望孩子未来成为什么样的人。孩子们已经五年级了，做人问题比学习问题更重要！"

于老师成功地把我们从小升初的焦虑中拉了出来，让我们都忽然清醒了很多。于老师说，小学是价值观形成的关键时期，培养孩子养成一个良好的道德品质非常重要。然后从"认真""宽厚""有爱好""有合作能力""健康""知错能改"等方面阐述了"培养什么样的人"的问题。我们这些家长都佩服得五体投地，于老师这是真正地在育人啊！

还有好多好多故事，说也说不完啊。"于老师说的"这五个字在我们家就是一道不可抗咒，儿子说出来我和他爸服，我们说出来儿子服，于老师亲自说出来我们家三口一起服。

这就是我们班的于昊老师。温暖起来是每个孩子的避风港，严肃起来是超级宇宙小黑洞，操心起来堪比中年老母亲。娃们跌宕起伏的成长路上感恩有于老师的温暖陪伴！

于老师秉承着学校"打开校门做教育"的独特育人理念与办学理念，以爱为核心，在不断的学习中，协调各方面力量来打造一个共生互动的班级共同体。在这个共同体中他们彼此沟通、相互认同、与生活相连，形成共同的文化。他们有共同的追求，有共同的文化基因。这就是于老师期待的家校合作，这就是于老师想努力打造的共同体，这就是于老师和学生们、家长们共同的精神家园。

如果我是家长

"如果我是家长……"熟悉卢丹老师的人，总会听到她这句挂在嘴边的口头禅。作为班主任和年级主任，她每天要接触许多学生，每天要处理各种和学生有关的问题。在繁杂的工作中，她始终秉持着一条简单而又朴素的教育理念——如果我是家长，我希望怎样？如果是我自己的孩子，我会怎么做？

新学年开始，刚接手一年级的卢老师就被隔壁班的一个小男孩叫住了。"卢老师，你们班的扬扬在我们幼儿园和所有的小朋友都打过架，我们都不喜欢和他玩。"这位扬扬同学，卢老师印象很深。第一天报到的时候，他在队伍里和小朋友发生争执还动了手，老师把他拉到一旁教育，他却一直叫嚷着"我没错"，后来干脆跑开了，谁的话都不听。平时在班里他也不能和同学们友好相处，班里的同学们都躲着他。

通过了解，卢老师得知，扬扬妈妈性格比较强势，家庭中对孩子管教很严格，导致孩子性格叛逆，不懂得如何正确与人相处。但卢老师又发现扬扬非常聪明，善于思考，这是他身上非常大的亮点。"如果我是家长……面对这样的孩子"，卢老师整理了一下思路，决定采取"长善救失"的策略。她通过引导扬扬参与各种活动，释放多余的精力，展示亮点，转移注意力，并在潜移默化中学习如何与人和平相处。

扬扬喜欢机器人课程，卢老师就投其所好推荐他去机器人社团。扬扬喜欢玩魔方、做数独，卢老师就推荐他参加魔方和数独比赛一展身手，还安排他开展学生讲堂教同学们魔方和数独。课堂上遇到难解的题，即便他不举手，卢老师也特地点名

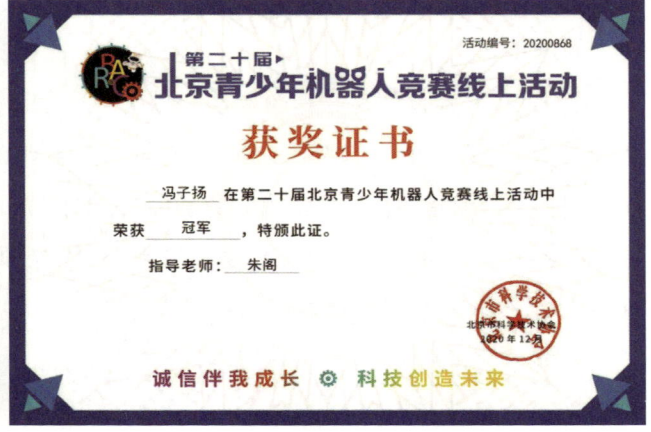

和而不同，快乐成长

叫他回答问题，因为老师知道他肯定会做。果不其然，他的回答总能换来同学们热烈的掌声……扬扬通过参加各种活动，充沛的精力得到释放，性格逐渐平和起来，也变得自信阳光了。同学们对他的看法逐渐改变，他慢慢也交到了朋友，成绩在班级里也是稳稳地名列前茅。现在的扬扬早已升入了初中，初一第一学期，他代表学校参加北京市机器人比赛，获得了冠军的好成绩！孩子有一颗感恩的心，他对卢老师六年来的教诲铭记于心，在获奖后，第一时间便把这个好消息告诉了卢老师！

晓晓的爸爸是名刑警，经常出差办案，妈妈做出口生意常常出国，两人根本没时间管孩子，把孩子放在奶奶家。奶奶能照顾晓晓衣食起居，却辅导不了她的学习。

卢老师得知这一情况后，脑海中想到的还是那个简单的问题："如果我是家长，会多么迫切地需要一个能够辅导孩子学习的人啊！"放学之后，卢老师经常把晓晓和其他几个情况差不多的学生留在班级，辅导他们写作业。冬天，天黑得早，有时全楼层的灯都灭了，只有她的班里灯还在亮着。从一年级到六年级，卢老师就像晓晓父母一样，把对晓晓的爱和关心融入每一次耐心的辅导中，晓晓的成绩也获得了很大的进步。

有人说："教育就是一棵树摇动一棵树，一朵云推动一朵云，一个灵魂唤醒另一个灵魂。"其实所有人与人之间的关系，莫不如此。老师的付出，家长们都看在眼里。卢老师想的是"如果我是家长"，他们班的家长受到感染，则时常想的是"如果我是老师"。只要班级、学校有需要，卢老师班的家长们都积极主动参与，有多大劲，使多大劲。卢老师班级的学生们在这种家校之间充满爱、充满信任、充满正能量的氛围下长大，不仅学习成绩突出，品质也非常优秀，他们团结、互助，同学之间的关系亲如一家人。

每一个孩子都有一颗独特的心灵，都值得老师用心地倾听、理解。每一位家长都是与老师共同前行的"伙伴"。互换角色，相互理解，便能共同进步。卢老师常常感慨说："'如果我是家长'是我每天都要思考的问题，它给我带来的结果是，班级中的每一名家长都成为亲人，班级中的每一名学生都真正地成为自己的孩子。"

温暖的约定

"每个梦想都值得灌溉，每个人都有权利期待，每个孩子都应该被宠爱。"在民族小学，如何将家校纽带联系得更加紧密，如何成为孩子的贴心人……每一位班主任老师都在不断地思考着、践行着。

小睿是六年级一个很普通的孩子，身形弱小看着都不像是六年级的学生。他性格内向，很少得到老师们的关注。刚接班时，杨老师只是听说孩子的父母离婚了，妈妈一个人带孩子，平时都是姥爷接送，学习成绩也不太好。

有一次，杨老师给他补课后聊起天来："平时见过爸爸吗？妈妈工作忙不忙？姥爷平时除了接送以外，还干些什么呀？姥姥怎么不在一起住？"这些问题其实已经藏在杨老师心里很久了。小睿说他从记事起就没见过爸爸，妈妈告诉他爸爸去外面工作了；妈妈是百货商店的会计，平时工作很忙，得晚上才能回家。因为家里太小了，他又需要有人照顾，只能姥爷跟他们住在一起，姥姥身体也不好，就住在老家。因为家里条件不好，姥爷除了接送他，还会去超市门口捡一些别人不要的苹果或者蔬菜。

杨老师听了这些事儿既心疼又惊讶，特别不解的是：孩子过得这么辛苦，他的爸爸到底去哪儿了呢？

和而不同，快乐成长

杨老师想，虽然我不能了解到更多的情况，但是我能帮他啊。于是她联系以前班里孩子的家长，他们有孩子不穿的衣服、不看的书，适合小睿的全收集上来，再转交给小睿妈妈或是姥爷。其他老师听说了这件事儿，也把自己孩子的衣服送给小睿。班里有剩余的水果，杨老师就在放学时给孩子装进书包，让他带回家吃，这样姥爷就不用再去捡不新鲜的水果了。小睿成绩不太好，杨老师就利用放学后的时间把他留下来，给他补课。

这些做法让孩子的妈妈和姥爷特别感动，也更加信任杨老师，孩子有什么问题，或是和其他同学有什么矛盾，妈妈都会及时和老师沟通，听了老师的建议再做决定。杨老师和孩子家长的关系越来越近了，杨老师也终于问出了藏在她心里的那个疑问，原来孩子的父母并不是离婚，而是爸爸在孩子很小的时候就去世了。杨老师难过极了，孩子这么小就没有了父爱，妈妈一个人支撑这个家，姥爷这么大岁数了还在为这个家忙碌着。于是，杨老师跟姥爷说："以后有什么事儿都可以联系我，我能帮的一定帮！"

杨老师和年级组里的老师还默契地约定，他们要一直资助小睿到读大学，要帮助他实现梦想。

马校长常说，作为老师，我们不能只关注成绩，更要了解每一个孩子背后的家长，了解他们的家庭，关注每一个"人"。这样的了解是本着教育的初心去感染、感动每一个孩子和家长，与他们建立起信任、友善、和谐的纽带，真正成为一家人。

/三/ 爱的传递，与家长共情

唱爸爸妈妈小时候的歌

著名的教育家苏霍姆林斯基说："没有家庭教育的学校和没有学校教育的家庭不可能造就全面发展的人这一极其细致艰苦的工程。"老师和家长在孩子成长的道路上都发挥着重要的作用，就好比是划船一样，老师和家长就是两支桨，如果只是一方在用力，另一方不配合，那么这条小船只会原地打转。只有老师和家长一起用力，相互配合，协调一致，这条小船才会不断向前，乘风破浪。

民族小学一直以来特别重视家校的合作与共育，希望学校与家庭能够良好互动，充分调动家长这支庞大队伍，联合家庭、学校乃至社区的力量，打造生命成长共同体，为学生成长成才建立起一个超级教育社区。

生活在现代社会环境中的孩子，很多没有吃过苦，不了解父辈祖辈所在年代经历的艰难困苦。他们在优越的环境中长大，很多时候也不懂得珍惜当下的幸福生活。老师和家长们直接说教效果往往不太好。根据这些现实情况，学校组织开展了"唱爸爸妈妈小时候的歌曲——弘扬社会主义核心价值观的教育活动"。活动倡导学生们跟着家长、老师一起唱老歌，一起表演。

活动准备阶段，学生、家长和老师一起选歌、排练，每个阶段都充分调动学生的积极性，让学生主动参与。起初在选歌的时候，学生看到这些老歌的歌词就觉得很陌生，很多歌词的含义都不理解，像"北京的金山上光芒照四方"这样的歌词不太能引起他们的兴趣。于是，老师和家长就给他们讲述当时的时代背景，通过歌词传达一种怎样的情感。学生们了解了这些背景知识之后再去演绎就会带着真挚的情感。所以，尽管排练的过程很累、很辛苦，但是大家都积极向上、共同合作、相互鼓励。

合唱演出的过程中，学生、家长们和老师一同登台，用动听的老歌深情诉说，《烛光里的妈妈》《北京的金山上》《唱支山歌给党听》……一首首经典老歌，歌颂了伟大的祖国、共产党，歌唱了美好的生活，抒发着对父母的感恩，传递着社会主义核心价值观的正能量。活动现场的气氛特别和谐，台上的人动情歌唱，台下观看的学生、家长和老师们也情不自禁地跟着哼唱、舞动。

活动结束后，很多学生表示，这样的歌唱活动让他们从中收获了很多宝贵的品质，以后有机会还要唱这样的经典歌曲，陶冶自己的情操，感悟前辈们的奋斗精神。

和而不同，快乐成长

听爸爸妈妈讲小时候的故事

"我们坐在高高的谷堆旁边，听妈妈讲那过去的事情……"这是一首大家耳熟能详的歌曲，歌词中描述的就是孩子们围坐在一起，听妈妈讲过去的故事的温馨画面。然而，在快节奏的现代社会，这样的画面似乎越来越少。家长们忙于工作，没有时间和孩子坐在一起好好聊聊天，有些家长不忙的时候也经常埋头于手机、电脑，忽略了自己的孩子。这既不利于良好亲子关系的发展，也影响家庭的和谐氛围。

学校一向重视学生的家庭教育，希望调动家长的积极性，和家庭建立良性互动，形成育人合力。建立良好的亲子关系，营造良好的家庭氛围是家庭教育的关键，这些都要建立在家长和孩子之间加强互动交流的基础上。

社会快速发展，时代迅速更迭，如今孩子们生活的环境与爸爸妈妈小时候已经完全不同，孩子们也希望能听爸爸妈妈聊聊小时候的故事，感受一下他们从未经历过的事情。为此，学校组织各班开展了"听爸爸妈妈讲小时候的故事"的活动，鼓励学生和家长在茶余饭后，围坐在一起聊聊天，家长把他们小时候的故事讲给孩子听。

当老师们在班级介绍这个活动的时候，学生们特别开心，很多同学都愿意参与，并积极主动地跟父母聊天，了解他们过去的经历，探索现在和过去的世界有什么相同与不同。

看到学生们积极性这么高，很多班级就此开展了班级故事会活动，从家长中征集优秀的老故事、一些具有教育意义的经典小故事，邀请家长参加班级故事会，把这些故事讲给班里所有的学生听。在班级故事会上，家长们精心准备了PPT，展示了一些过去的照片、视频，有的家长还带来了家里的一些老物件，同学们都睁大眼睛，听得非常认真。

班里所有的家长代表都和学生坐在一起，当家长们讲到，他们小时候上学，教室是平房，下课铃声由班里某一位同学手动控制，学生们感到非常惊讶，也很羡慕。那时候教室里没有暖气和空调，夏天特别热，冬天特别冷，同学们早上摸着黑轮流到校生炉子，虽然很冷、很困，烟雾很呛，但是他们都认真地完成任务。这样，等到同学们都来到学校时，教室里已经变暖和了。看着大家不那么冷了，生炉子的同学心里也特别温暖，在为大家服务的过程中获得了成就感和幸福感。听到这里，学生们都忍不住鼓起掌来……

家长们一个接一个地讲述着自己的故事，孩子们听得越来越着迷，他们有时眼睛里闪着光，有时会哈哈大笑，有时低垂着脸好像在思索着什么，有时举起手来想提问，但是生怕打断了故事又赶紧放下手……故事会结束了，孩子们还沉浸在想象的世界中，他们羡慕过去有那么多他们没见过的玩具和游戏，感叹社会发生的巨大变化，但是更多的是感受到了现在生活的幸福，社会安宁，生活条件富足，寒冷的冬天教室温暖、干净、舒适，炎热的夏天，教室空调开放，凉爽宜人。

就这样，学生们在聆听故事的时候，开始进行对比与反思，不知不觉中懂得了要珍惜现在的幸福生活、懂得感恩、懂得热爱自己的祖国、懂得吃苦节俭、懂得孝敬父母……勤俭、感恩、爱国等优秀品质的种子慢慢在学生心中生根，发芽。

/ 四 / 家长向组织者转变

像阳光，如雨露，滋润万物

苏霍姆林斯基说过："教育的效果取决于学校和家庭影响的一致性。如果没有这种一致性，那么，学校的教学和教育的过程就会像纸做的房子一样倒塌下来。"家校形成合力，对一个孩子的发展至关重要。民族小学是一所回归生活世界的森林学校，是一所关注生态和谐的学校。随着社会环境的变化，时代的发展，学校不断更新家校合作的理念，探索家校合作新机制、新方法，打造家校合作共同体，给孩子的成长营造良好的教育生态。

民族小学金鹏科技社团成立于2017年，在引导学生开展研究性学习的过程中，基于如今的家长学历高、资源广的情况，创造性地引入家长资源，

形成了"双导师制"的模式。学生在家长和老师的共同指导下，制定研究方案，开展考察、制作、访谈、调查、实验等一系列研究活动，并通过对数据的分析，撰写小论文、小报告。在学期末答辩会上，社团的小研究员们还要展示自己的成果，接受来自专家的提问，并不断反思研究的过程和结果。家校共同合作，帮助学生将研究做得更科学、更完善。

孜孜不倦的于老师

经验欠缺导致的挑战是每个新老师都必经的阶段，课堂管理、专业技术发展等问题对于他们都是"难题"。研究生毕业后就来到了民族小学的于老师也不例外，面对单调乏味的课堂、各式各样的学生，年轻的于老师心力交瘁，找不到职业幸福感，也找不到工作的兴趣和热情。

为何不去寻求机会或者做出一些改变？想到研究生时期自己做毕业论文的那段时间，选好自己感兴趣的课题之后，导师指导科研方法，具体的调查研究、搜集资料、撰写论文及答辩过程等都由学生亲自完成，这种学习方式对自己的促进作用非常大，整个过程虽然忙碌但是很有收获。这种研究性学习的方式如果在小学生中开展，是不是也能促进学生的全面发展呢？于是，在校长的支持下，于老师创办了金鹏科技社团，引导小学生写起了小论文。

社团成立初期，由于研究的方向都不一样，每个项目都需要老师一对一的指导。于老师经常利用下班后的时间帮助每个项目探讨方案，提出意见，到后期帮学生们修改论文更是经常到凌晨一两点。那时候，于老师的孩子还很小，而且不在北京，所以周末需要来回坐火车往返两地。于老师专注于社团的事情，和家长、孩子一起讨论方案常常忘记时间而错过下车点。

这样持之以恒的耕耘和坚持，换来的是意想不到的惊喜。学生们通过比赛，获得了可喜的成绩和个人成长，于老师更是收获了学生们和家长们的信任，同时也提升了自身的专业能力和沟通能力，找到了职业的幸福感。于老师还尝试在日常的科学课中引入诸多科学研究的理念，比如在讲解天气的时候，带领学生们以研究的视角走出教室亲自去感知和测量。学生们在实践中动起来，思考起来，课堂变得有意义有意思。

对于金鹏科技社团的意义和取得的成绩，校长非常认可，他还从"建设城市新型学校"的理念出发，及时地启发指点社团要善于借助社会资源和家长资源，避免闭门造车，让学生的研究有更高的平台。于老师便在后期社团的建设中，与家长真诚沟通，共同合作，在家校合作方式方面积累了成功的经验。

回顾社团的历程，谈及社团的意义，于老师说："金鹏科技社团就是在这种大数据的社会背景之下，回应社会和家长以及孩子对于教育的新需求而做出的一个举措。社团为学生营造了全方位学习的氛围和生态，这是他们成长最为需要的。抛开成绩不谈，单单只是对于学生的全面成长，我觉得做到这一点就特别有意义。"

如今的于老师，依然忙忙碌碌，但是收获的却是从容的幸福感。

暖心的孩子

金鹏科技社团带给学生的成长是全面的，从科研的方法到答辩的技巧，老师和家长都会全面指导孩子。在这个过程中会发生很多动人的故事，一位内秀、敏感、善于观察的小姑娘把社团老师的关爱、付出与自己的感动，用最温柔与舒适的方式记录了下来。

黑夜中的等待

这世上有许多令人感动的人和事，而最让我感动的人是教我不到半年的科学老师于佼月，她的奉献精神令我感动至今。

在她教我的半年里，我们十几位同学在她的带领下参加了海淀区科技比赛。她指导我们过五关斩六将，在参加初赛的15个项目中，有14个脱颖而出，"杀入"决赛。大家在开心的同时，也面临着严峻的考验——答辩，这决定着我们的心血和成绩能否被认可。大家开始认真准备，一次次地推翻，一次次地修改PPT，于老师还指导我们答辩的技巧，从礼貌问好，到怎样规范表达自己的研究成果，都一一给我们细致指导，让我们懂得严谨科学的重要性。一次次的练习让大家有些精疲力竭了，想要放弃，而于老师一直在"稳定军心"，不断地鼓励我们。我们心里清楚，这一刻，她才是最紧张的。

有一天放学后，于老师主动加班要跟我们一个个模拟答辩，帮助我们再次修改完善。我那天因为自身原因去晚了，担心老师已经不在了。可当我走到操场，抬头看见科学教室的灯还亮着，我快走几步，推开教室门，看见于老师疲惫的背影，心里内疚极了。我转身想悄悄溜走，可是，于老师发现了我，用坚定的声音叫住了我：

"来来来，现在还不晚。"

我赶紧放上PPT，不经意间瞥到于老师桌前只放着一碗没有热气的汤，原来她是饿着肚子在等我们啊！于老师认认真真地帮助我修改完PPT后，已经是晚上9点了。可是，后面还有两位同学在等着老师指导呢！

那天，我不知道她是几点离开学校的，只记得推开门那一刹那间，她疲惫的身影。后来，妈妈告诉我，老师的宝宝刚满周岁，我想，她一定也很需要妈妈陪伴在身边吧！可是，于老师为了我们，有许多日夜都是这样度过的。老师就像蜡烛，燃烧自己，照亮他人。老师的奉献精神使我至今难忘，铭记于心。

熠熠生辉的爸爸们

家庭教育有两盏灯，母亲是家里亮着的窗前灯，柔和而温暖；父亲是出门路上的那盏灯，照亮孩子前进的方向。父亲最重要的角色，不是"供养者"，而是参与者。学校的家长会，很少有爸爸们的身影，家长群里活跃着的更多的是妈妈们，她们事无巨细而又心力交瘁，忙碌又疲惫，焦虑又无助。

金鹏科技社团不仅点燃了学生们的热情，而且让家长们参与进来，和孩子们一起成长。最开始的时候，很多课题都是妈妈带着孩子参与，随着社团的不断壮大，时间久了，社团里爸爸们的身影和声音也越来越多。有在大气物理所工作的爸爸，引导孩子们开展关于某一时间段空气质量的研究；有做电瓶车研发的爸爸，引导孩子做电瓶车续航问题的研究；有的爸爸为了引导孩子理解大数据分析，专门帮助孩子购买相关专业书籍。他们参与孩子的研究过程，带来的资源更加丰富，方法更为专业，给孩子的指导有更独特的视角，引导孩子们把论文写得有模有样。

三年级的小超是社团里年龄较小的孩子，他的爸爸在参与的过程中，有担当，肯付出，不仅积极主动地跟指导老师进行交流反馈，还花费大量时间指导整个研究小组。一天，小超和小组的另外两位同学在老师指导下访谈了14个孩子。访谈的时候，小超拿了一支录音笔，把整个过程录下来。老师嘱咐他回家把录音文件导出，跟小组成员共同分享和分析。小超闪烁着炯炯有神的大眼睛，认真地答应了。出乎意料的是，晚上的时候，老师接到了小超爸爸的电话，电话里爸爸抱歉地说："孩子可能不太会使用录音笔，回家后发现里面的数据丢失了，伤心地哭了。老师，能不能辛苦您再安排一次访谈，我今天会好好教会他如何使用录音笔。"面对如此有责任心的家长和孩子，老师备感欣慰，说道："孩子伤心说明他对这个事情特别重视，有担当和责任心。等孩子准备好了，我们可以安排他再访谈一次。感谢您的支持！"在后期的研究过程中，这位爸爸尽管工作很忙，依然花费了大量的时间和孩子一起分析做报告。最终，三个孩子的研究成果顺利呈现。在家长和老师的共同指导下，孩子们既得到了锻炼，又收获了很多书本上没有的知识。

还有的爸爸组团参与到孩子的研究过程，亲子共研的时光温馨又美好。二年级有三位小朋友一起研究身边同学使用线上 App 的课题，三位爸爸周末带着孩子在一起聚餐，开心地整理问卷，分析数据。当妈妈们自豪地把视频发到小课题微信群时，大家能够通过视频看到小朋友们共同合作、认真开展研究的样子，更看到三个爸爸指导孩子时严肃又可爱的模样。指导老师在微信群里看到这样的画面，深受感动，这样美好的时光，让孩子们之间有了深入的交流，增加了友谊，更拉近了亲子关系。

金鹏科技社团吸引多才多艺的爸爸们参与到孩子们的学习成长中，爸爸们严谨的逻辑、精益求精的态度、解决问题的思路、遇事不慌的沉着都在潜移默化地影响着这些成长中的孩子们，使他们变得更有勇气、更加开阔、更为自信。

社团经历了四年的发展，在新型"家校合作"模式的支持下，社团的小研究员们开展了上百个小课题研究，学习过程突破时空的限制，家长资源的引入让学生的选题更为广泛，研究方法更为专业。老师和家长犹如森林生态环境中的阳光、雨露，共同滋养了学生的发展，让他们获得了德智体美劳的综合发展。

一起"玩"出创意

民族小学有这样一群人，他们善于观察勤于思考，他们有了想法就会努力去实现，他们面对困难不轻言放弃。他们不仅有学生、老师，还有家长，他们就是民族

和而不同，快乐成长

小学的创客社团。

2015年9月，时老师组建了创客社团，带着几个热爱科学的学生一起"玩"创意。为了激发学生的科学研究热情，社团成立第一年，时老师就带领学生报名参加了北京市的比赛。报名后的两个月时间，时老师和三名小队员每个周六日都是在学校度过的。他们一起商量主题、设计方案、加工材料、调试软硬件。这是学生们的创客首秀，时老师每一个环节都严格把关，反复琢磨，光是一个外形就设计出几种方案，也经常会因为一个小问题反复调试到深夜。

正是由于这样不懈的努力，严谨的态度，第一次比赛学生们就获得了北京市一等奖的好成绩。之后，时老师还联系了国家专利局，成功为这个作品申请了专利。这次经历极大地鼓舞了三名小队员，也让其他同学羡慕不已，很多同学表示特别想参加这样的活动。可是老师的精力实在有限，这也难为坏了时老师。

校园里的"亲子活动"

"每个孩子的背后都有一个家庭，他们和老师一样希望孩子更好地成长……"马校长的一番话，给时老师带来了启发。时老师决定挖掘家长资源，让更多的学生能参与比赛。可是，家长会不会没时间参与？这会不会给家长带来额外的负担？时老师心里还是充满顾虑。

在信息中心关主任的大力支持下，时老师和第一个家长沟通非常顺利，家长表示愿意提供培训资源。于是时老师又联系了感兴趣的学生和家长同时走进了课堂，一起学习创客相关软件、硬件知识，感受创客的乐趣和工匠精神。校园里的创客亲子活动就这样开始了。

通过这样的活动，一批爱钻研、刻苦勤奋的小创客家庭涌现出来，家长和孩子共同学习，一起"玩"出创意。有的孩子把创客活动带到了家里，成为家庭亲子活动的一部分。

随着越来越多的家长的参与，时老师发现，其实有很多家长想用自己的专业特长为孩子们的科技学习助力，可是却不知道劲儿往哪里使。学校的创客活动为他们提供了平台和路径，家长们为此特别高兴，也纷纷表示感谢。

十一小长假的校园热闹了

"这个因素必须要考虑，不然运行会不稳定。""这样的方案可行吗？""可能还要重新调试……"马校长寻着激烈的讨论声走到了计算机教室，时老师和十几个学生，还有每一位参赛队员的家长正在进行作品调试。"假期都不休息吗？"马校长关切地问。"创客比赛又开始了，学生们自愿牺牲假期来调试作品。"时老师说。

这次，时老师大胆尝试了两个不同的项目，十几名队员参与其中。集训之前，时老师还在犹豫要不要提出十一放假大家在学校集训，可又担心学生们因为不能出去玩而失望。一位家长主动提议十一假期集训，学生们听到居然欢呼起来，一切担忧都烟消云散。

前期大家已经确定主题，选择材料，确定了初步方案和分工，学生和家长们一起利用暑假时间开始学习、试验，做了大量的准备工作。但是其中的一个团队在反复试验的过程中，还是出现了严重问题，有一个环节的失败率特别高，这样就会导致作品运行特别不稳定。学生们试着解决问题，过了好一会儿也没有想到解决办法，于是就开始找一些材料、工具玩了起来。这时，时老师走到三个同学身边问道："你们还记得为什么放弃出去旅游而来学校吗？"他们当时就低下了头。"老师知道你们遇到了困难，这个作品是你们自己的成果，遇到困难就这么轻易放弃了吗？"三个人相互看了看，便立刻回去继续研究解决问题的方法。他们把自己的想法和疑问告诉了老师、家长。老师鼓励他们动手试一试，多

和而不同，快乐成长

做尝试、细心观察和分析。终于，问题得到了初步解决。后来，再遇到问题的时候，同学们都能积极地想办法、查阅资料、向家长求助。最终，他们的作品在北京市的比赛中也取得了一等奖的好成绩。学生们更加自信了，他们从中不仅学习了科学知识，而且还锻炼了独立思考与解决问题的能力，看到他们的全面成长，时老师和家长们感到非常欣慰。

就是在这样一次一次的相处中，老师和家长成了朋友，老师、家长、学生组成了一个大家庭，为了孩子更好的成长共同努力。

一个都不能少

在社团中，每个学生都有自己的特点，虽然他们在编程、电子电路等方面有自己的小优势，但是很多学生也存在各种各样的小问题。面对这些小问题，时老师始终坚持"一个都不能少"的信念，对每个学生都不抛弃，不放弃。

因为疫情，2020年的比赛转到线上。为了给更多的学生展示、锻炼的机会，时老师扩大了参赛范围，鼓励有兴趣的学生和家长报名参赛。然后，时老师再和每一位家长单独沟通。在社团中有很多学生的家长具有相关专业背景，能够给学生很多指导，这样时老师项目的实施也就更高效、顺畅。即便如此，备赛的那段时间里，时老师除了正常上课，下班还要跟家长、参赛队员一一沟通，依然忙得不可开交。

一天下午，一个小男孩的妈妈打来电话说："孩子报名参加了创客活动，但是我和孩子爸爸都不是做相关工作的，提供不了任何帮助。可孩子真的对科技特别感兴趣，很想参加这个比赛。"家长的声音里透着无奈和无助，时老师听后立刻答应和家长一起来辅导孩子。白天需要在学校上课，时老师只能利用下班时间来和家长、孩子交流。开始的时候，家长根本听不懂，但还是坚持每次都和孩子一起听老师的指导与建议，然后再陪着孩子一起研究、设计。通过一次次的指导，一次次的改进，孩子最终完成了作品，从开始不知道做什么、怎么做，到最后落落大方地把自己的设计讲出来，最终获得了满意的奖项，而家长也从中学到了很多，因此特别感谢老师和学校为孩子搭建这样的平台。

像这样的故事还有很多，有的学生因为表达不畅不能自信地上台，有的学生因为语速快很难让大家听清楚他想表达的内容……面对这些问题，时老师没有放弃一个学生，她通过和家长不断沟通，在老师和家长的认真指导、不断鼓励中，帮助学生突破自己。家长在表达感谢的同时，也纷纷贡献自己的力量。他们组织孩子形成互助组一起学习编程、为老师提供资源、为孩子们录制课程。家长、老师通过角色的转变，更好地成为孩子成长的合作者！

家是小的校，校是大的家。孩子的成长离不开学校的教育，也离不开家长的支持与配合，只有家校共育才能成就孩子的美好未来。

一场与月亮的约会

遥想古人，夜观月相，探求天地规律，寻求道法自然。

正值我国嫦娥五号赴月球"挖土"，又逢农历十六满月时分，月明星稀，民族小学的科技天文社团也组织了一次师生家长以及周边居民的观星观月活动。

太阳落山之后，天文社团的同学们赶在月亮升起之前来到学校，开始组装和架设天文望远镜，对于刚刚参加了海淀区天文竞赛的他们来说，这完全是轻车熟路！选好位置，其中一台对准火星，一台对准木星和土星，第三台对准月球。

计划晚上6点开始观测，但不少同学和家长早早地就在校门口等待了，看来学生和家长中真的不乏天文爱好者。

观测开始之后，同学和家长依次在望远镜目镜中观看，有的还用手机从目镜中进行拍照。

看过的人才能明白天文的魅力：原来天文望远镜里真的可以看到被美丽光环环绕的土星，被四颗大卫星围绕的木星，通体红色的火星，以及更多表面细节的月球。第一次观测到这些，学生和家长兴奋无比，不时发出"哇"的惊叹。

原本计划一小时的观测活动，最终两个多小时才结束。作为一名科技教师、一名科学和天文爱好者，看到学生和家长这么大的观测热情，怎能忍心按时收场？寒风刮不走热忱的心，月亮还在，望远镜就还在！

科普，真的是一件很有意义，并且让人很有成就感的事！

下面大家就一起走进一名"科技教育工作者"捕捉到的一些画面。

闪送小哥忙里偷闲看月亮

闪送小哥，绝对是遵从"时间就是金钱"的一项职业，但在观测人群中，出现了一名闪送小哥。小哥看到天文望远镜，停下摩托车，好奇地走过来。"请问，您

和而不同，快乐成长

这看什么呢？""大月亮，您来看看？"小哥把眼睛伸向目镜，仔细看了片刻，发出了惊叹："太漂亮了！"随后他摸索出屏幕碎掉的手机，试着进行拍照，看小哥总也拍不好，关老师帮助他从目镜中拍下了漂亮的月球，他很满足。真希望这件事，能让他忘记奔波一天的疲惫，甚至对人生能有新的追求。

找到共鸣的爸爸们

或许每个小男孩都有着一个探索太空的梦想，当小男孩变成老男孩时，这个梦想还在吗？

在观测的队伍中，有几位爸爸特别感兴趣，家里小朋友在排着队，自己先来到望远镜前与我聊起了星星。"门头沟的潭王路没有光污染，很适合去观测和摄影。""我家里有一台老早买的天文望远镜，回头我也拿出来看看。""老师，天气暖和了组织一次活动，去野外看星星吧！""12月的双子座流星雨有没有观测活动……"

和爸爸们的聊天让关老师更加肯定这次活动的意义，观测活动不仅激发了学生的兴趣，同时也唤醒了沉睡在老爸们心中的那一点向往。

不看月亮看手机

在观测队伍中，两个男孩吸引了关老师的注意，他们两个一直在拿着手机玩游戏，非常投入。轮到他们进行观测时，两个男孩并未表现出很大的兴趣，只是匆匆看一眼便要离开，家长在一旁鼓励着他们再多看看。

关老师不敢妄下定论，对自然科学的漠然是否和沉迷虚拟网络世界有着直接的关系，关老师真希望自然科学和信息技术可以相辅相成。对于孩子来说，手机到底是发展的潜力，还是潜在的威胁？希望孩子不是技术发展历程中的试验品。

自然本美好，希望你不要对它有偏见

在观测快结束时，一个学生的妈妈问道："老师，这能看到什

220

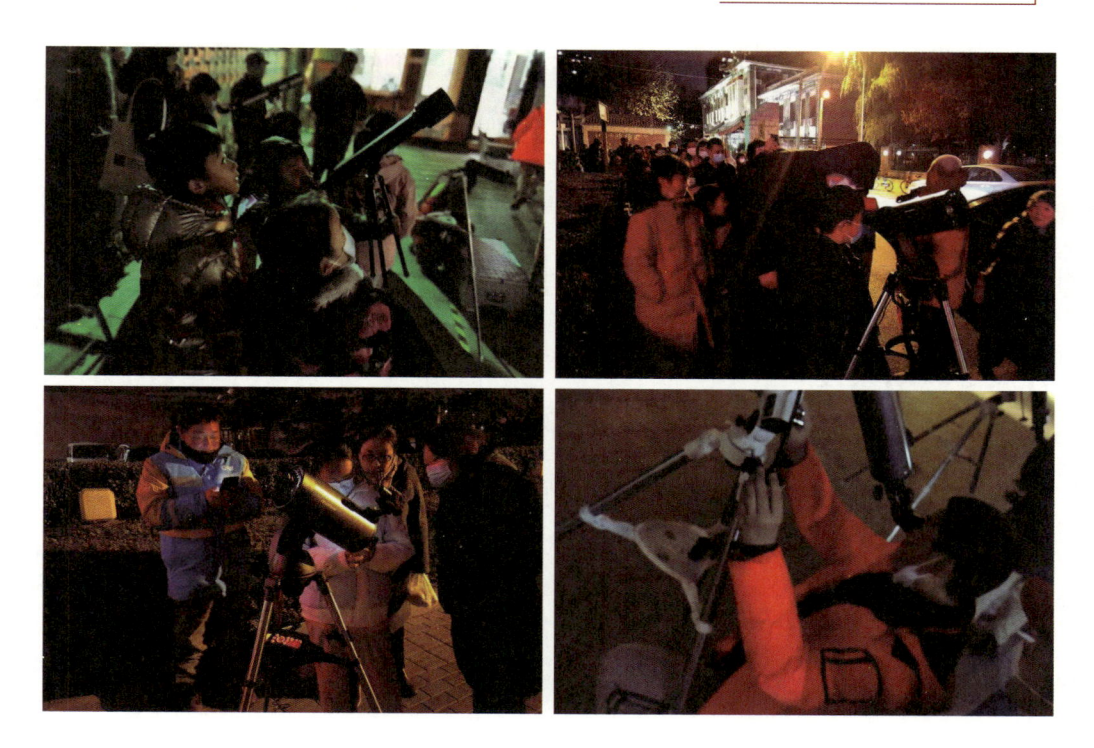

么?""可以更清晰地看到月球表面。""月亮有什么可看的?""您试试看,特别漂亮。"简单的交流可以感受到家长的不了解与不屑。其实这种情绪完全可以理解,都市圈确实与大自然正经历着大分割,这种割裂削弱着人类对自然的敬畏之心。这位妈妈进行观测时,当她看到大大的月球表面分布着陨石坑、月海的时候,她也由衷地发出了惊叹,这一声惊叹在关老师听来如此美妙。希望自己的一点科普善举,可以改变一些人对自然科学的认识,哪怕一点点。

看不见星星的都市

一些孩子问关老师:"为什么现在没有星星呢?"在关老师看来,星星是有的,只是由于严重的城市光污染,星星藏在了光线里,只有几颗最亮的星会出现在天空,但这几颗却不足以让人们抬头望向天空。1990年出生的关老师,还清楚地记得孩童时仰头寻找夜空最亮的星,地点就是在北二环,现在想起来那依旧是美妙的体验。家长可以带着孩子多走向野外,感受这些天然的馈赠,仰望独属于人类的美妙星空画卷。看过浩瀚的星空,或许你能更清楚地认识自身,感受到属于地球的渺小,与所有人类文明的伟大。

引用康德的那句话：世界上唯有两样东西能让我们的内心受到深深的震撼，一是我们头顶浩瀚灿烂的星空，一是我们心中崇高的道德法则。

民族小学的观星活动，还会继续！

/五/ 非常时期构建成长共同体

公众号联动家校

随着科学技术的发展，人与人之间的沟通方式发生了很大的变化，很多新的沟通工具应运而生，微信取代了短信，视频通话几乎取代了电话。例如，在疫情期间，学生们居家线上学习，家校沟通自然更多地依靠网络。班级微信群、学校公众号、班级公众号，便成了主要的沟通方式和信息发布载体。疫情虽然阻挡了学生到校的脚步，但是网络拉近了学校、孩子和家长的距离。

为了加强与家长的交流，学校也创办了自己的微信公众号。学校的微信公众号非常"勤奋"，每天坚持推送不同主题的文章和信息，让家长及时了解学校和学生的情况。在学校公众号上，既能看到班级举办的各项有意义的活动，又能看到学生和老师在各项比赛中荣获的成绩，还会结合实际分享一些家教锦囊或者教育小妙招。这样细致又全面的工作背后是一个专业又敬业的公众号团队，他们每天花费大量时间精心修改文字，细致设计版面，让公众号成为家长了解学校的重要窗口，也成为家长们心中一个有温度的信息发布平台。

戴老师担任一年级的班主任时，疫情居家期间给自己的班级也开通了公众号，为了调动班级家长和同学的积极性，戴老师把他们都吸引进来，共同参与班级公众号的维护和运营。

疫情期间家长和孩子在家一起学习《乐诵经典》。但由于没有开学，古诗闯关活动一直无法进行，于是家长们就开动脑筋，准备进行线上古诗闯关活动。

戴老师非常支持，组织家长成立了闯关评委会，设计闯关的流程和规则。经过和家长的反复推敲，第一次线上古诗闯关分为三轮，分别是淘汰赛、晋级赛和争霸赛。其中淘汰赛和晋级赛题型以"对号入座题""唐诗识别题""图画线索题"为主，考察孩子们的诗词积累和反应能力。"争霸赛"中设计了高难度的飞花令，由主持人从"雪、梅、花、春、风、飞、天"几个字中挑选一个，孩子轮流接令。

由于二年级同学年龄小，古诗闯关和视频会议都是第一次接触，戴老师和家长还特意为孩子们举行了古诗闯关的预赛，让孩子和家长都能够提前熟悉设备与题型，做好全面的准备。

正式比赛开始后，由于有了预赛的准备，二年级的孩子们自信满满，保持了良好的规则意识，答题时文思敏捷，对于抽到的题目对答如流。最后的飞花令环节更是孩子们的才艺秀，大家都没想到二年级的小学生竟然能积累出这么丰富的诗句。

闯关活动进行得很成功。负责微信公众号的家长及时记录了活动的过程，并编辑好内容在微信公众号进行推送。新闻稿一发出便受到了广泛关注，不仅被学校微信公众号转载，还被许多家长转发。活动里展现出的民族小学书香校园文化特色广受好评，老师和家长们以及阅读新闻稿的读者们都被孩子们的才华惊艳。

在戴老师班级公众号的引领下，其他班级也陆续开通了微信公众号，并把疫情居家期间学生们做的有意义有意思的事情进行宣传和展示，比如厨艺大比拼、讲故事大赛、才艺大比拼等，既丰富了疫情居家期间学生们的业余生活，也促进了家校教育的进一步融合。截至目前，学校所有的班级都开通了微信公众号，用于发布班级的各项活动和工作，成为紧密连接家校的纽带。

再小的个体也有品牌。对于学校来说，有关学生的一切，再点滴也是成长。微信公众号给大家提供了一个平台，展示与反思、学习与借鉴、思考与交流，同时还是学校与学生对外沟通展示的渠道，更是家校合作的纽带与桥梁。

抗疫英雄带给我们的成长

说起抗疫英雄，大家至今也忘不了这感人一幕：2020年2月，电视里播放着国家首批援鄂抗疫医疗队员即将奔赴武汉的新闻采访，面对未知的病毒，队员们的逆行壮举让人数次落泪。

他们是一群无所畏惧的勇士，不顾个人生命危险冲到前线，给寒冷的冬日带来光明和希望。突然，镜头定格在一位美丽的白衣天使脸上，口罩也遮不住她眼眸中闪亮的光芒，一次次回头，她的眼里分明是对家人的不舍与牵挂。而这位"最美逆行者"正是宝骥同学的妈妈马骏！原来，抗疫英雄就在大家身边啊！小伙伴们在感到骄傲的同时，也纷纷表示出了担忧：妈妈支援武汉，小宝骥能行吗？

宝骥不孤单

一说起宝骥，那个乖巧的小男生仿佛就在眼前。他是个性格内向、不善言辞，还有点儿爱哭鼻子的孩子。平时在班里，如果他犯了错，还没等别人说什么，他那忽闪忽闪的大眼睛就已经噙满泪花。这个柔弱的从未离开过妈妈的小男孩，他真的能行吗？老师们都很担忧。

在这场没有硝烟的战场上，没有人能当旁观者。马校长得知情况后，嘱咐班主任老师要关注孩子、守护后方，让宝骥妈妈安心在前线工作。班主任马上联系学科老师为小宝骥定制了专属微信群，鼓励他克服困难，向英雄妈妈一样坚强勇敢。老师们一有空就和宝骥视频聊天，关心他的生活和学习情况。视频通话另一端的宝骥，虽然仍是那个稍显腼腆的孩子，但每次聊到妈妈时就眼睛放光，能感受得到他在为妈妈骄傲、自豪！妈妈不在身边的 70 多个日夜里，在学校、老师和同学们的鼓励关心下，曾经略显脆弱的小宝骥也在悄然变化。宝骥除了自己主动学习外，还开始尝试着帮助爷爷奶奶做力所能及的家务，变得越来越自信和坚强了。原先那个爱哭的小男孩，慢慢地成长为有责任心、能担当的小小男子汉。妈妈不顾安危、舍小家为大家的精神，已经在他幼小的心里留下了深深的烙印。

驰援武汉！她留下一千次回眸
2020-01-26 23:33:49
来源：新华社
浏览量：743529

原标题:驰援武汉！她留下一千次回眸
1月26日下午，由来自北京医院、协和医院、北医三院等6家医院的121名专家组成的国家援鄂抗疫医疗队从北京启程，驰援武汉。专家队伍中，有在北医三院肿瘤放疗科从事了14年护士工作的马骏；送行的队伍中，有她的丈夫、在北医三院工作了17年的医生陈森。这是两人婚后第一次长时间的分别。
记者：李姝莛 殷家捷

向榜样学习

一场疫情，正是对同学们进行爱国主义教育和榜样教育的最好时机。班级号召同学们以白衣天使马骏阿姨为榜样，学会担当、懂得感恩，长大了为祖国做贡献。

同时学校还嘱咐大家减少外出活动，注意卫生、保护好自己，以读书、练字、做运动、帮家长做力所能及的家务劳动等有意义的形式"宅"在家里，和祖国母亲共同渡过难关。

武汉抗疫进入关键时期，身在前线的宝骥妈妈百忙之中挤出时间写日记，记录这段难忘时光的点点滴滴。为了让同学们了解马骏阿姨和一线战疫的情况，班主任常常有选择地在班级分享这些文字，同学们时而为马骏阿姨的身体不适焦急，时而为她成功抢救危重病人欢呼雀跃，小小的日记变成连接英雄阿姨和同学们的纽带。

通过身边英雄的亲身经历，同学们终于懂得，哪有什么岁月静好，不过是逆行的白衣天使们用自己的本领、用自己的生命构筑生命之坝，守护人民的安全。班主任还用心组织了"与马阿姨在线过元宵""给宝骥同学过生日"等班级活动，一张张绘画作品、一行行文字、一句句问候和祝福，略显稚嫩却满含真情，有同学们对马骏阿姨的牵挂和对前线医务人员的崇高敬意，也有他们对祖国、对武汉同胞的美好祝愿。马骏阿姨也会从武汉一线发来照片和视频鼓励同学们。同学们与马骏阿姨的心贴得更近了，感受到了抗疫英雄们为祖国、为人民无私奉献的大爱。

榜样的力量

同学们在向榜样学习的过程中一点一点成长。元韬同学读了马骏阿姨的抗疫日记以后，特地给班主任打电话，稚嫩的声音在班主任老师耳边回荡："马阿姨在武汉怎么样？""阿姨回来了吗？"要知道，平日在班里，他对班级和同学的事情不是特别关心，而且经常违反班级纪律。可经历了这件事，榜样的力量让小元韬发生这么大的变化。

疫情期间"停课不停学"的日子里，元韬积极参加班级线上活动，把自己居家期间的收获跟大家分享。当得知湖北崇新司法鉴定中心刘良法医团队急需防疫物资时，元韬主动拿出自己的压岁钱跟同

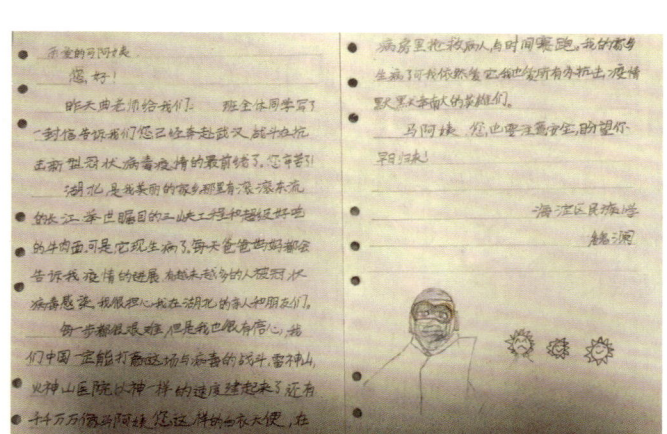

和而不同，快乐成长

学们一起购买了医用防护服，让抗疫前线的工作者在齐备的防护条件下安心开展工作，他们用实际行动为抗击疫情贡献力量。

在收到来自武汉刘教授的感谢信后，元韬激动不已，对生命的价值有了更深刻的认识，立志长大以后也要成为一名救死扶伤的医生。

家校携手，引领成长

一次次爱心传递活动让同学们感受到温暖，也让他们懂得了珍惜和感恩。班主任还给同学们写信，讲述身边默默奉献的英雄事迹。信中写道："孩子们，疫情尚未结束，我们身边还有许多人在默默地付出，保安叔叔们每天在小区门口测量体温，保障我们的安全；保洁阿姨们每天消毒，保障我们的健康；医护人员和解放军战士不顾个人安危，奋斗在一线……我们班明洋的妈妈赵阿姨、宝骥的爸爸陈叔叔是医生，他们一直坚守在北京的抗疫一线治病救人；涵玉的爸爸郗叔叔是一名军人，一直在部队值勤，保障着大家的安全；力中的妈妈马阿姨也是军人，她参与了北斗卫星导航系统的技术工作，为火神山、雷神山医院的建设提供了精准定位，保障了无人机的空中巡逻，引导了应急物资运输车及时送达……他们用科技在战疫。他们不能回家和家人团聚，默默地为抗击疫情做着贡献……"同学们读信后都感动不已，不由得思考：我长大后要成为什么样的人？

老师们也欣喜地看到，英雄的精神激励着班里所有同学，在"抗击疫情我们在行动""停课不停学，成长不延期""在春天里共同成长""致敬抗疫英雄"等班级活动中，大家积极展示自己学习、锻炼、读书、写字、劳动等丰富的居家生活，班级公众号33篇文章见证了同学们的成长。

逆行的白衣天使是他们眼中最美的形象，"武汉加油，中国加油"是他们心中最想喊出的声音，"勤洗手、戴口罩"是他们始终坚持的好习惯，保护野生动物是他们最想做出的承诺……同学们用自己的方式表达最简单、最真挚的爱国之情。海淀教育和学校公众号也多次报道了班级的活动。满满的正能量，家校携手引领学生共同成长。

面对疫情，要引导学生珍爱生命、关心社会、明辨是非，帮助他们树立正确的世界观、人生观、价值观，培养深厚的家国情怀。在这段特殊的抗疫时期，班主任更要做学生温暖的守护者，引导他们向身边的榜样学习，引领他们在学习榜样的过

226

程中有思考、有感悟、有行动，用爱在学生幼小的心中点亮一盏懂得责任、担当、敬畏的心灯，为国家培养更多栋梁之材。

校长的三封家书

2020年的春天，在举国抗疫的大背景下，马校长给民小全体学生、家长和老师们各写了一封家信。信中他将对大家的关心、国家抗击疫情的进展、学校最近的情况娓娓道来，温暖了孩子、家长和教师的心。除了关心和问候，马校长还对他们说了一些悄悄话，让我们一起来听听吧。

在对学生的公开信中，他特别教导同学们要"心有榜样"，以奋战在抗疫前线的各行各业的工作者为榜样，培养家国情怀，做到有责任，勇担当！

虽是寒冬，但是我们备感温暖。习近平总书记对疫情给出了重要指示，国家成立了以钟南山院士为组长的专家组攻克难题。医院里灯光彻夜不息，战斗在抗击疫情前线的医生们不眠不休、争分夺秒地工作。新建的雷神山、火神山医院见证了中国速度。各行各业的叔叔阿姨们都携手共进，共担风雨。你们的爸爸妈妈中有的是医生，有的是警察，有的是社区工作人员……他们在疫情面前都挺身而出，挽狂澜于既倒，扶大厦之将倾。

习近平爷爷曾对我们说过，要"心有榜样"。而现在，我们通过新闻看到的以及我们身边的那些"最美逆行者"，就是一往无前的英雄勇士，是我们这个时代当之无愧的榜样！希望未来的你们，也像他们那样心中有家国情怀，岗位上有责任、勇担当。

——节选自《这有一份来自校长的信件，请查收》

在给家长的公开信中，他通过提出六个特别的话题，倡议家长们在家中除了督促孩子学习知识，更要积极引导孩子珍爱生命、关心社会、明辨是非，在亲子的互动交流中，将生存与生活的智慧，将共赴时艰、舍身忘我的气节，将作为中国人的责任与担当，植入孩子们的精神基因。

人们常说，家庭是人生的第一课堂，家长是孩子的第一任教师。面对疫情，我真心希望您能和我们一起，积极引导孩子珍爱生命、关心社会、明辨是非，帮助他们树立正确的世界观、价值观、人生观，培养深厚的家国情怀。

和而不同，快乐成长

在此，我倡议，您带着孩子一起可以从以下几个话题入手，进行一些思考与讨论：

一、我们应该如何正确认识人与自然的关系？如何与其他物种和谐相处？

十七年前的非典和这次新型冠状病毒肺炎都提醒了我们，我们是自然的一部分，所以我们人类不能失去对自然和物种的敬畏之心，"枪响之后，没有赢家"。我们怎么看待这个问题？

二、哪些生活习惯与习俗需要改变？

这次疫情警示我们，有一些习俗和习惯成为传播疾病的途径，很多平时不注意的生活细节不利于身体健康。那么，我们平时怎样做就能减少对健康的伤害？我们身边还有哪些陋习需要改掉？

三、吃什么、怎样吃才健康、安全？

对于小孩子来说，吃什么对身体健康有好处？对于所有人来说，哪些东西是不健康、不卫生、不安全，所以不能吃的呢？

四、我们应该怎样做一个合格的公民？

结合疫情期间的新闻事件以及身边的人和事，帮助孩子分辨一下，怎样做才是尽到公民的责任，是对国家、对社会有益的？

五、疫情之中，哪些职业让我们特别敬佩和崇敬？孩子未来想成为什么样的人？

疫情当前，有很多伟大的"逆行者"，他们之中有战疫一线的医护人员、科研人员，有仅用10天建造起火神山医院的设计、施工人员，我们身边也有很多一直坚守工作岗位的普普通通的平凡人。这个世界之所以是美好的，正是因为有无数人在守护着我们。结合具体事例和孩子一起说说我们的感动吧！问问我们的孩子，未来想成为一个什么样的人？为祖国做哪些贡献？

六、全国人民在此次疫情中共克时艰，众志成城抗击疫情，你是否感受到了祖国的强大呢？

疫情发生至今，党和国家始终把人民群众的生命安全和身体健康放在第一位。习近平总书记多次亲自指示，领导小组亲赴一线指挥，国家还出台了一系列政策和举措，举全国之力有效组织防控疫情，为人民生活提供日常保障……我们感受到了制度的优越、祖国的强大；在严峻的疫情面前，万众一心、众志成城，无数平民英

雄走进人们的视野，他们的事迹和精神，让我们感受到了群众的力量、人民的伟大。此时此刻，我们更应该和孩子一起讲好中国的故事，激发起孩子对英雄的敬仰，对祖国的热爱！

家长朋友们，我们的孩子应该是未来社会中的合格公民，他们应该拥有幸福的人生。那么，未来的幸福一定源自今天的培养与成长。所以，让我们帮助孩子，好好利用这段时间来思考、来成长吧！

——节选自《这不一样的春天，让孩子真正长大》

在给老师们的家书中，他建议老师们要读懂学生的心，通过线上交流的方式将关爱的阳光照到每个学生的心中；要与家长并肩作战，引导学生们居家开展丰富多彩的实践活动，帮助他们更好地成长！

现在，抗疫战斗还未取得全胜，我们与学生的交流方式因疫情而改为线上，虽不能见面，但是我们对学生的关爱不能减少，我们要做一缕阳光照射到每一个学生的心中，为他们带去温暖。

学生们太久没有出门了，他们不能尽情奔跑，不能和小伙伴开心玩耍，不能到大自然中去寻找春天的足迹……他们一直压抑着活泼好动的天性，每天在家长和老师的指导下，在有限的空间内开展自主学习，对他们而言着实不易。我们眼中看到

和而不同，快乐成长

的不能只是学生的学习任务完成了没有，更应该去读懂他们的心，应该把他们的身心健康作为最重要的事情。所以，我建议老师们多和学生聊聊天，关心他们的生活，给他们解一解心中的烦恼，给予他们力量和阳光。我们还可以结合自己的学科特点和个人所长，为学生们提供丰富多彩的实践学习资源，多加强与他们的互动，让他们在交流展示中感受到成长的快乐。他们心中感受到老师的爱，面对疫情、面对成长中的困难，就会无所惧怕。

家长永远都是与我们并肩前行的朋友，朋友间就更应该多些关心、多些理解、多些相互支持与帮助。尤其是现在，学生不能来学校，家长要担负起更多的责任和工作，他们非常需要我们的理解与帮助。

家长们有的白天要上班，晚上才能辅导孩子进行线上学习；有的因疫情无法正常工作而着急；还有的因复工而不得不留孩子一人在家……我们不知道他们会面临怎样的生活压力和烦恼，但是我们能做的就是抱着一颗温暖善良的心，对家长多一份关心、多一点帮助。我建议，大家在和家长的交流中，少一些公事公办，多一些嘘寒问暖；少一些任务要求，多一些理解包容。

亲爱的老师们，让我们在这段特殊的时期，成为学生温暖的守护者吧！老师、学生、家长，我们始终是一家人，希望在疫情过后，我们的心会靠得更近！

——节选自《做家长的朋友、孩子温暖的守护人》

三封家书，言辞恳切，娓娓道来，大家感受到了一位校长对社会、对家长、对教师，更重要的是对学生们的那份沉甸甸的爱，更体会到了校长的教育智慧，能够在抗疫大背景下，为所有人传授锦囊，指点迷津。而这一切，正如民小育人目标所说，为了培养好未来社会的合格公民，让他们在经历风雨、收获成长后，更好地"接班"。直面社会关切，紧密连接家庭与社会，打造生命成长共同体，无论何时，民族小学都坚定地与师生家长站在一起。

/ 附录 /

和而不同 快乐成长
——海淀区民族小学教育家办学实践研讨会上的讲话

2021年，正值中国共产党建党一百周年，世界正处于百年未有之大变局。习近平总书记多次指出，教育要为党育人、为国育才，要帮助学生扣好人生第一粒扣子，要在少年儿童中培育和践行社会主义核心价值观，要为未来培养合格的社会主义建设者和接班人，将来担当起中华民族伟大复兴的重任。海淀具有开放包容、"海纳百川"的博大胸怀，体现着传承文化、"淀积千里"的厚重感和立足于科技前沿的创新活力；海淀教育是海淀的"命根子""金名片"，她随着共和国的发展不断成长，站在新时代教育的前列，发挥着引领作用。本场研讨会作为2021年上半年中共海淀区委教育工作委员会、海淀区教育委员会主办的系列"教育家办学实践研讨会"的第一场，开在春天里，开在习近平总书记到过的学校——海淀区民族小学，有着特别的意义。海淀区民族小学是一所有着130多年历史的学校，历史积淀值得追溯，特别是2003年以来，学校飞速发展与成长。2014年5月30日，习近平总书记走进民族小学，提出了少年儿童要培育和践行社会主义核心价值观的十六字要求，为教育者"为党育人、为国育才"指明了方向。

作为海淀的学校、海淀的校长，我受到"三山五园"历史文化、自然生态的滋养，得到海淀区党组织的大力培养，通过本次研讨会，将学校的发展历程和办学实践进行梳理，发掘和探索海淀育人的根本优势，使海淀教育能够传承百年、走向未来。

和而不同，快乐成长

2021年，正值中国共产党成立一百周年。百年来，中国共产党带领中国人民通过艰苦卓绝、矢志不渝的共同奋斗，取得了一项又一项伟大成就。

民族小学建校于1890年，历经时代变迁、战火洗礼，几番更名。学校在一代代教育人的执着、奋斗与坚守中，筚路蓝缕、风雨兼程、孜孜不辍，时至今日，成为一所拥有2400余名学生、160余名教职工，校园环境优美、人文底蕴深厚，深受师生热爱、家长和社会信赖的学校。

滴水虽小，却可以映照太阳的光芒。民族小学今天的发展，正是在中国共产党领导下，教育事业伟大成就中的一道涓涓细流。习近平总书记多次指出，教育要帮助学生扣好人生第一粒扣子，要在少年儿童中培育和践行社会主义核心价值观，要为未来培养合格的社会主义建设者和接班人。在中共海淀区委教育工作委员会和海淀区教育委员会的领导下，民族小学始终牢记为党育人、为国育才的教育使命，全面贯彻落实党的教育方针，坚持社会主义办学方向，在实践中努力培养能够担当中华民族伟大复兴重任的时代新人。

一、用心用情用力，建设优美校园生态

从教40年，我深刻地领悟到，教育从来不是学校和教师单方面的事。犹如生态系统中的各类物种一般，它们的成长需要自身内部的和谐，也需要在适宜、开放的生态环境中，与其他有机体协作共生，从而实现生态的平衡、物种的多样与繁茂。对于学校教育而言，也是如此。学生的全面发展、教师的专业成长、校园的和谐氛围、学校的办学特色……这些都有如生物成长一样，需要适宜的教育生态环境，需要各要素通过分享与合作实现协同共生，需要系统内外通过输入与输出实现动态平衡，也需要积年累月的循序渐进。海淀是一片沃土，为教育的发展、学校的发展营造了良好的生态，积极、自由的管理氛围，多维度的全方位考量，不但引领学校树立高远的发展目标、宽广的发展格局，更为学校的发展提供了坚实有力的支持与帮助。与此同时，家长们满腔热忱、广泛参与，教师们饱含激情、身正为范，学生们朝气蓬勃、茁壮成长，这些无不构成了海淀独有的和谐共育的教育生态。正因如此，民族小学得以扎根、生长、发展。

（一）积淀成长：让学校植根生态沃土

我从小生活在海淀，童年时光与花草树木为伴，大自然带来的乐趣和恩惠为我

的成长打上了深深的烙印，无论是求学还是工作都没有离开海淀这片土壤。1981年踏上工作岗位，正式成为海淀的一名青年教师，民族小学是我从教生涯的第七站。在海淀教育工作40年，无论是个人教育思想上的成熟，还是民族小学的快速发展，都离不开海淀教育文化的浸润与熏陶。

海淀具有开放包容、"海纳百川"的博大胸怀，体现着传承文化、"淀积千里"的厚重感和立足于科技前沿的创新活力，其以"三山五园"为代表的优秀传统文化、学院文化、中关村创新文化，以及海淀教育高品质的追求都督促着我不断学习，努力提升自己。教育是海淀的"命根子""金名片"，素以积淀深厚、开放包容、务实创新而著称，这也正是民族小学办学实践中一直笃行和始终坚守的理念。在海淀学习、工作、成长，我感到很幸福，也很骄傲。

海淀自然山水、人文环境的浸润使我逐渐明白：学生，首先是大自然的孩子，是环境的产物，只有在一个生机盎然、充满活力的良好生态环境中才能获得自然而又健康的生命成长。在海淀成长、办学的经历也让我强烈地意识到，良好的教育文化生态，是塑造形成每个学生独特精神品质的重要源泉。只有为学生构筑一个优美的自然生态和丰厚的文化生态相互交融的教育环境，学生的内心才会感受到快乐，精神世界才能不断充实和丰盈，最终实现身心和谐、全面发展。

在海淀生活近60载，从事教育工作40年，在民族小学任职已18个春秋，个人的生命成长与从教办学的职业生涯早已融为一体，个人的教育情怀与民族小学的育人根脉早已深深植入海淀这片沃土之中。我和孩子们、老师们、家长朋友们带着对生命成长最本真的理解和认识，在良好的自然生态与文化氛围中汲取着营养，收获着成长，并带着所学、所悟回到广阔天地中去开拓、去创造。秉承一份最淳朴的初心，在和谐共融的教育生态的打造与维系中，学校发展之基、师生发展之根也愈加深厚稳固。

（二）坚守发展：让校园充盈五种味道

2003年1月15日，我正式履任民族小学校长。在当时，校园环境破败，师生士气低落，周边的老百姓也不信任这所学校。百年老校的发展接力棒传到了我的手上，薪火相传的担当、立德树人的重要使命，让我和老师们下定决心，一定要办一所百姓家门口的好学校，一定要把学校办得和海淀教育的品牌相匹配。

和而不同，快乐成长

面对百废待兴的学校，"发展是硬道理，求生存靠自己"的信念激励着大家齐心协力改变原来的样子。尽管办学经费短缺，但我们仍毅然决然地放弃了学校每年上百万的出租款项收入，宁愿赔钱上百万、身陷十几场官司，也要清退租户，还给孩子们一个纯净的校园。

"天地与我并生，而万物与我为一"，人始终是自然的一部分。现代城市里的学校，最缺的是大自然的味道，是万物的生机盎然带给我们的感受。所以，我们要把学校建在森林里，要让学校变成孩子们的植物园、动物园和乐园。100多种花草树木，20余种瓜果蔬菜，"鸡兔同笼"的小动物园……自然生态弥漫的校园让孩子们享受在其间；春天里孩子们观察植物如何生根发芽，夏天里孩子们赏花戏蝶，秋天里感受果实的丰硕，冬天里在雪地嬉戏玩耍……大自然的规律与丰富的样态，让孩子们乐在其中，人与自然融于一体。十几年持续不断的环境建设，校园里终于充满了自然的味道，孩子们亲身感受自然、了解自然、读懂自然、热爱自然、融入自然，并从中学会欣赏美与创造美，学会珍惜生活与追求美好。

学校坐落在后黑寺遗址上，一砖一墙都是历史留下的宝贵财富，我们不仅要保护好，还要发挥它的作用。为了让孩子们感受中国文化的博大厚重，在学校修建的过程中，我们将传统建筑与现代建筑在风格上融合在一起，把历史的痕迹尽可能地展现出来，让孩子们在校园中可以触摸到有着百年历史的螭首、龙纹，能够在四合院红柱回廊间嬉戏玩耍。校园里充盈着的中国味道，让孩子们在自然环境与人文环境中将家国情怀与中华优秀传统文化底蕴内化于心。

孩子是学校工作的核心，我们要让校园处处充满孩子的味道。学校不仅是学习的地方，更是生活、交往、玩耍、成长的地方。顺木之天，以致其性。一所学校不是因为有了孩子自然就有孩子的味道，而是要站在他们的角度去思考、去设计、去建造，努力将学校变成他们的成长乐园，为他们开设符合各自兴趣的各类课程，营造顺承天性的教育氛围。

杜威曾说，学校应该是理想家庭的扩大。我们努力将学校变成一个温暖的大家庭，让老师和孩子们能在校园里感受到家的温情与味道。为师生们提供营养丰富、种类繁多的可口饭菜；高年级的同学像哥哥姐姐一样带领低年级的同学参观校园，引导他们学习；老师像慈爱的父母一样关注孩子们每天的情绪变化，为他们调解内心的忧愁焦虑，对他们的点滴进步给予关怀鼓励；关注每一位老师的生活与个人成长，帮助他们解决难题，把他们的喜怒哀乐都装进心里……正是有了这样的爱与关怀，学校成了其乐融融的大家庭。

大家都说，民族小学是一所有味道、有故事的学校。自然的味道、中国的味道、教育的味道、孩子的味道、家的味道，弥漫在校园的各个角落，以润物无声的方式，让民族小学这所百年老校在新时代不断迸发出蓬勃生机，让孩子们释放天性的同时，营造安全、自由、快乐的成长环境。孩子们在树下嬉戏，在水边观鱼，把石榴、海棠、葫芦画在纸上，捡起不同形状的树叶夹在本里，在四合院吟诵古诗，在大槐树下弹奏古琴……在民族小学的校园里，我看到了童年该有的样子，感受到了孩子们那五彩斑斓的精神世界不断向着更高、更深、更远的地方生长延伸。知识可以传授，能力可以培养，但精神却只能浸润。他们的成长，给我们以力量，不断激励着我们用心、用情、用力，用18年如一日的坚守打造一个真正符合儿童精神世界的教育生态。

二、立德固本铸魂，营造良好育人生态

终身之计，莫如树人；育人之本，莫如铸魂。党的十八大报告明确指出了立德树人的教育根本任务，习近平总书记多次强调，要把立德树人作为衡量学校一切工作的立足点和归宿点。落实立德树人，需要我们在办学过程中遵循自然的规律、社会发展的规律、教育的规律和学生成长的规律。遵循自然的规律，顺应人的自然属性和天性，为孩子们提供丰富多样的教育；遵循社会发展的规律，努力把握未来社会发展变化的趋势，着力培养学生适应未来社会所需要的本领和素养；遵循教育的规律，努力探索有效的育人方法和途径，促进学生的全面和谐发展；遵循孩子成长的规律，根据不同的年龄阶段去设计教育教学的内容与方式，到什么时候做什么事情，做什么就像什么。以四大规律为根本，学校落实德智体美劳五育并举，引导学生从自身做起、从点滴开始，在日常学习和生活中积极践行社会主义核心价值观。

2014年5月30日，对民族小学师生来说，是一个无比激动和永远难忘的日子。这一天，习近平总书记来到了民族小学，与师生共度国际六一儿童节。在座谈会上，习近平总书记谈到，"海淀区民族小学注重树德育人，组织开展了很多活动，取得了积极成效。……引导少年儿童从小就培育和践行社会主义核心价值观。这很好，

和而不同，快乐成长

我们想到一块儿了"。习近平总书记还对少年儿童的社会主义核心价值观教育提出了"记住要求、心有榜样、从小做起、接受帮助"的具体要求。

习近平总书记的讲话，为我们明确了共同的教育使命和责任，那就是要为党育人，为国育才。这是习近平总书记对全体教育工作者的殷殷嘱托，也是中国共产党在教育领域实践"为中国人民谋幸福、为中华民族谋复兴"初心使命的具体表现。在育人实践中，我们深刻地明白，育人工作的立意要深、站位要高，但落点要小、做法要实。一些好的教育理念，我们要把它做到实处，从一件件小事做起，帮助孩子扣好人生第一粒扣子。

（一）和而不同：助力学生的快乐成长

我们常说，拥有好的教育理念不难，难的是如何让理念真正落地。教育不仅仅是为了升学、教授知识与技能，更是要让每个孩子成为内心充盈的人。

2007年，我们提出了"和而不同，快乐成长"的办学理念。每个学生都有自己独特的世界，有自己独特的所思、所想、所做、所行。这种差异构成了一个丰富多彩的学生世界。就如同学校的七彩校徽，一个个具有不同特点的学生个体组成了和谐相处、团结友爱的大家庭。不论来自哪个民族，有着怎样不同的生活背景，我们都有共同的目标，那就是在民族小学获得成长。在这个大家庭中，我们尊重、欣赏每一个不同，理解、包容每一个差异，树立共同的目标、愿景，营造和谐共融的氛围，让每一位师生的成长都有肥沃的土壤。在日常教育教学中，老师们尊重差异，善待差异。百花齐放的近百个社团，为所有的孩子提供了一个发挥特长培养专长的平台；多样化的课堂、项目制任务合作、小课题研究、红领巾责任岗……这些有意思又有意义的教育形式为每个孩子看到心中那个最棒的自己提供了可能。孩子们的学习程度不同，于是我们就从"齐步走"变为"尽情跑"，无论在日常活动还是课堂学习，都为孩子们树立了高低各异、远近不同、"跳一跳"够得着的小目标。我们共同营造和谐的环境和氛围，共同学习进步，共享成长带给我们的快乐，在受到尊重、得到关注的校园中，努力"做最好的我，在我最好的方面"。

"和而不同"出自《论语》。中华优秀传统文化的智慧给教育提供了丰富的资源和精神引领。民族小学是一个拥有19个民族的大家庭，我们努力营造"让大家像石榴籽一样紧紧抱在一起"的氛围，促进民族文化多元融合，为推进民族团结做出应有贡献。

在长期的办学实践中，我们围绕着民族团结教育形成了自己的学校特色，那就是通过文化的认同来培育、涵养学生的精神风貌，从小筑牢中华民族共同体意识。2008年北京奥运会的召开，让当时的我们清晰地看到，中国发展的脚步越来越快，世界成为地球村，全球变化日新月异，我们培养的孩子将来要面对怎样一个世界？要具备怎样的能力才能立足于这样一个国际交融、飞速发展的世界？我们的教育与外面的世界息息相关，要与社会的脚步同频共振。这些认知为办学打开了思路：民族团结教育也要与时俱进，符合社会发展的需要。树立民族团结意识，可以从文化认同上入手：无论来自哪个民族，我们的孩子首先要了解祖国悠久的历史和优秀的传统文化，这是作为中国人的底蕴与根基；各民族之间要相互了解，相互尊重，成为相亲相爱的一家人；作为未来社会的建设者与接班人，孩子们也要拥有国际视野，建立广阔的胸怀和格局。基于此，2009年学校凝练出民族小学学生所应具备的"三气"精神：学习中华优秀传统文化，蕴底气；知晓各民族文化，铸和气；了解世界多元文化，成大气。这既是民族小学对学生所应具备的国家认同、国际理解、人文底蕴、科学精神等核心素养的具体实践，也是我们对学生在时代所应具有的健全精神人格的中国化表达，更是学校对习近平总书记大力倡导的"构建人类命运共同体""筑牢中华民族共同体意识"的教育探索和积极回应。 无论是"和而不同，快乐成长"的理念，还是指向学生全面发展的"三气"精神，抑或是"做最好的我，在我最好的方面"的校训，都是在民族小学这片独有的教育沃土中生根发芽，都是民族小学18年来坚守初心、牢记使命的育人实践的智慧结晶。它们不但指引着学校各方面工作，更阐释了民族小学教育生态的核心内涵：尊重不同，和融共生，持续发展。

（二）和合共进：成就教师的卓越幸福

没有谁会否认，好教师是一所学校最宝贵的财富。文化的认同和践行、课程的创设和实施、治理中的自律与参与，都需要一支高素质的教师队伍才能得到有效落实。只有教师育人素质和综合素养不断增强，教育质量才能提升，学校发展才有希望，学生才能真正获得成长。记得刚到民族小学时，全校仅有30余名教师，学校发展停滞，社会声誉不高，教师士气低落。通过初期一系列的"刚性管理"方式，教师队伍有所改观，老师们上紧了发条，但与此同时，也出现了一些不和谐的现象。经过深刻反思，我们提出了"要想老师爱学生，我们先要爱老师"，去同理、去共情，打造一个和美、融洽、同学、共生的教师团队。"刚性管理"被充满人情味儿的人文管理所取代：从听推门课、评等级到和老师约课、一起备课；从关注老师怎么教到关注学生怎么学；从末位淘汰到树立一个又一个身边的榜样；从单打独斗到团队共同进取；从师徒结对到构建成长共同体；从完成任务的"跟跑者"到承担项目的"领跑人"……十几年来，学校坚持思想引领、精神鼓励、专业搭台、身心关爱，激励老师们从自身开始做出努力，提升自我修养，练就专业本领，在追求卓越的道路上，逐渐成长为一名热爱事业、关爱学生、努力奋进、有情有义的好老师。"只要民小团队在，一切困难不存在！"民小的教师团队在共同拼搏中，感受到了团队的力量，获得了成长的喜悦，体悟到了教育的幸福。

对于老师来说，最大的幸福是来自学生的认可，成为学生心中的"明星"。每年教师节，在全校的庆祝大会上都有一项隆重的颁奖典礼。走上颁奖台的，便是学生喜欢、家长满意、同行佩服、领导赏识、自我认同的"明星教师"。这个奖项的评选与表彰从2006年起，至2021年已举办了15年。2013年起，连续8年，学校党组织发起了"感动民小的人和事"的推选，一件件感人的小事汇聚成民族小学积极向上的精神力量，营造出了满满的正能量。

为了使老师们的学习更有针对性，我们建立了"教师学堂"，教师的角色转变为学生。结合学校实际和老师们的实践需要，安排学习内容，增加交流研讨，强化反思练笔，提高学习实效。"教师学堂"是一个学习成长的平台，老师们师徒结对组建学习成长共同体，树立起了学习与实践相结合的意识，并使学习成为工作和生活的一部分，阳光向上的教师团队氛围洋溢在整个校园。

渐渐地，民族小学的孩子和家长们心目中出现了一个又一个值得信赖、可以托付的贴心人，学校里也充满了老师们的循循善诱、耐心指导、体贴入微。老师们对教师这份职业有了更深刻的思考与感悟，"让每一个孩子都健康成长，让每一个家庭都充满希望"成为民族小学每一位教师的铮铮誓言。

（三）和融课程：培固成长的坚实根基

和而不同，各美其美。我们希望，民族小学就像我们民乐团所演奏出来的动人旋律一样，每个孩子都能够在合奏精彩乐章的过程中充分展现自己的精彩。

习近平总书记在2021年两会上提到，要培根铸魂，启智润心。课程是启智润心的重要载体，是每个学生实现自我精彩的重要途径，更是促进学生健康快乐成长的根本源泉。为此，在国家课程指导思想的引领下，遵循学生身心发展的规律和教育的规律，结合学校的办学理念和特色，逐渐形成了以"基础素养类课程＋个性拓展类课程＋多元实践类课程"为基本结构的"和融"课程体系，全面培固学生成长的根基。

基础课程以国家规定的各类课程为主，突出培养学生的基础素养。在内容上，积极发掘课程内涵，重视知识技能的实践性运用。教学形式上，我们倡导"把有意义的事情做得有意思"，例如乐诵经典古诗文闯关、爱心义卖、校园双语标志等活动，将课本知识通过学生喜爱的形式传授，引导学生乐学、善学。

多元实践类课程注重促进学生的全面发展。根据不同年级的特点，开设不同的主题实践活动课程，如民族教育融合课程、"校园24小时"毕业课程、主题研学、心有榜样、国际理解等主题课程。通过多学科融合，让孩子们在实践中活学活用，在学习和生活中养成良好的习惯，形成积极健康的人格，树立远大的志向和理想，为将来的学习和生活奠定坚实基础。

个性拓展类课程为每个天性不同、特点不同、专长不同、兴趣爱好不同的孩子提供了不同的课程选择。学校每学年为孩子们开设近百门选修课程，不同的内容、不同的培养重点、不同的教学模式，孩子们在民乐、合唱、非遗、书法、足球、网球、武术、健美操、单片机、机器人、天文……这些丰富多彩的课程中满足个性化成长的需要，为他们尽情施展自己的潜能搭建宽广舞台。

除此之外，学校全体师生还有三门必修课，那就是写字、读书、跑步。每周固定的书法课、每周一小时的习字、每周教师书法作业的展示、每年春季的"海棠雅集"书法笔会……书法成了每一位师生的必修课程，并在亲手书写门牌、对联、海报的实践中，使书法与生活结合得更加紧密，大家乐在其中，共同感悟着书法带给我们的益处。大量的阅读扩充了知识面，打开了眼界，同时通过演讲、讨论，丰富了精神世界，形成了正确的人生观和价值观。让孩子跑起来是民小师生共同的任务，老师以身作则，带领学生完成每天的锻炼任务；师生相互鼓励，结伴锻炼，强健体魄的同时，培养了顽强的意志品质。三门必修课夯实了师生基本素养，拉近了师生关系，更帮助他们养成了良好的学习、锻炼习惯。

课程的生态不只关注当下，更指向未来的可持续发展。学校的课程建设正是支撑学生应对未来的重要载体，也是落实全面育人的重要举措。和融课程体系的深刻意义，不仅仅在于知识的传授、见识的增长，也将德智体美劳五育有机相融。我们要让孩子们学会的是永葆探寻未知的好奇心、高效学习的能力，成为独立自主的终身学习者。

（四）和谐生态：组建生命成长的共同体

教育是每一个个体和家庭、社区都要参与的社会体验。在孩子成长的过程中，家庭和社会都起着至关重要的作用。从教育的系统性视角出发，联动学校、家庭和社会，相知、相融，共同为孩子的成长出谋划策，集聚力量，统筹资源，彼此协作，实现教育和谐生态的良好运行。同时，学校内部系统的健康发展也非常重要。

学校的管理，既不能自我割裂，也不能自我封闭，尤其是在当前这样的信息社会和全球化时代，我们需要把学校看作是学生、教师、家长共同的学校。在学校内部，将"项目负责制"运用到学校管理之中，将各项工作分解，每位师生都承担项目，成为项目负责人，实现"事事有人管，人人有事做"。同时，改革学校内部治理结构，构建年级、学科"双轨"管理体系，既利于学科间的融合，也利于年级部的自主管理。

2014年，我们提出了"要像办大学那样办小学"，为学生提供开放、多元、包容、自主的学习生活环境与氛围，让孩子增长见识、树立远大的志向，日后成长为国家的栋梁。虽然我们是在办小学，但目标、格局和胸怀绝不能小，这是对教育规律和社会发展规律的遵循，更是对学校构建和谐教育生态的深刻体悟。

目前，民族小学2400余名学生，90%以上的家长都受过高等教育，其中50%以上的家长是研究生学历；他们就职于各大机关部委、科研院所、艺术体育院校，有着丰富的育人资源。家长对教育的关注度特别高，也十分愿意参加到学校的各项活动中来，陪孩子一同成长。于是，我们积极主动邀请家长参与到学校的共同治理之中。我们把学校、家庭、社会联系起来，让教师和家长成为教育的"合伙人"。学校成立了有100余人参与的家长理事会，下设10个专委会，家长们有机会广泛地参与到学校方方面面的育人工作之中。例如：家长走进教室开讲堂、组织读书会、指导戏剧社、辅导机器人社团、担任年级足球队教练等。在学校，活跃的家长合伙人成为一道亮丽的风景。我们定期召开家校座谈会，学校向理事会介绍各项工作取得的成绩，家长理事会也向学校汇报工作进展和设想，大家一起商讨发展大计，一起为培养好孩子共同努力。

此外，学校还积极挖掘整合校内外一切育人资源，以开放的格局，为师生、家长、友邻单位搭建一个个平台。师生走进标准化研究院、大气物理研究所等周边科研单位的实验室、展览馆，参观学习，开阔眼界，增长见识；与海关总署共同开发国门生物安全课程；携手幼儿园、中学，共同探索一贯制教育的路径；成为国培基地，接待来自祖国各地的教育同人学习交流、跟岗培训；与新疆、内蒙古、云南、贵州、广东等地的学校建立手拉手关系；与教育部民族教育发展中心、北京市教委、中国电信等单位党组织开展联合党建……学校作为平台，为大家提供了合作发展的机会，营造了"共建、共享、共赢"的良好氛围，努力打造以学校为中心，家庭、社区、友邻单位共同参与的生命成长共同体，不断集聚各方力量，增强协同育人合力，为学生健康成长营造良好的社会生态。

三、直面社会关切，构建城市新型学校

教育是国之大计、党之大计。教育是民生工程，越来越多的人关心教育、关注教育，对教育提出了更多的期待与希望。作为教育人，我们要直面社会关切，用更加专业的方式积极回应社会与家庭的关注与期待，努力办好人民满意的教育。站在崭新的时代起点，学校直面社会关切，回归育人常识，在营造和谐办学生态的同时，从四个角度，致力于推动四个改变。

第一，推动学生从被动的知识接受者，变为内心充盈的创造者和担当历史重任的传承者。

第二，推动教师从教育服务的提供者，变成以立德树人为使命的、学生精神成长的引领者。

第三，推动家长从焦虑的教育委托者，变成孩子终身学习的同行者。

第四，推动学校从传统的办学机构变为教育的超级社区，以"聚合资源、搭建平台、重塑角色、构建成长共同体"作为基本策略，使学校成为"学生的讲堂、教师的学堂、家长的聚智堂和社区的文化殿堂"。

秉承"和"文化的理念，营造内外两种和谐生态，凝聚"三气"精神，遵循四个规律，打造五种"味道"，家校社融入一个生命成长共同体，使孩子拥有健康之体、关爱之心、规范之行、聪慧之脑、多才之身，在构建城市新型学校的道路上，始终坚持生态观，始终信仰和谐的力量，始终在育人的路上不辍前行。

跨越百年的民族小学，有着悠远的记忆与传承。130年前，回族教育家张子文，苦苦求索，教育救国，保存国家正气；100年前，丁子瑜校长艰辛办学，拒绝向保守势力妥协，几易校址，在教育岗位上殚精竭虑、鞠躬尽瘁；60多年前，王德忠校长寸土不让，保住了学校土地；50多年前，赵莉老师为学生一生着想，苦心育人，因材施教，激发起了郑渊洁在写作上的兴趣与信心，培养出了中国的童话大王……这一代又一代的教育人书写了学校百年育人历史，谱写了精彩育人篇章。这所起于义学的平民教育学校，在130多年的风风雨雨中，矢志不渝、不屈不挠、生生不息，铸就的是民族小学"向着目标永不停歇，遇到困难锲而不舍"的精神品质，传承的是有教无类、无私奉献、和谐共处的文化基因。这种精神文化让我们懂得了教育的使命，领悟了育人的真谛，接过了教育者的责任与担当，更让我们在新时代依然坚

守教育初心，脚踏实地地耕耘在教育的沃土上。学校百年生存发展的历程恰恰见证了中国革命从艰苦中走来、从危机中走来的历程，学校百年来铸就的精神文化恰恰是党在百年征程中所凝聚的精神力量。在与祖国共同谱写未来教育新篇章的道路上，民族小学将秉承百年精神，坚守初心，牢记使命，饱含情怀，永远前行。

结 语

回首在海淀工作的40年，特别是做校长的20余年，我感到特别幸福。这份幸福来自党的领导与关怀，来自海淀区各级党组织的大力培养与支持，来自老百姓的认可与信任，来自孩子们的成长与微笑。习近平总书记说，党对教育工作的全面领导，是办好教育的根本保证。正是在这个精神的引领下，我们始终牢记党的育人使命，始终将培养社会主义建设者和接班人作为学校的育人目标，不忘教育初心，扎扎实实地把党对教育事业的全面领导贯彻好、落实好。作为个人，40年教育之路，是党组织给予我宝贵的学习与成长机会，信任我、培养我，让我不断加深思想认识，提高政治站位，锤炼业务水平，在工作岗位中逐渐成长起来。 感谢党的培养，感谢组织的信任，感谢这个时代。

马万成

2021年4月

和而不同，快乐成长

与会来宾发言

常有盛（原海淀区东升学区党总支书记、校长）

今天，我应邀参加这个隆重的教育家办学实践研讨会，非常高兴。在此，谨向大会表示热烈的祝贺，向马校长和与会同志表示崇高的敬意！

我是一名小学退休教师，在岗工作四十四年，如今退休已经六年。六年来，出于对海淀教育的眷恋与向往，自己还始终承担着一些与海淀教育相关的工作。

今天，走上讲台，我仿佛又找到了当年做老师的感觉。今天，坐在课堂里，我仿佛又找到当年做学生的感觉。

做海淀教育的老师，真好；做海淀教育的学生，更好！做海淀教育的老师是短暂的，而做海淀教育的学生则是永远的。

今天，我们作为学生，在这里听课。讲课的是谁呢？是特级校长、高级教师、北京市劳动模范和荣获全国民族团结进步模范个人称号的马万成老师！他讲的是什么课呢？他讲的固然是思想政治课，是教育实践课。但是，我觉得，他讲的好像是美学欣赏课，他用自己的教育理想和教学实践，诠释着"美的最高境界是和谐"。我觉得，他讲的又好像是诗歌鉴赏课，用自己的教育情怀和教育智慧，把一种宏大气象展示于新时代小学校诗情画意的校园里。我还觉得，他讲的好像是人生哲学课，把动机与效果的有效统一，量变与质变的逻辑关系，做出了条理的分析和清晰的道白。

然而，我觉得，他讲的更是一个有时间、有人物、有事件、有意义的历史课。他介绍了一块神圣的土地，一百三十年的演变过程，描绘了一个"汲取海淀教育滋养，恪守海淀教育本色"的教育家四十年的成长历程，述说了一所小学校"传承中华民族的精粹，植根于中国大地办教育"，汇同海淀教育共辉煌的十八年历史进程。

听着马老师的介绍，看着马老师的描绘，想着马老师的述说，我感慨颇多，感悟至深。我要说的话很多，限于时间的关系，我就讲几个小故事吧，确切地说，是讲几个片段。

第一个故事——偶然的造访

民族小学原名马甸小学，隶属老东升学区管辖。2002年暮秋，海淀教工委和海淀教委要专门调研东升学区，并且要实地视察学区的28所小学。那时，我刚刚到学区工作，为了迎接上级领导的调研，自己欲先打前站，了解一下各校的所在位置。于是，我便在国庆节过后的一个星期一的晚上来到了马甸小学。

当时，我慢慢地推开了学校虚掩的大门，轻轻地敲了敲传达室门窗，在无人应答的情况下，悄悄地进入了校园，顺着泥泞的小路，沿着教学楼走向院落的深处。此时天上下着小雨，树叶不时掉落下来，院落里住着很多人家，偶尔传来人们的说话声。借助微弱的灯光，我看到了一片破旧的平房，看到了小院欲倒的围墙，看到了殿堂残留的地基，看到了满眼的荒凉。俗话说，庙宇之堂不可擅入，何况夜色袭人，我略显心虚，便匆匆折返。临出校门之时，我把道边的两个垃圾桶推到了传达室的门口，算是留下了一个记号。

几个月之后，马校长来到马甸小学就任。通过马校长的细心调研和老校长的诚恳介绍，学校情况才逐见其明。

从学校管理的外部讲，小区开发商的建设处于滞留期，怎样落实教育配套设施尚无定论。教工住户是按历史成因进驻学校的，且有当时政策规定允许。学校闲置的房屋被租户大量占用，这在当时对缓解学校经费不足和保障结构工资具有一定的作用，然而却对以后的发展带来很大的影响。

从学校管理内部讲，教师队伍处于新老交替期，班子成员以及会计出纳都将相继退休。由于地区改造的原因，原有住户外迁，择校政策的存在，新进住户有限，生源流失。学校原有的基本建设属于被保护的古建筑，限于法律的规定，拆，不行，修，除去经费，还需要种种申报审批。面对教育发展的新生问题，学校老校长在"想方设法保稳定，尽心竭力渡难关"的奋争之中迎来了马校长的到来。

第二个故事——无意的呼唤

马甸小学原来的老校长不姓马，然而学区校长例会点名时，常把马甸小学的校长叫作马校长，时间长了，大家也就都这么称呼了。正是由于大家的千呼万唤，上级真的派来一位马校长。正是因为马校长的到来，学校才发生了根本性的变化，正像陶西平老先生所说的，一个好校长，就是一个好学校。如今看来，对于马校长的

和而不同，快乐成长

到来，所呼所唤，虽是偶然的笑谈，但冥冥之中也是必然的结果。

如今知道当初笑谈的人，大都不在岗了，正如古诗所云，"人面不知何处去，桃花依旧笑春风"。

第三个故事——内心的不平

马校长的工作经历是比较丰富的。从学校到学区，从学区到教育机关，之后又先后在两所学校当副校长，再先后到两所学校当校长。每次调任都是组织的安排。面对组织的选择，他欣然接受；面对困难的重压，他毅然担当；面对危机的考验，他竭尽忠诚；面对时代的呼唤，他奉献智慧。

马校长的学习经历也是比较丰富的，他几乎参加了海淀教育举办的不同级别、不同层次的所有学习与培训。记得有一年，马校长参加了人民大学MPA班研究生课程学习。课下休息时，同学们聊天，一位同学对着马校长说："马万成，马甸小学你去了能干什么？！"后来，这个同学的言语虽未尽，但其意已明了。

马校长当面听之，很是无语，我在场视之，也很是无奈。对此，作为学校的校长，他的内心是多么的不平，作为一个相伴者，我的反应又怎能不纠结？后来问到他时，他说，听了那样的话语，极大地激励着我一定要把学校办好！

史料曾证，激愤出大作！如今看来，我们还应该好好感谢那位同学的激励啊！

第四个故事——殷切的期盼

对于民族小学的建设与发展，各级组织在不同的时期，各位领导在不同的岗位，都给予了高度重视和大力支持。一次，我和马校长向一位主管领导汇报工作，向领导请示最好拆了那些平房盖高楼。此时，这位领导深情地说："不能拆啊，不能乱拆啊！万成，你们要为中华民族保留点东西啊！"

"为中华民族保留点东西"，这大概就成了马校长殚精竭虑的追求和呕心沥血的实践。一方面，马校长借助民族小学的改名，全面梳理和凝练学校校园文化，全力办好人民满意的教育；另一方面，马校长借助地区改建的跟进，全面制定和实施学校整体规划，全力打造优质品牌学校。马校长不但保留了大厦林立之间具有民族品味的楼亭殿堂，更是延续、传承和升华了一种中华精神、一种时代精神、一种创造与实践相媲美的伟大民族精神。

记得马校长到校一年后，我和海淀实验二小的领导班子一同听取了马校长对学校未来发展的设想和当下工作的思路。马校长到校两年后，东升学区全体校长和学区干部三十多人，专程到校领略了马校长带领学校所发生的可喜变化和初步成果。后来，民族小学从东升学区划分出去，但我还时时能听到马校长办学的佳音，以至最终得知马校长在十年的积淀之下，仅用三天的准备时间，代表海淀教育，光荣迎接了习近平总书记的视察。

我的四个故事讲完啦，此时此刻，我对马校长的敬意油然而生。马校长是光荣的，是成功的。"阳光下豁达做人，仁者事成，风雨中坚韧成事，势在人为"，这评价是对马校长为人做事的最好描述。

我们在探究马校长光荣的意义和成功的归因时，不得不感谢党对他的培养和领导们对他的关怀，不得不感谢海淀教育这个团队对他的熏陶和同志们对他的帮助，不得不感谢家庭对他的教育和亲人们为他的付出。对此，马校长正是抱着一种感激的心情、一种感恩的执着，来献上他——忠诚与智慧的礼赞！

在此，我由衷地祝福大家！让我们珍惜岗位，珍惜当下，不辱使命，不负重托，努力为海淀的基础教育和自己的闪亮人生，做出永远的坚守和不懈的努力！

今天，我们在这里一同感悟马校长"骁腾有如此"的办学实践，明天，我们将会一同迎来海淀教育"万里可横行"的壮丽前景和无限风光！

于发友（中国教育科学研究院副院长）

尊敬的李奕书记、尹丽君书记、王方主任，各位领导、各位校长，老师们、同志们：

大家上午好！

倡导教育家办学，是党的十八大以来我国一直强调和持续践行的一项重要政策取向，也是教育事业高质量发展的内在要求。今天，海淀区教工委、区教委选择在民族小学召开 2021 年首场"教育家办学实践研讨会"，既体现出对马万成校长十八年来在民族小学办学实践成绩的高度肯定，也彰显出海淀区两委对倡导教育家办学的坚定信念和建设高质量教育体系、办好人民满意教育的自觉担当。

2009 年，与马万成校长认识，初步了解民族小学；2014 年，我院与民族小学建立合作关系；2016年，学校正式挂牌成为我院唯一的一所附属小学。多次深入民族小学实地考察和交流互动，刚才又一次参观校园、观看专题片、听了马校长的工作情况汇报，特别是民族小学发展历史的见证者、原东升学区校长常有盛督学分享的学校故事和精彩点评，让我强烈感受到了民族小学从一所曾经破败不堪，甚至濒临关闭的薄弱校成为海淀区优质学校并进入发展"快车道"的艰难历程和不懈努力；感受到习近平总书记视察民小并发表重要讲话对学校师生的巨大鼓舞和有力鞭策；感受到市区教工委、教委以及相关部门单位和社会各界对学校给予的大力支持、悉心指导和热情帮助；感受到全校师生对"和而不同，快乐成长"这一核心办学理念的用心思考、潜心实践和耐心守望；感受到以马万成为代表的教育家型校长老师们以校为家、甘于奉献的教育情怀，敢为人先、创新卓越的办学精神和持之以恒、担当作为的实践探索。

借此机会，我从两个方面谈一下自己的体会。

第一方面，结合多途径多角度了解的情况，交流一下个人对民小办学实践的几点认识。

一是注重环境育人，打造出了一个具有儿童味道、适宜师生健康快乐成长的幸福家园。儿童天性亲近自然、热爱自然，喜欢在优美的自然环境中学习和生活。民族小学致力于在城市建设一所"森林"式的充满童真童趣的学校，兴建各种体现中国优秀传统文化的建筑，精心营造儿童成长的环境空间，把学校变成孩子的植物园、动物园和成长乐园，使整个学校处处洋溢着自然的味道、中国的味道、教育的味道、孩子的味道、家的味道。记得第一次进入民小，我的最大感受是，这所学校像一个公园（我还曾经问老师们，天天在公园里上班是不是很幸福啊）。这种充满儿童味道的学校生态环境，为师生的健康快乐成长提供了润物无声的教育熏陶。

二是注重全面发展，建构出了体现和融理念、促进师生共同成长的课程教学体系。课程是促进学生全面发展的精神"食粮"，是落实学校办学理念的重要载体。民小聚焦培养"健康之体、关爱之心、规范之行、聪慧之脑、多才之身"的育人目标，广泛挖掘各类课程资源，积极探索，主动实践，逐步形成了以"基础素养类课程＋多元实践类课程＋个性拓展类课程"为基本结构的"和融"课程体系，努力为每个学生提供适合的课程，着力培养学生适应未来社会所需要的核心素养。另外，为促进师生共同成长，学校还将写字、读书、跑步作为全体师生的必修课。

三是注重科研引领，培养出了一支自主发展、担当作为的高素质专业化创新型教师队伍。强校必先强师，强师必兴科研。依托与我院建立稳定合作关系，选聘科研副校长、参与若干重要课题研究等方式增强教师教育科研能力；倡导人人都做研究者，定期开展"草根论坛"，分享教育故事、育人经验；通过评选明星教师，鼓励老师做学生喜欢、家长满意、同行佩服、领导赏识、自我认同的优秀教师；建立"教师学堂"，提供项目实施平台，打造教师学习共同体，助推教师练就研究本领，成为好学善思、业务精湛、能够享受专业生活乐趣的幸福教师。

四是注重遵循规律，探索出了五育并举、以德为先的立德树人有效落实机制。围绕落实立德树人根本任务，民小提出办学必须遵循四大规律：遵循自然规律，顺承儿童天赋秉性；遵循社会发展规律，面向儿童未来生活；遵循教育发展规律，促进儿童全面发展；遵循孩子成长规律，呵护儿童持续发展。认真落实习近平总书记提出的"记住要求、心有榜样、从小做起、接受帮助"的总要求，组织开展丰富多彩的教育活动，引导学生从一件件小事做起，积极培育社会主义核心价值观。2019年，教育部培育和践行社会主义核心价值观研讨会在民小举行，田学军副部长对民小的工作给予高度评价。

五是注重资源整合，凝聚出了学校家庭社会主动担责、密切配合、协同育人的强大合力。秉持"用大学精神办小学"的实践信念，努力推动学校治理结构体系的深度变革。借鉴企业合伙人制度，将教师、家长和友邻单位视为亲密的教育合伙人，积极整合校内外一切育人资源，为各方搭建共同参与平台，逐渐形成了"共建、共享、共赢"的协同育人文化，为学生和谐发展创造了良好社会生态。民小的办学成就，正是家校社协同育人实践效果的有力体现。

儿童味道、和融课程、科研引领、遵循规律、协同育人，犹如五大坚实有力的支柱，为民小实现"和而不同，快乐成长"办学理念提供了全面而又牢固的基础支撑。

第二方面，结合对民族小学办学实践的深入了解和思考，交流一下本人通过民小经验得到的一些启发和感悟。

一是更加深刻地认识到，"一位好校长，就是一所好学校"，"校长是一个学校的灵魂"。就像苏霍姆林斯基之于帕夫雷什中学、陶行知之于育才学校，校长的眼界、思维、胸襟和情怀都深刻影响着学校发展所能达到的高度和境界。改革开放以来，众多薄弱学校成功转型的经验表明，一位好校长完全可以让一所江河日下的学校变得蒸蒸日上、生机勃勃。今天民小的马万成校长，就是一个鲜活的典型案例。

二是更加深刻地认识到作为一个好校长必须要有理想、有情怀、有智慧、有境界、有坚守。有理想，就是要有高远的教育理想，真正站在服务人民、服务中华民族伟大复兴的高度去办学治校；有情怀，就是真心热爱教育、喜欢孩子、乐于奉献，带着感情全身心投入教育工作；有智慧，就是要善于学习、思考和研究，遵循教育规律，创造性做好教育工作；有境界，就是要有高尚的品格，光明磊落，以身示范，以自己的人格魅力和对教育的忠诚热爱去影响家长、教师和社会协同推进学校建设和发展；有坚守，就是要有对教育理想的定力和执着，不惧艰难困苦，不媚短期功利，始终向着目标砥砺前行。马万成同志正是拥有这"五个有"素养的校长代表。

三是更加深刻地认识到，要办好一所学校，必须要真正把每个学生的全面发展、快乐成长作为基本办学取向。这是学校一切工作的出发点和落脚点。民小以"和融"理念为引导，以蕴底气、铸和气、成大气为重点，开创性地走出了自己的优质发展之路。真正把学生全面发展置于学校工作的首要位置，已成为包括民小在内的许多学校成功实现转型发展的共同教育理念和普遍价值追求。

四是更加深刻地认识到，要办好一所学校，必须把建设一支充满活力、创新卓越的高素质教师队伍作为基础工作。教师是兴教之源，强校之本。建设高素质教师队伍是学校高质量发展的活水源头，办好学校必须要牢牢抓住这个事关学校发展全局的"牛鼻子"。民小坚持思想引领、精神激励、专业搭台、身心关爱，构建成长共同体，成就教师卓越幸福，很值得借鉴。

五是更加深刻地认识到，要办好一所学校，必须高度重视教育科研和教学研究，不断探索并遵循教育规律。教育科研犹如学校发展的"发动机"，可以为学校的持续高质量发展提供强大的动力源。当前我国教育正进入由大到强、内涵发展的关键时期，各学校也需要像民小一样，更加重视教育科学研究，更好发挥其对学校改革发展和教师专业成长的支撑、驱动和引领作用。

六是更加深刻地认识到，要办好一所学校，必须把课程教学改革作为重中之重。

课程教学是落实学校办学理念和育人目标的基本载体，是促进学生全面、持续和个性发展的根本路径。当前全国许多名校如清华附小、谢家湾小学以及中关村一、二、三小，也包括我们的民小还有我们海淀的很多名校都是在深入推进课程教学改革的过程中涌现出来的。办好一所学校，需要不断提升课程教学领导力，着力构建能够满足全体学生成长需要，体现本校办学特色的学校课程体系，同时大力推进课堂教学改革，形成指向学生核心素养发展的以学习者为中心的课堂教学模式。

七是更加深刻地认识到，要办好一所学校，必须以先进的教育理念为指引、着力打造特色鲜明的学校文化。学校文化是学校积累和建构起来的师生共同的思维方式和行为风格，彰显着学校全体师生的教育价值和独特精神追求，体现了学校品牌发展的软实力和核心竞争力。只有真正具有强烈文化自觉的学校，才称得上是一所好学校。民小提出的"和而不同，快乐成长"和"做最好的我，在我最好的方面"的文化具有鲜明特色。

八是更加深刻地认识到，要办好一所学校，必须坚持把家庭、学校和社会协同育人作为重要抓手。未来的学校将不再是社会中的"孤岛"。开放的社会和泛在的学习需要学校主动作为，正如民小正在努力尝试的，建立多元共治的学校治理体系，全力打造以学校为中心的教育超级社区和生命成长共同体，充分释放学校、家庭和社会协同育人的教育能量。

教育永远面向未来，追求办学之道没有终点。我由衷地希望，在市区两委和在座各位同人的持续关心支持下，民族小学，这所有着厚重历史的百年老校，能够在迈向卓越发展的新征程中再创佳绩，再铸辉煌。同时，我也衷心地祝愿，在海淀这片海纳百川、不断追求创新发展的教育沃土上，涌现出一个又一个扎根本土、勇于探索的教育家，建设出一批又一批像民族小学这样敢于直面现实关切、积极拥抱未来挑战的好学校。

谢谢大家！

和而不同，快乐成长

尹丽君（海淀区委教育工作委员会原书记）

今天我们在海淀区民族小学召开"教育家办学实践研讨会"，这是教工委、教委在"十四五"期间的开篇之作。

我们从观摩课到专题片，从马校长朴实的主题发言，到嘉宾和专家的精彩点评，感受到了学校的发展变化，感受到了民族小学团队对于教育的敬畏和执着，感受到马校长40年如一日坚守教育岗位，扎根海淀教育沃土，默默耕耘，无私奉献的精神。马万成校长在海淀生活近60年，从事教育工作40年，校长生涯22年，来到民族小学18年。18年来，他坚守在民族小学这个小院里，带领全体干部教师坚守梦想，执着追求，克服困难，矢志不渝，把一所条件很差的百年老校，办成了今天花团锦簇、生态和谐、生机盎然的优质学校。这正是传承了学校的百年历史，就是百姓家门口的好学校。

今天的研讨会向大家展示，在教育发展改革的过程中，民族小学成长中的教育家群体是如何思考教育的问题，探索教育实践，是如何勇往直前、走出困境，实现学校整体内涵式发展。今天的主题词是"和融、坚守"，定位非常准确，高度概括了马校长带领的干部教师团队不断奋进的探索与实践。

首先，我们看到马校长对教育理想的追求。马万成校长从师范学校毕业，就有一种教育理想：一定做个好老师，在教育岗位上有所作为，忠诚于党的教育事业。他做过教师，也做过少先队辅导员，有过学校的经历，也曾到机关挂职；他曾担任过青龙桥小学的校长，当然任职时间最长的是在民族小学。2003年百年老校的接力棒传到了马万成校长的手中。当时叫马甸小学，学校正处于发展的低谷，校园环境破败，师生士气低落，学校的规模、生源、声誉都滑到了最低点。周边的老百姓怎么能愿意把孩子送到这所学校？面对种种困境，马万成校长带领全体教师开始了长达18年的变革。他把个人的生命成长与从教办学的职业生涯融为一体，把自己的教育情怀与民族小学育人根脉植入海淀这片沃土当中。18年，这所学校不断发展，不断创新。我们看到了马万成校长带领的团队，不忘教育初心，坚守教育理想的使命担当。

其次，看到了马万成校长对教育使命的担当。2004年学校由马甸小学更名为民族小学，这不是一次简单的更名，而是学校明确了自己的发展方向和文化内涵。民族小学不仅体现多民族融合，也要体现中华民族优秀传统文化的融合。通过文化建设来带动学校的整体发展：学习中华优秀传统文化蕴底气，知晓各民族文化铸和气，了解世界多元文化成大气的"三气"精神，既落实了国家课程，又体现了民族小学的办学理念和特色，是对学生核心素养的具体实践，是对学生健全精神人格的中国化表达。2014年5月30日，习近平总书记走进民族小学，参加了学校的少先队活动。习近平总书记对学校开展的中华传统教育非常肯定，对孩子们提出了16个字的要求："记住要求、心有榜样、从小做起、接受帮助"。民族小学正是按照习近平总书记的要求，担当起为党育人、为国育才的教育使命，使我们感受到了教育者的责任和担当。

最后，是对海淀教育的热爱。海淀教育有了今天的发展，是一代又一代海淀教育人的坚守，是一代又一代海淀教育人艰苦奋斗精神和改革创新勇气的薪火相传。只有对海淀教育热爱才能投入满腔热情，只有对海淀教育金名片的呵护，才能坚守优质特色发展。所以马校长和他的老师们是一支爱党、爱国、爱海淀教育的团队。

教育家办学实践研讨会已经是海淀教育的一个品牌。"十四五"时期我们还要一直做下去，通过这个平台推动更多的优秀的书记、校长，打造他带领的优秀团队，希望更多的优秀团队涌现。

我也代表教育两委，感谢各位领导、各位专家对海淀教育、对民族小学的关注和支持，感谢对于这次办学实践研讨会贡献智慧辛苦付出的同志们，谢谢。

李　奕（北京市委教育工作委员会副书记）

首先，代表市委教育工委、市教委对今天"跨越百年的一堂课"——海淀区民族小学教育家办学实践研讨会的胜利召开，并且取得这样好的效果和丰硕的成果表示衷心的祝贺。

今天会议的形式和整体安排让人耳目一新，确实像个课堂，上课形式多样，有讲解，有情境创设，还为我们发放了"学案"。我从这堂课上深受启发，收获很多，接下来我也想用听评课的方式，来谈谈我的体会。

这堂课带来的深刻启发

这节课对于我们大多数人来讲，像是一节党史课。这个党史课不是党史专家和历史老师来讲的，也不是拿着必读篇目来讲的，而是结合我们身边的工作和教育的实际来谈的。在学校建设的过程中体悟到了"发展是硬道理，求生存靠自己"，这与我们党对国家、对民族的发展推动是一样的道理。在教育工作中，提出"孩子是学校工作的核心，我们要让校园处处充满孩子的味道"，这无疑充分体现了人民至上的理念。孩子是这个国家和民族以及家庭的未来，所以我们的校园应该"营造顺成天性的教育氛围"。在打造教育生态中，学校提出"遵循自然规律，遵循社会发展规律，遵循教育规律，遵循孩子成长的规律"，致力于联动学校、家庭、社会相知相融，通过"和谐生态，组建生命成长的共同体"。"学校的管理既不能自我割裂，也不能自我封闭"，这与我们现在学习的国际国内双循环多么相似。当前的世界发展形势，要求我们不能封闭自守，而要进一步扩大开放。循环绝对不是封闭的、自我的、国内的循环，而是国际国内的双循环。教育同样如此。把双循环作为一个思想方法，教育的国际化、本土化以及一所学校在发展过程中面对的各种关系，都可以寻求到解决方案。这是在教育实践当中活学活用治国理政、党史教育包括中央精神的具体要求。学校还特别主张要"提供开放、多元、包容、自主的学生生活环境和氛围"，实现"共建共享共赢"。习近平总书记提出"以共建共治共享拓展社会发展新局面"，不仅是要在全球治理当中推进这样的思想，在博鳌论坛、在世界气候治理的论坛上也这样提倡，包括国内城市的治理，也要形成共建共治共享。教育当中的思想方法和我们治国理政的学习思想方法,以及作为一名党员干部,我们的看齐意识、维护意识,都是体现在具体的工作当中的。

当前的新发展阶段,我们学习新发展理念,并在其支撑下,要对目标、途径、方法和动力形成新的发展格局。马校长谈到"面向未来,构建城市新型学校","从四个角度,致力于推动四个改变"。要让"学生从被动的接受者变为内心充盈的创造者",要让学生自己、每个老师、每个校长都有动力。这所学校十几年的重大变化,就是在于激发广大师生的内生动力,包括家长的内生动力。从开始不信任这所学校,到后来认同这个学校——这个认同不光是家长的认同,也有全校老师和学生的认同。报告中有两张冲击力很强的照片,一张是马校长站在一个破旧的平房前,另一张是在站在一个修建好的、绿树成荫的校园里——同一个地点、两个不同场景的照片。其实就像我们国家当前的建设一样,给全国人民、给全体党员树立这种信心,坚定我们的道路自信。事实上,在一个小小的学校里也一样有文化的问题、认同的问题、道路的问题,只有把这个打通,我们贯彻落实中央精神,立德树人,守住国之大计和党之大计才是真正落实、充满真情实感的。

第二个改变谈到"推动教师从教育服务的提供者,变成以立德树人为使命的学生精神成长的引领者",这就是教育的供给侧结构改革。教师是教育的供给者,供给的是内容和服务,那么学生的需求就需要引起我们的关注和重视。马校长提到了教师要从简单的供给者变成引领者,关注孩子的精神成长,关注孩子的立德树人。供给侧结构性的改革,十九届五中全会精神里提到,高质量发展是主题,供给侧结构性改革是主线。在我们一个小小的学校,在一个小小的学科里,同样看到了这样的转变。未来的城市新型学校,就是要按照新的发展理念,在目标、途径、方法和动力上有新的思考,更加关注实际获得,更加关注在孩子身上固化下来的一些东西。

"推动家长从焦虑的教育委托者变成同行者,推动学校从办学机构变为超级的社区",这两个转变将共建共治共赢的思想又得到了一个发挥,这又与我们国家当前整体推进的新的治理理念的问题相吻合。国家的发展需要共建共治共享,需要协同,需要多边思维,需要构建命运的共同体。从国际上来讲,是人类命运的共同体;从我们国家来讲,是两个百年实现中国梦的命运共同体;从我们小小的一个学校教育来讲,是老师、家长、学生,甚至社会各方人士和机构的共同体。面向这个城市

和而不同，快乐成长

和国家的未来，要构建教育的命运共同体，打造和谐的教育超级社区，实现双循环甚至多循环。

所以从马校长的一节课当中，我觉得给我们不同层面、不同工作岗位的受众提供了很多可思考的地方，特别是他谈到"学校百年生存发展的历程恰恰见证了中国革命从艰苦中走来、从危机中走来的历程，学校百年来铸就的精神文化恰恰是党在百年征程中所凝聚的精神力量。在与祖国共同谱写未来教育新篇章的道路上，民族小学将秉持百年精神，坚守初心，牢记使命……"这一节课不仅是党史课，还是一节思政课，让我们深刻地感受到在这一轮党史教育的过程当中，中央提出的"学党史、悟思想、办实事、开新局"，在一所学校的教育实践中充分体现出来很多具体的切入点。从党的建设到国家的发展中一些重要的思想方法，在这所学校的百年课堂和实践研讨会当中都有所涉及，都有所印证，让我们切实感觉到这个新局是可开拓的，是充满希望的。面向新的发展格局，面向未来的城市，需要这种教育，需要踏踏实实办一些实事。

这堂课带来的深入思考

教育的发展是多边的，需要共建、共治、共享，形成新型的命运共同体。就像全球发展一样，一定是致力于推进多边的治理，所以家庭、学校、社会，包括我们的办学理念，包括每一位教师对学科的治理理念，也需要有共建共治共享的方法。海淀在这方面有良好的基础，疫情期间也有很好的探索，比如率先成立了教育科学研究院，在互联网平台等广义的教育资源和环境的建设上有先行的探索等。按照十九届五中全会的精神和当前国际国内形势的这种变化，这个方向是需要我们坚持的。通过构建命运共同体，可以缓解当前教育所面临的一些问题，比如减负的问题、家长焦虑的问题、培训机构治理和协同的问题，包括构建整体教育生态的问题。教育在未来将是一种和谐的生态，是多方力量形成统一战线，为孩子的成长提供更优化的支撑。减缓焦虑，减轻负担，但是效益又最好，而不是以降低质量、减少效益为代价的减负和减少。所以在这方面需要我们有更多的智慧，希望海淀能够拿出新的探索。

第二个思考是关于干部教师队伍的建设方法。未来的教育必定是需要高质量的教师，通过高质量的教师去形成高质量的教育。那么未来的教师到底应该是什么样？

从多维角度来思考，比如说未来干部教师队伍的政治素养、价值取向、思想方法、治理能力、业务素养，是不是形成一个整体的结构和维度？在这样的结构和维度当中，促进这五个方面高质量的形成。刚才在听马校长的报告中提到了五育并举、学生的评价、学校的一些治理方法。那么，我们是否可以将这些理念迁移到教师队伍，倡导教师也五育并举。比如，教师有没有健康的生活方式？教师有没有美的感受？教师有没有诚实创新和辛勤劳动的精神？教师有没有国家意识和民族情感？教师有没有创新动手的能力和丰富的学科素养？过去我们谈的更多是教师的专业化发展，但是未来的发展方向单科发展是不足以面对教育需求的。因为在孩子身上，我们提供的学科教学供给会产生化学反应，会有联动。当这种化学反应和联动教师驾驭不了的时候，就无法适应未来了。学校的建设，包括对未来新教师、优秀教师的要求，不可能一蹴而就，但应该引起我们的思考。

今天上午这堂课当中谈到的学校建设的成果，以及干部教师队伍所表现出来的这种素养和发展方向已经越来越强烈。很多教师全身心投入到教学当中、教育管理当中，已经形成了命运的共同体。五育并举、立德树人的非线性流动，就像一个生态系统，物质循环和能量流动是完全打通的，这种打通甚至可以小手拉大手，甚至可以影响到周边的社区。

面向未来，我们依然在继续研究和思考，欢迎大家共同交流。最后，祝愿海淀教育，特别是祝愿海淀区民族小学能够越办越好，取得辉煌的成绩。谢谢大家。

和而不同，快乐成长

/后记/

小时候生活的地方叫作树村。如同这个名字，树村有很多树。和小伙伴的童年便与这些树为伴，林间追跑捉迷藏。春天时吹响用柳枝做成的柳笛儿，夏天炎热时躲到树下乘凉，秋天落叶的"拔根儿"成了我们最好的玩具……在这样的自然环境中嬉戏玩耍，享尽它带给我们的恩惠，那样快乐的时光让我对大自然心怀感恩与敬畏。

后来当了老师就时常在想，学生们能不能像我们那代人小时候那样快乐地在自然中奔跑、玩耍，在大自然中快乐成长？城市里的学校被钢筋混凝土包围，孩子们太缺乏自然的滋养和享受。当了校长之后，我更有可能为孩子们提供一个如同森林一般的校园环境。2003年，我第一次走进民族小学，看到破败的校园环境，就特别希望能够有一天把学校建在"森林"里，让孩子们接触自然，享受自然，并热爱自然。

于是，我们便开始在校园里栽种花草树木，培植瓜果蔬菜，还整修了教学楼，建设了运动场和体育馆，修缮了四合院，开辟了小小动物园和七彩乐园……一个小小的森林生态在学校建立起来，天性各不相同的师生们在这里相互学习，相互影响，共同进步，和谐成长。十年树木百年树人，森林家园的建设和维护成为我们一生的事业。

回顾40余年的教育之路，我满怀感恩。感谢我的家人，他们对教育的理解和支持，引领我走上教育岗位，并成为我最坚强的后盾。还要感谢与我相知相伴、一同攻克难关的领导、同事和朋友们，他们给我的力量和勇气，是我遇到困难坚持下去的最大支柱。感谢理解、支持和包容我们的家长们，他们的信任让我们无论面对什么困难都不轻言放弃，竭力去帮助他们、解决他们的困惑。

最该感谢的是我们可爱的孩子们。学校因孩子而存在，教育因孩子才精彩。孩子们让我们懂得了人生成长的意义，探索到了教育的真谛；在孩子们的陪伴下，我们获得了作为一名教育者丰厚的幸福感。

后 记

借这次编撰本书的机会，我们汇总、梳理、思考，对教育有了更深刻的理解与反思。感谢海淀区教工委、海淀区教委的信任与支持，感谢海淀区教育党校和轻舟教育的各位编辑老师予以的大力协助。

感谢为本书撰写付出努力的各位老师，他们是：王晶、窦丽娜、徐威、王振军、毕紫红、李敏、崔艳、杨海建、丁国强、王梅、党琦、常娜、赵志敏、傅若乔、康琳娜、于昊、关越、于佼月、孙志敏、时利娜、李艳、李琳、毛海岩、张亚楠、李金霞、卢丹、李颖、赵喜辉、魏红、戴欣、曲慧妍、唐嘉媛、党春玲、孟佳琪、贾锁云、刘晓京、汪红、刘克、王婷婷、刘家驹、赵睿锋、杨二伟、邢立刚、耿琳琳、赵小波、郭赞新、刘慧、张博、张宇燕。

马万成

2021 年 3 月